한국 경제의

성장, 위기, 미래

한국 경제의 성장, 위기, 미래

이종화 지음

KU PRESS
고려대학교
출판문화원

한국 경제의 험한 등산길

경제의 흐름은 끊임없이 이어지며 오르기도 하고 내려가기도 하는 등산길을 닮았다. 불황과 호황을 반복하며 국가가 목표로 하는 정상을 향해 간다. 산봉우리를 넘고 계곡을 지나면서 아름다운 경치를 보기도 하지만, 비바람을 견디고 가파른 낭떠러지에서 위험을 감내하기도 한다.

한국은 지난 1960년대부터 놀라운 경제발전을 이룩했다. 그러나 경제성장의 과정이 순탄하지만은 않았다. 1973-1974년과 1979-1980년 두 차례에 걸친 국제 석유가격 폭등, 1997년 외환위기, 2008년 글로벌 금융위기, 2020년 코로나 팬데믹와 같은 큰 충격이 왔을 때 경제가 어려움을 겪었다. 성장률이 하락하고 금융 시장이 불안했으며 국민의 소득이 감소하고 일자리가 줄었다.

그동안 한국 경제는 여러 번의 위기를 겪었지만, 지속적으로 성장해 왔다. 폭풍우를 만나면서도 정상을 향해 산행을 계속해 왔다.

한국 경제가 다시 한번 위기로 향하고 있다는 경고등이 켜졌다. 미국의 금리 인상, 러시아-우크라이나 전쟁, 중국의 성장둔화 등 대외 위험이 겹쳤다. 전 세계는 자국우선주의와 보호무역주의가 휩쓸고 있다. 미·중 무역 및 기술 갈등이 심화하고 대만과 북한에서 강대국들이 충돌할 위험도 크다. 한국 경제의 전통 주력산업인 제조업은 세계 시장에서 중국을 비롯한 후발국과의 경쟁에서 밀리고 있고 신산업 육성은 쉽지 않다. 국제기구는 한국의 경제성장률이 앞으로 1%대, 0%대로 계속 낮아질 것으로 추정한다. 한국 경제는 현재 여러 위기가 중첩되고 있는 복합 위기multiple crises의 상황이다. 이 위기는 커다란 폭풍 즉, 퍼펙트 스톰perfect storm이 되어 우리 경제에 엄청난 충격을 가져올 수 있다.

한국은 앞으로 어떤 새로운 위기를 다시 겪을지 모른다. 과거와 같은 외환위기, 금융위기일 수도 있고, 팬데믹과 같은 자연재해일 수도 있다. 지금까지 우리가 한 번도 겪지 못했던 전혀 새로운 것일 수도 있다. 일본이 겪은 장기 경제침체나 중남미식 포퓰리즘으로 인한 국가부도 위기일 수도 있다. 심각한 안보위기가 경제 위기로 이어질 수도 있다.

한국 경제가 가야 할 길은 험난하다. 당장 닥친 여러 어려움을 극복해도 또 다른 불확실성과 위험이 도사리고 있다. 우리 경제가 앞으로 닥쳐올 어려움을 잘 극복하고 더 나은 정상頂上을 향해 올라가야 한다. 미리 위기를 예방하고 최선을 다해 미래를 개척해 나가야 한다.

필자가 겪은 세 번의 경제 위기

지난 30년 동안 한국 경제는 세 번의 큰 위기—1997년 외환위기(동아시아 금융위기), 2008년 글로벌 금융위기, 2020년 코로나 팬데믹—를 겪었다. 이는 한국 경제와 사회에 엄청난 영향을 미쳤고, 경제학자로서 필자의 삶에도 많은 영향을 미쳤다.

필자가 박사학위 시절 하버드대학에서 거시경제학과 국제경제학을 전공하여 쓴 논문의 주제는 개방경제의 경제성장이었다. 한국과 같은 개방경제가 지속적으로 경제성장을 하려면 어떤 성장 요인이 중요한지, 국제 교역과 투자는 어떤 역할을 하는지, 시장과 정부의 바람직한 역할은 무엇인지 등을 성장이론의 틀과 실증 자료를 통해 연구했다. 한국은 후발국 중에서도 가장 빠르게 성장한 국가여서 한국의 사례를 이해하는 것은 논문 작성에 매우 중요했다. 한국을 비롯한 동아시아 국가의 발전 경험을 선진국 등의 발전 경험과 비교한 선행 연구들을 읽고 현실성이 있으면서 독창적인 견해를 제시하려고 노력했다.

박사과정 중에 거시경제학의 대가인 로버트 배로Robert Barro 교수를 지도 교수로 모시고 논문을 쓸 수 있었던 것은 필자의 인생의 큰 전환점이 되었다. 필자가 입학하던 1987년에 하버드대학에 부임한 그분은 당시 40세가 갓 넘으신 젊을 때여서 학생들에게 굉장히 엄격했다. 지도 교수가 흥미를 느낄 수 있는 새로운 아이디어를 만들어 세 편의 논문을 쓰는 과정이 매우 어려웠다. 지금 돌이켜 보면 그때의 단련이 경제학자로서 탄탄하게 출발할 수 있는 발판이 되었던 것 같다. 이후 국제통화기금International Monetary Fund, IMF 조사부에 근무하면서 세계 경제의 성장에 관한 연구를 계속했으며 모교인 고려대학교에 부임해서도 인적 자본, 경제성장을 중심으로 거시경제학에 관한 연구를 계속했다.

1997년에 발생한 동아시아 금융위기는 필자에게 많은 생각을 하게 했다. 고통을 겪는 한국 사회가 어떻게 하면 위기를 빨리 극복하고, 앞으로 다시 위기를 겪지 않을 수 있을까 하는 문제에 관심을 두게 했다. 당시 아시아 금융위기의 원인, 위기 예방과 대응 정책, IMF 프로그램의 효과, 지역 금융통합의 역할에 관해 연구했다. 금융위기를 이해하기 위해 한국의 기업자료, 금융 자료를 자세히 보게 되었고 우리와 함께 위기를 겪은 동아시아 국가들과 중국 경제에도 많은 관심을 갖게 되었다.

경제성장과 금융위기에 관한 연구를 열심히 국제회의를 쫓아다니면서 발표하고 토론하며 해외 학자들과 교류하던 때였다. 2006년 9월 아시아개발은행ADB에서 지역협력국장으로 지원해 보지 않겠냐는 연락이 왔다. ADB는 아시아 국가 간의 경제 협력을 도모하고 1997년의 금융위기가 아시아에서 다시 발생하지 않도록 정책 방안을 연구하는 지역협력국을 신설한 지 얼마 안 된 시기였다. 전임자가 1년 만에 자리를 옮기면서 새로운 사람을 찾고 있었던 것이다. 고민 끝에 지원하여 2007년 2월 말부터 ADB의 지역협력국장으로 일하게 되었고, 2008년부터 2010년까지는 조사국장 겸 수석경제학자chief economist로 일했다.

2008년 세계 금융위기가 발생했고 위기를 다시 극복하는 과정에서 아시아의 역할이 커가는 시기였다. ADB의 수석경제학자는 아시아뿐 아니라 전 세계를 다니면서 아시아 경제의 주요 현안에 대해 발표할 기회가 많았다. 그 기회로 탁상공론이 아닌 현실에 맞는 정책을 만들 수 있는 시야를 가질 수 있게 되었다. 2008년 세계 금융위기 당시 글로벌 단기 자금의 아시아로의 유출입, 아시아의 역내 무역과 금융 통합 등의 이슈에 관해서 미국, 유럽에서 보는 시각과 아시아 국가에서 보는 시각이 매우 달랐다. 아시아의 경제 문제를 객관적으로 보면서도 아시아의 관점에서 분석한 결과들을 제시하려고 노력했다.

2011년부터 2년 동안은 이명박 정부에서 청와대 국제경제보좌관과 G20 세르파(교섭 대표)로 경제 정책의 결정에 참여하는 기회를 가질 수 있었다. 한국의 지속적인 경제발전과 국제적 위상을 높이기 위해 경제학자가 할 수 있는 일을 고민했다. 또 한편으로는 정치적 환경이 경제 정책에 많은 영향을 준다는 것을 깨닫는 계기가 되었다.

필자가 연구하는 거시경제학 분야는 이론 못지않게 현실 자료를 이용한 분석이 중요하다. 미국 경제를 중심으로 만들어진 모델을 경제 구조가 다른 한국에 그대로 적용하는 것은 한계가 있다. 미국을 중심으로 발전하는 최신 학술연구 동향을 따라가는 것보다 우리 주위에서 일어나는 현실을 이해하고 연구해야 한다고 생각한다.

이러한 생각은 뉴욕에서 2020년 전 세계에 큰 충격을 준 코로나 팬데믹을 겪으면서 더욱 강해졌다. 뉴욕은 3월부터 주민의 자택 대피, 비필수 사업장의 영업 제한과 폐쇄 조치가 있었다. 맨해튼 거리에는 차도 다니지 않았고 인적이 드물었다. 마트에만 식료품과 위생용품을 사려는 시민들이 간격을 두고 길게 줄을 섰다. 뉴욕은 세계 최첨단 도시였지만 팬데믹에는 무력했다. 미국은 한국보다 공공의료 체계가 미흡해 저소득 고령층과 이민자들의 인명 피해가 컸다. 미국 자본주의의 경험을 그대로 따라가는 것이 한국에 항상 바람직하다고 할 수 없다는 것을 다시금 체감했다.

경제 위기와 경제 전문가

이 책은 필자가 경제학자로서 역할을 제대로 하지 못했다는 반성으로부터 출발한다. 필자를 포함한 경제 전문가들은 경제 위기가 올 것을 정확하게 예측하지 못했다. 위기 때마다 경제학자들은 많은 해법을 제시했지만 문제가 제대로 해결되지 못했다. 경제 위기는 반복되고 있다. 경제 위기는 경제학의 위기이고 경제 전문가들의 위기다.

경제 전문가들은 곳곳에서 대접을 받는다. 경제부처, 중앙은행, 연구기관 등 경제 전문가를 필요로 하는 곳이 많다. 한국의 경우 헌법에 대통령에게 경제정책을 조언하는 국민경제자문위원회를 두도록 규정하고 있다. 언론에 가끔 대선후보들의 경제 과외교사였다는 사람들이 등장한다. 정치·사회·과학 과외교사는 별로 없는 것을 보면 경제 전문가들이 여러모로 유용하기 때문이라고 생각할 수 있다.

그러나 경제 전문가의 인기 비결이 현실을 정확히 진단하고 옳은 처방을 내놓아서가 아니라 권력자들이 원하는 답을 잘 만들어내기 때문이라는 비판도 많다. 경제학에는 자연과학과 달리 정해진 법칙이 없는 경우가 많고 정책 처방도 다양하다. 예를 들어 정부 지출을 늘리면 경기 부양이 어느 정도 될지 다양한 이론이 있다. 정부 지출의 내용과 가계의 여건에 따라 정책 효과가 많이 달라진다. 이자율

인하, 법인세 인상, 재벌 규제 등의 정책도 사전에 정확히 효과를 예측하기 어렵다.

밤낮으로 연구하는 우수한 경제학자들이 대학에 많지만, 그들은 현실 경제에는 대부분 관심이 적다. 정교한 이론이나 외국 자료를 분석한 논문을 외국 학술지에 내는 것이 평가에 더 중요하기 때문이다. 한국 자료를 이용한 정책 연구는 우수한 국제 학술지에 내기 어렵다. 한국에서는 연구에 필요한 원자료를 공공기관에서 얻기도 어렵다. 한국 경제를 다루는 국책연구기관들이 많지만 예산을 지원하는 정부 부처나 경제인문사회연구원의 입김에서 벗어나 중립적이고 장기적인 연구를 하기가 쉽지 않다.

경제학자들이 제 역할을 못 하고 있는 것이 지금 한국만의 문제는 아니다. 20세기를 대표하는 경제학자 존 메이너드 케인스John Maynard Keynes는 "경제학자들이 치과의사만큼만 쓸모 있는 존재가 되길 바란다"고 했다.[1] 《불확실성의 시대The Age of Uncertainty》로 유명한 존 케네스 갤브레이스John Kenneth Galbraith는 "경제학은 경제학자들에게 일자리를 제공하는 수단으로는 매우 쓸모가 있다"고 했다.

비록 경제학자들이 자주 틀린 예측을 하고 경제 위기에 유효한 처방을 내놓지는 못하지만, 경제학은 아직도 유용하다. 영국의 《이코노미스트》지는 경제학의 큰 아이디어들은 여전히 현실 진단에 매우 유용하다고 했다.[2] 기업과 국가의 전략적 의사결정, 정보의 비대칭성,

---

1 John Maynard Keynes, *Essays in Persuasion* (New York: W. W. Norton & Company, 1931).

금융시장의 불안정, 재정정책의 역할, 국제 무역, 개방경제 정책의 상충관계를 설명하는 이론 등 여섯 가지를 예로 들었다. 경제학은 사회과학으로는 유일하게 노벨상을 받으면서 물리학, 화학, 생리학·의학과 같은 반열에 올라 있다. 노벨상이 경제학에 가당치 않은 높은 권위를 부여한다는 비판도 있지만 많은 이들에게 정교한 과학으로 인정받고 있다.

한국의 경제학이 현실 문제 해결에 좀더 유용하기 위해서는 먼저 전문가 집단 스스로 성찰이 필요하다. 한국에는 많은 학회가 존재하지만, 세계적 수준의 학술지는 아직 만들지 못했다. 필자는 2022년 한국 경제학계를 대표하는 한국경제학회의 회장직을 맡아 일했다. 학회가 주관하는 행사에서 경제학자들이 모여 한국 경제의 주요 현안에 대해 논문을 발표하고 토론하지만, 외부에서는 과연 한국 경제학자가 우리의 경제 현실을 얼마나 정확히 진단하고 옳은 처방을 내놓을 수 있는지 비판의 목소리가 크다. 경제학자들이 서구에 맞는 이론을 그대로 받아들이기만 하고 한국의 현실에 대한 이해는 부족하다는 비판을 받는다. 밤낮으로 연구하는 우수한 경제학자들이 많지만, 그들은 아직 한국 경제의 많은 문제에는 확실한 해답을 제시하지 못하고 있다. 앞으로 더 많은 경제학자가 한국의 현실 경제 문제를 해결할 수 있는 좋은 연구를 하고 올바른 지식의 전파와 정책의 수립에 기여하길 기대한다.

2 "Six Big Economic Ideas," *Economist*, 2016. https://www.economist.com/sites/default/files/econbriefs.pdf.

책을 펴내며

이 책에는 한국 경제가 앞으로 나아가야 할 길이 어디인지에 대한 필자의 생각이 담겨 있다. 필자가 공부한 거시경제학을 중심으로 한국 경제에 관한 생각을 정리했다.

이 책은 3부로 구성되어 있다. 먼저 1부에서는 한국 경제의 과거 고도 성장의 요인을 엄밀히 분석하고 성장 과정에서 어떤 구조적 문제가 발생했는지 살펴보았다. 한국 경제의 현재 상황을 저성장·불안정·양극화의 3중고와 지금 닥쳐오고 있는 위기에 초점을 두고 정리했다. 2부에서는 지난 30년 동안 한국 경제가 겪은 세 번의 큰 위기의 경험과 미래에 다가올 수 있는 일본의 장기침체와 포퓰리즘에 관해 썼다. 3부에서는 우리 경제가 더 이상 위기를 겪지 않고 지속적으로 성장할 수 있는 방법을 정부의 정책과 민간의 대응을 중심으로 찾고자 했다.

누구도 세계와 한국 경제가 앞으로 어떻게 진행될지 정확히 예측하기 힘들다. 그러나 경기 변동을 예측하고 안정적인 경제성장을 연구하는 거시경제학자로서 한국의 경제학이 현실 문제 해결에 좀더 유용해야 한다는 생각에서 책을 쓰기로 했다.

앞으로 더 훌륭한 학자들이 한국 경제를 연구하고 독창적인 이론을 만들어 좋은 글과 책으로 정책 담당자, 기업, 그리고 대중과 소통할 것을 기대한다. 결국, 한국 경제가 더 나은 방향으로 가려면 모든 경제주체가 한국 경제의 문제와 해결 방안에 올바른 지식을 쌓고 공감대를 형성해야 한다.

이 책에는 지난 30년 동안 필자가 한국 경제를 연구한 논문과 세계 석학들의 기고 사이트인 프로젝트 신디케이트project syndicate와 국내 언론에 국내외 중요한 경제 현안에 대해 정기적으로 기고한 필자의 글을 참고자료로 사용했다. 특히 2015년 1월부터 2022년 12월까지 8년 동안 매월《중앙일보》에 연재한 시평이 책의 기반이 되었다. 과거에 썼던 글을 현재와 미래의 관점에서 수정하고 개선하려고 노력했다. 이 책을 쓰기 위해 글을 사용할 수 있도록 해준 프로젝트 신디케이트와 중앙일보사에 감사드린다.

책 집필 과정에서 고려대학교 경제학과 학생과 동료의 도움이 컸다. 손유래는 초고 작성과 수정 원고를 읽고 교정하는 작업을 헌신적으로 도와주었다. 한수민은 자료를 정리하고 원고를 다듬어주었다. 송은비 박사는 표와 그림의 자료를 세심하게 살펴주었다. 어윤종 교수는 원고를 읽고 조언을 해주었다. 고려대학교 출판문화원의 편집진은 책의 기획과 출판에 정성을 다해주셨다. 도와준 모든 분께 깊이 감사드린다.

차례

3부 한국 경제의 미래

1부

한국 경제의 성장과 구조적 문제

Growth

1

한국 경제의 고도 성장

한강의 기적

한국은 역동적인 경제성장으로 반세기 만에 최빈국에서 세계의 경제 강국으로 우뚝 섰다. 한국의 명목 국내총생산GDP은 1960년의 39.6억 달러에서 2021년에 1조 8,110억 달러로 457배가 증가했으며 그 규모가 세계 10위인 국가가 되었다. 또한 한국은 세계 7위 수출국으로 세계 시장에서 중요한 참가자로 자리매김했다.

한국의 경제발전은 '한강의 기적'이라 불린다. 1960년에 158달러에 불과했던 일인당 GDP는 2021년에 34,758달러로 증가했다. 60년 동안 일인당 소득이 달러 명목 가치로 220배 증가한 것이다. 달러 실질 가치로는 일인당 소득이 32배 증가했다. 지금의 젊은 세대는 노인 세대와는 비교도 할 수 없이 높은 생활 수준을 누리게 됐다.

한국의 평균 생활 수준은 1960년에 미국의 10% 수준에 지나지 않았다. 고도성장의 결과 2021년에는 미국의 68% 수준으로 상승했

그림 1 한국의 일인당 국내총생산(GDP) 추이(US달러)

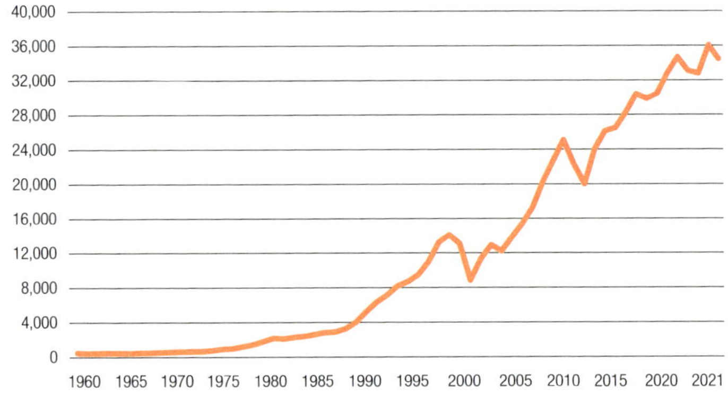

출처: 세계은행(World Bank), World Development Indicators.

다.[1] 그간의 정치, 외교, 사회, 문화, 스포츠 등 모든 성과는 경제 성장에 기초해서 이루어진 것임은 누구도 부정할 수 없다. 물론 아직 한국의 일인당 GDP 수준은 6만 달러가 넘는 미국과 싱가포르나 5만 달러 내외의 유럽 선진국에 비교하면 미흡하다. 그러나 인구 5천만 명 이상이면서 국민소득 3만 달러 이상인 나라는 한국 외에 미국, 일본, 독일, 영국, 프랑스, 이탈리아 6개국뿐이다. 경제력 면에서 한국의 국제적 위상은 매우 높다.

1 국가 간 생활 수준의 비교를 위해서는 일인당 국민소득(GDP)을 공통 화폐 단위로 변환해야 하고 이때 시장의 대미 환율을 사용하기도 하지만, 구매력(Purchasing Power Parity, PPP)으로 조정한 환율을 계산에 많이 사용한다. 일반적으로 저소득 국가일수록 고소득 국가에 비해 임금이 낮고 상품가격도 낮아서 시장환율에 비해 통화의 실질적인 구매력이 높다. 세계은행의 세계발전지표(World Development Indicators)에 따르면 2021년 한국의 구매력(PPP)를 조정한 1인당 GDP는 46,918달러이며 미국은 69,287달러이다.

세계경제포럼World Economic Forum, WEF의 최근 보고서[2]에 따르면 한국은 세계 13위의 '국제경쟁력'을 지녔다. 한국의 경제발전 역량은 다양한 측면에서 이제 세계적인 수준이다. 그중에서도 인프라, 시장 규모, 교육 수준, 정보통신기술에서 최상위 평가를 받았다. 스위스 국제경영대학원IMD은 한국의 국가경쟁력을 세계 23위로 평가했다.[3] 한국 경제의 가장 매력적인 요인으로는 양질의 노동력, 경제의 역동성, 인프라, 연구개발투자가 선정됐다.

한국의 고도 성장 요인

경제 성장은 한 국가에서 총생산(국민소득)이 증가하는 것으로 정의된다. 각 국가의 총생산(소득)을 결정하는 중요한 생산 요소는 자연자원, 노동력(총노동시간), 인적 자본, 물적 자본, 기술과 제도 등이다. 국가가 지속해서 성장하기 위해서는 생산 요소인 자연자원, 노동력, 자본, 기술과 이들을 결합하여 제대로 활용할 수 있도록 하는 제도와 정책이 필요하다. 인적 자본human capital은 근로자들이 교육, 훈련, 경험을 통해 축적한 지식knowledge과 직무능력skill을 일컫는다. 인적 자본의 양은 노동의 질적 수준을 나타낸다. 물적 자본physical capital은 생산에 사용되는 내구재를 일컫는 개념으로 기계, 설비, 건물 등을 포함한다. 기술과

2 Klaus Schwab, ed., *Global Competitiveness Report* (Switzerland: World Economic Forum, 2019). https://www3.weforum.org/docs/WEF_TheGlobalCompetitivenessReport2019.pdf.

3 IMD World Competitiveness Center, *World Competitiveness Ranking* (Switzerland: International Institute for Management Development, 2021).

제도의 수준은 경제 전체의 생산성과 효율성을 결정한다.

한국이 과거 반세기 넘게 꾸준히 성장할 수 있었던 요인은 무엇일까? 한국은 열악한 자연자원에도 불구하고 우수한 노동력, 높은 투자율, 선진 기술 도입, 대외 지향적 산업화 전략을 통해 신속하게 선진국으로 발돋움할 수 있었다.

한국 경제는 특히 1960년대 초부터 1997년 외환위기를 겪기 전까지 매우 빠르게 성장했다. 1961-1997년의 연평균 경제성장률이 9.4%에 달했으며 일인당 생산GDP의 증가율은 연평균 7.7%였다. 고도성장으로 일인당 소득이 증가하고 생활 수준이 급속하게 개선됐다. 이 시기에는 한국뿐 아니라 동아시아의 '네 마리 호랑이'로 불렸던 한국, 대만, 홍콩, 싱가포르가 함께 고도성장 하면서 세계의 시선을 끌었다. 이 뒤를 이어 인도네시아, 태국, 말레이시아와 같은 후발 공업국들과 뒤늦게 1970년대 후반에 경제 개혁을 시작한 중국 역시 급속히 성장하면서 동아시아는 세계에서 가장 역동적인 지역이 됐다.

따라서 한국 경제의 고도 성장은 한국만의 특수한 현상은 아니었다. 그리고 동아시아 국가의 고도 성장을 이끈 공통적인 요인이 있었던 것으로 생각할 수 있다. 동아시아 국가처럼 높은 성장률이 40년 동안 지속된 것은 세계경제사에 유례가 드물다. 많은 학자들은 이러한 오랜 고도 성장이 가능했던 원인을 궁금해했다. 세계은행World Bank이 1993년에 발간한《동아시아 기적The East Asian Miracle》은 동아시아의 성장을 연구한 보고서로 널리 알려져 있다. 보고서는 '기적'의 비결을 경제성장의 근본적인 요인들이 잘 유지됐던 것에서 찾았다. 즉 고도성장

그림 2 동아시아 국가의 일인당 소득의 변화(구매력 조정한 2017년 기준 달러)

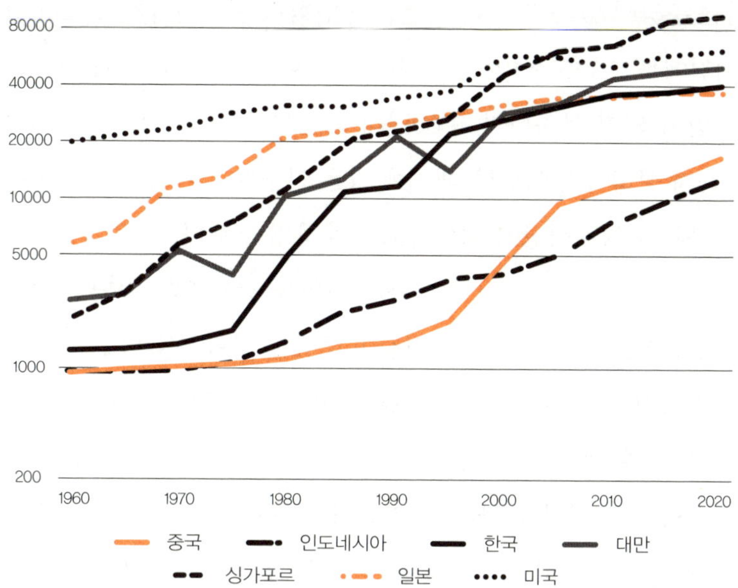

출처: 펜월드 테이블(PWT) 10.0(https://www.rug.nl/ggdc/productivity/pwt/?lang=en).

에는 동아시아만의 고유한 발전 모델이 있었던 것이 아니라 높은 저축률·투자율, 광범위한 인적 자본의 기반, 건전한 거시경제 운용, 시장 왜곡의 최소화 등의 이미 잘 알려진 여러 성장 요인을 골고루 잘 갖추었기 때문이라고 주장한다. 보고서는 동아시아 국가가 후발국의 이점을 살려 경제를 개방하고 세계 시장을 잘 활용하면서 수출 산업을 육성하는 데 성공했음을 강조한다.

이것은 한국을 비롯한 동아시아 국가의 성장을 동아시아의 고유한 특징에서 찾는 연구들과는 대조된다. 예를 들어 유교와 같은 문화, 종교적 요인이나 기후, 위치와 같은 지리적 요인이 중요한 역할을 했다는 주장이 있다. 그러나 이것은 산업화로 동아시아가 고도 성장하기 이전에도 지니고 있었던 특성들이다. 이 요인들이 왜 과거에는 성장 요인이 되지 못하다가 1960년대에 들어와서는 성장에 큰 영향을 미쳤는지 설명하기 어렵다. 과거에 많은 연구는 동아시아의 문화와 유교적 가치가 경제성장에 해롭다고 주장하기도 했다.

어떤 연구들은 정치 지도자의 역할을 강조한다. 가난한 나라를 부강하게 만드는 데 통치자의 헌신이 중요한 역할을 했다고 주장한다. 한국의 박정희 전 대통령, 싱가포르의 리콴유李光耀 Lee Kuan Yew 전 수상을 예로 들 수 있다. 물론 한 나라가 발전하는 데 각국의 대통령과 엘리트가 중요한 역할을 한다. 무지하거나 부패한 정치 지도자가 집권했을 때 경제가 후퇴한 국가들이 많았다. 그러나 각국의 대통령과 엘리트들이 경제에 관심이 많았거나 무지했기 때문에 경제 성과가 달라졌다는 인과 관계는 확실하지 않다. 그보다는 각국이 직면한 제도 등 여러 근본적 요소들이 지도자의 행동과 경제 성과를 모두 결정했다는 주장이 있다.[4] 부족 간의 전쟁과 약탈이 자주 일어나는 아프리카 국가에서는 아무리 경제 지식이 풍부한 지도자라고 해도 경제 성장을 이루기 어렵다.

---

4 Daron Acemoglu and James Robinson, *Why Nations Fail: The Origins of Power, Prosperity and Poverty* (New York: Crown Publishers, 2012).

풍부한 양질의 노동력

한국은 고도성장 시기에 노동력(총노동시간)과 인적 자본을 빠르게 축적했다. 당시 한국은 양질의 노동력이 풍부했다. 〈그림 3〉은 1950-2020년에 한국, 중국, 일본, 미국에서만 15-64세 인구, 즉 생산가능인구가 전체 인구에서 차지하는 비중의 변화를 나타낸다. 한국은 한국전쟁 이후 출산율이 증가했다. 당시 태어난 베이비 붐 세대가 15세 이상이 되기 시작한 것은 1970년대부터이다. 한국의 생산가능인구의 비중이 빠르게 상승했고, 그 속도는 비교 국가들보다도 훨씬 빨랐다. 생산가능인구 비중은 1970년에 55%에서 2000년대에는 72%로 상승했다.

그림 3 주요 국가의 생산가능인구(만 15-64세)의 비중 추이(%)

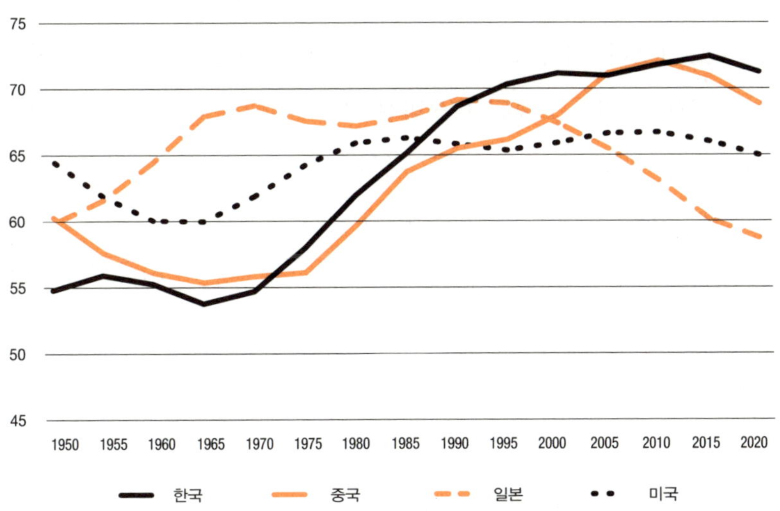

출처: 유엔(United Nations), World Population Prospect.

열심히 일하는 노동자가 많아진 것은 한국의 경제성장에 직접적으로 긍정적인 영향을 미쳤다.

한국은 노동력의 질적 향상, 즉 인적 자본의 축적에서도 매우 뛰어난 성과를 보였다. 학교 교육 수준으로 측정한 인적 자본이 지난 수십 년에 걸쳐 크게 성장했다. 특히 정규 교육기관에서의 교육 취득 educational attainment이 매우 빠르게 성장했다. 〈그림 4〉는 몇 개 국가를 대상으로 15-64세 인구의 평균 교육 연수 변화를 보여준다.[5] 한국의 평균 교육 연수는 1960년의 4.9년에서 1990년에 10.5년, 2015년에는 12.8년으로 급속히 증가했다. 특히 중등 교육 이상을 이수한 인구의 비중은 1960년에는 15-64세 인구의 10%에 지나지 않았지만, 1990년에는 80%, 2015년에는 94% 이상이 되었다. 대학 교육 이상의 고등교육을 받은 인구의 비율도 1960년의 1.6%에서 1990년 18%, 2015년에 46%로 증가했다. 미국과 비교했을 때 한국의 평균 교육 취득 격차가 상당히 줄어들었다. 고등교육을 받은 우수한 인력은 같은 노동시간에 더 많이 생산하고 기술 발전에도 기여한다. 우수한 인적 자원의 증가는 한국의 고도 성장에 중요한 기반이 됐다.

한국의 교육 성취도가 다른 국가에 비해 높았던 이유는 교육의 투자 수익률이 높았기 때문이다. 또한 자녀 수의 감소, 공평한 소득분배, 정부의 역할 등을 들 수 있다. 다른 국가에 비해 한국에서 정부의

5 Robert Barro and Jong-Wha Lee, "A New Data Set of Educational Attainment in the World, 1950-2010," *Journal of Development Economics* 104(2013): 184-198. 10.3386/w15902. Barro-Lee dataset(www.barrolee.com)은 전 세계 146개국의 교육수준 자료를 성별과 연령별로 세분화하여 제공한다.

그림 4 생산가능인구의 평균 교육 연수의 변화

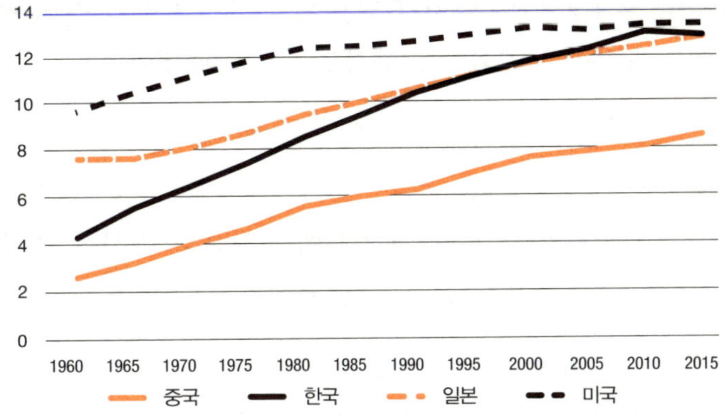

출처: Barro-Lee 데이터베이스(www.barrolee.com).

교육 투자가 특별히 많지는 않았지만, 민간의 교육 지출이 많았다. 이는 한국의 경제 성장률이 높았고 고용과 실질임금이 빠르게 증가하면서 교육을 더 많이 받은 사람일수록 더 높은 임금과 더 좋은 일자리를 가질 수 있었기 때문이다. 따라서 자녀교육에 대한 가계의 투자가 많았다. 출산율이 하락하고 자녀 수가 급격히 감소하면서 부모들은 더 적은 수의 자녀에게 더 높은 수준의 고등교육을 시켰다. 그러나 교육의 수익이 아무리 높아도 현실에서는 가난한 가정은 자녀교육에 투자하기 어렵다. 한국은 다른 신흥국에 비해 소득분배가 평등했기 때문에 보다 많은 가정에서 아이들을 학교에 보낼 수 있었다.

정부도 교육의 중요성을 강조했다. 정부는 경제 개발의 초기부터 우선 순위를 세워 인적 자원 개발 전략을 세우고 실행했다. 초기 발전 단계에서 초등교육과 중등교육 수준의 기본 교육을 확대하는 데 주력했다. 기본 교육이 보편화된 후에는 고등교육의 확대에 주력했다. 한국의 성장 단계에 따라 사회가 필요로 하는 기술의 수요에 맞추어 정부가 어떤 교육에 투자할지 순차적으로 설정한 것이다.

높은 저축률과 투자율

한국은 높은 저축률과 투자율을 유지하여 물적 자본 축적이 매우 빨랐다. 물적 자본의 증가는 생산량이 지속적으로 증가하도록 하는 경제성장의 중요한 요인이다. 한국은 자본량의 증가 속도가 인구(노동력)의 증가 속도보다 훨씬 빨라 일인당 자본량이 계속 증가했다. 이는 노동생산성(일인당 생산량)과 일인당 소득을 꾸준히 증가시킨 원천이 됐다.

그림 5 한국의 저축률과 투자율 추이(%)

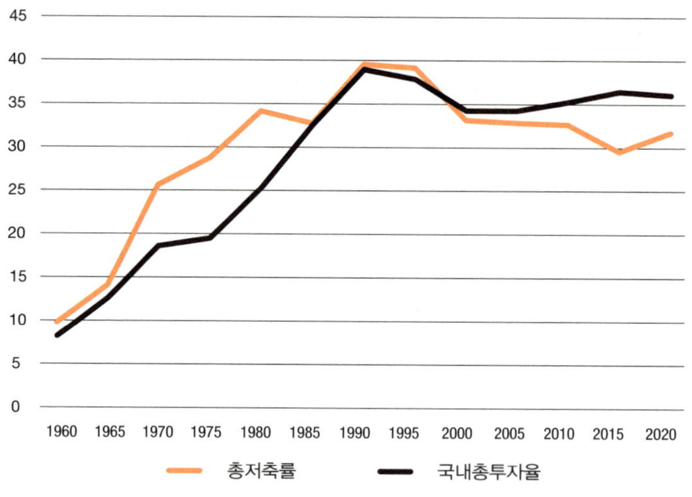

출처: 한국은행 경제통계시스템.

그림 6 한국 산업의 GDP 비중 추이(%)

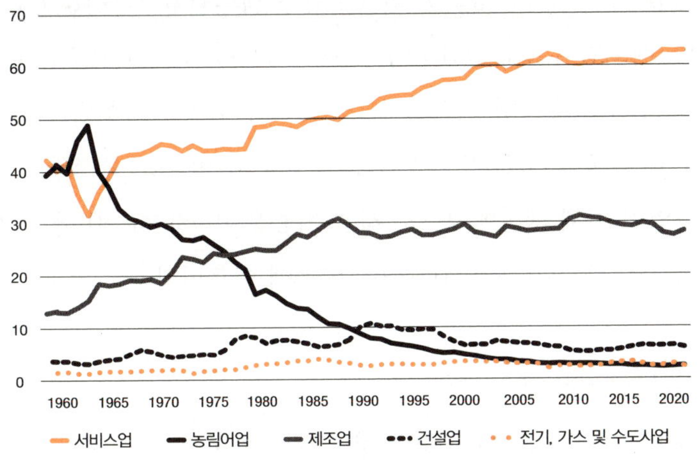

출처: 한국은행 경제통계시스템.

한국의 저축률과 투자율은 1960년대 초반 10% 수준에서 1970년대 말에 30%를 넘어섰다. 그 이후에도 1997년 외환위기를 겪기 전까지 꾸준히 상승했다. 1997년 외환위기 직전에는 40%에 달했는데 이는 싱가포르, 대만, 중국 등 몇몇 동아시아 국가들을 제외하면 다른 국가에서는 찾아볼 수 없는 매우 높은 수치였다. 외환위기를 겪으면서 저축률과 투자율이 하락했으나 여전히 30%가 넘는 높은 수준을 유지했다.

자본축적과 더불어 산업화가 빠르게 이루어졌다. 1960년대부터 이루어졌던 한국의 산업화는 경제성장을 견인했다. 농림어업의 생산 비중은 1960년대 중반을 기점으로 급격히 감소한 데 반해, 제조업의 생산 비중은 1960년대부터 1980년대까지 비중이 꾸준히 증가했다. 농림어업 인구가 제조업으로 이동하면서 제조업이 핵심 성장 동력이 되었다. 제조업의 노동생산성이 다른 산업보다 높아서 제조업 종사자의 비중이 증가했고 경제 전체의 일인당 생산량이 증가했다. 제조업은 1990년대 이후부터 2021년까지 28% 내외의 비중을 유지하고 있다. 서비스업이 전체 생산에서 차지하는 비중은 1998년에 50%를 넘어선 이후로 꾸준히 증가하여 2021년에 57%에 이르렀다.

'따라잡기catch up' 성장

한국을 비롯한 동아시아 국가의 경제 성장은 후진국이 자본량과 기술 수준을 높여서 선진국과의 일인당 생산량(소득)의 격차를 줄이는 '따라잡기catch-up' 또는 "수렴convergence"으로 설명할 수 있다.[6] 현재의 일인당 자본량이 적거나, 기술 수준이 낮은 후발 국가는 선진국보다 더 빠르게 성장할 잠재력을 갖추었다고 할 수 있다. 왜냐하면 다른 여건이 비슷하다면 일인당 자본량이 적을수록 같은 자본을 투입했을 때 산출량이 더 크기 때문이다. 즉 점점 자본이 많아지면 추가로 투자를 하여 자본을 늘렸을 때 추가적인 자본의 생산성은 전에 비해 낮아진다. 마치 성적이 낮은 학생은 열심히 공부하면 시험 점수를 올리기가 더 쉽지만 성적이 높은 학생은 같은 노력을 투입해도 점수를 올리기

6 이러한 설명은 이론적으로는 기술이 국가 간 전파(technology diffusion)를 통해 진보할 가능성을 함께 고려하는 신고전파 성장이론(neoclassical growth theory)에 기초한다. 신고전파 성장이론은 다른 생산 요소의 양이 일정하다면 자본량이 증가할수록 추가하는 자본의 생산성이 점차 낮아지는 생산함수를 가정한다.

가 어려운 것과 같다. 후발국은 같은 양을 투자해도 경제성장률이 더 높고 선진국과의 생산량(소득) 격차를 줄이기가 쉽다. 같은 맥락에서 선진국과 기술 격차가 클수록 기술 수준을 따라잡기가 더 쉽다. 낮은 수준의 기술은 손쉽게 모방할 수 있지만 첨단 기술은 따라 하기가 어렵기 때문이다.

후진국이 선진국을 빠르게 따라잡을 수 있는 잠재력이 있다고 해도, 어떠한 조건을 갖추고 있느냐에 따라 국가마다 수렴 속도는 매우 다르다. 한국은 다른 후진국들에 비해 더 유리한 조건을 갖춤으로써 자본과 기술을 통해 더 빨리 선진국 수준으로 수렴할 수 있었다. 즉 '따라잡기'와 수렴 이론에 의하면 한국의 고도 성장은 한국이 선진국에 수렴하는 데 필요한 근본 요인을 잘 갖추고 있었기 때문이라고 할 수 있다. 한국은 다른 특별한 요인보다는 우수한 인적 자원, 높은 저축·투자율, 안정적인 거시경제 여건을 갖추어 일인당 자본축적률이 높았다. 이를 통해 빠르게 선진국의 일인당 소득 수준을 따라잡을 수 있었다.

선진 기술의 도입과 기술 진보

일인당 생산량(소득)이 선진국 수준이 되려면 일인당 자본량뿐 아니라 기술 수준의 수렴이 중요하다. 기술 진보는 선진국의 경우 연구 개발R&D 투자를 통한 신기술 개발로 이루어진다. 그러나 개발 도상국은 연구 개발 투자를 통한 독자적인 기술 개발보다는 선진국으로부터 기술을 도입하고 모방하는 과정이 더 중요하다.

한국은 수출주도의 개방전략을 추진하면서 선진 기술을 모방하고 도입했다. 선진국과의 기술 격차가 클수록 첨단 기술보다는 오래된 기술을 모방하면 되기 때문에 이 과정이 어렵지 않을 것이라고 생각할 수 있다. 그러나 기술 모방도 선진 기술을 자주 접하고 국내 생산에 잘 활용할 수 있는 능력이 있어야 가능하다. 기술 모방과 도입은 해외 자본재, 고기술 상품의 수입과 다국적기업에 의한 해외 직접투자 등의 경로를 통해 일어난다. 특히 자유 무역은 선진국의 우수한 기술을 모방, 도입하기 쉽게 해준다. 또한 기술 개발에 필요한 중간재를 자체적으로 생산할 때보다 더 싼 가격에 들여올 수 있게 된다. 한국이 보유한 우수한 인적 자본은 새로운 기술에 대한 이해와 활용 능력이 높아서 선진국의 기술을 쉽게 모방하고 흡수할 수 있었다.

기술이 국가 간에 전파되면서 후발국이 선진국을 따라잡기 하는 과정은 마치 기러기 무리가 역V자 대형을 그리며 날아가는 모습을 닮았다고 해서 '플라잉 기스flying geese' 모형이라 불리기도 한다.[7] 이 모형에 따르면 선진국은 신산업과 신기술을 계속 발전시키고 후발국은 선진국의 기술을 학습하여 선진국 산업을 따라간다. 더 뒤처진 후발국은 바로 앞 국가의 기술을 학습하면서 뒤를 쫓아가며 마치 기러기의 비행 대형을 이룬다.

플라잉 기스 모형에 의하면, 동아시아에서는 제2차 세계대전 이후 일본이 처음으로 수출 중심의 제조업을 발전시켰다. 이후 1960년

7 플라잉 기스 모형은 일본 경제학자 아카마쓰(Akamatsu)가 처음 제시했다. Kaname Akamatsu, "A Historical Pattern of Economic Growth in Developing Countries," *The Developing Economies* 1, no. s1 (Aug 1962): 3–25. 10.1111/j.1746-1049.1962.tb01020.x.

대부터 아시아의 4마리 용이라 불리는 홍콩, 싱가포르, 대만, 한국이 무역을 활성화하고 외국인 직접투자를 허용하는 등 경제 개방정책을 했다. 일본의 기술을 학습하고 수출전략을 모방하여 성장했다. 뒤이어 1970년에는 인도네시아, 말레이시아, 태국이 수출 산업을 육성하여 그들보다 앞선 국가들을 쫓아갔다. 일본의 산업 구조가 제품주기 product cycle에 따라 차츰 첨단 산업으로 옮겨가면서 후발국들도 비교우위에 따라 산업을 발전시키며 앞선 국가를 순차적으로 따라갔다. 이 과정에서 선두주자인 일본으로부터 후발주자인 개도국으로 기술이전이 일어난 것이다. 물론 동아시아 경제의 기술 발전과 산업 구조의 변화를 일본을 선두로 한 플라잉 기스 모델로만 설명하는 것은 한계가 있다. 한국을 비롯한 동아시아 4마리 용은 일본뿐 아니라 미국, 유럽, 중국과 원자재 생산국을 포함하는 글로벌 가치사슬global value chain로 연결된 글로벌 생산 네트워크를 형성하여 수출 중심국으로 발전할 수 있었다.

대외 개방으로 성장하다

한국의 고도 성장의 중요한 요인으로 적극적인 대외 개방을 통한 공업화를 꼽을 수 있다. 한국은 적극적인 개방 정책을 통해 후발국의 이점을 제대로 활용했다. 대외 개방을 통해 선진국으로부터 우수하고 값싼 자본재(기계, 설비, 부품)와 기술을 도입할 수 있었고 공산품 생산을 늘렸다. 1950년대부터 1980년대까지 세계 경제는 매우 빠르게 성장했으며 세계 교역 시장이 크게 확대됐다. 한국의 대외 개방전략은 이러한 세계 시장의 확대를 잘 이용하여 빠른 경제성장을 이루었다.

한국은 빠르게 경제를 개방했다. 국민총소득GNI 대비 수출의 비중은 1960년의 2.6%에서 1990년의 25.7%로, 수입의 비중은 같은 기간에 12.0%에서 26.7%로 증가했다.

한국은 제조업 상품에 수출을 특화함으로써 공업화에 성공했다. 한국이 경제 개발을 시작하던 40년 전만 해도 신흥국이 제조업 상품의 수출로는 빠른 경제 발전과 산업화를 이룰 수 없다는 생각이 지배적이었다. 당시 선진국들이 제조업 상품을 더 낮은 비용으로 생산하고 수출하는 확실한 비교우위comparative advantage를 가지고 있었기 때문이다. 신흥국이 선진국과 자유 무역을 하는 경우 오히려 자원 집약적인 1차 상품에 특화할 가능성이 컸다. 따라서 당시에는 대외 개방이 산업화를 가로막는다고 생각하여 대외 개방전략보다는 자국 산업을 보호하는 정책이 최선이라고 주장하는 학자들이 많았다. 그러나 선진국의 소득 수준이 상승하면서 임금이 상승하자, 후발 국가들은 값싼 노동력이라는 비교우위를 갖게 되었다.

비교우위를 가진 수출 기업들은 해외 시장에서 선진국 기업과의 경쟁을 통해 효율성을 높였다. 좁은 국내 시장을 넘어서 세계 시장을 대상으로 대량 생산을 하면서 생산성을 높였다. 수출을 통해 벌어들인 외환으로 필요한 원자재뿐 아니라 선진 기술로 만들어진 자본재와 중간재를 수입했다. 수출 산업의 경쟁력은 지속적으로 발전했고 유입된 선진 기술이 국내 산업에 파급되는 효과를 통해 경제 전체의 생산성을 높였다.

한국의 수출품 구성은 점차 노동집약적인 상품에서 자본과 기술 집약적인 상품으로 옮겨 갔다. 한국은 1960년대 철광석, 중석 등 광물과 수산물, 목재를 수출했다. 1970년에 섬유, 의류를 비롯한 노동집약적인 상품이 수출의 40%를 차지했고 1차 상품이 35%를 차지했으나, 전기, 전자, 기계 등 자본과 기술 집약적인 상품의 수출은 20%에 그쳤다. 이후 자본축적과 기술발전으로 산업 구조가 빠르게 전환되면서 다른 국가에 비해 비교우위를 가지는 수출 품목이 늘어났다. 1970년대에는 섬유, 전자, 철강 제품을 수출하기 시작했고 1980년대부터 자동차, 선박, 화학 등 중화학 제품의 수출이 본격화됐다. 1995년에 이르러서는 전자 산업을 중심으로 자본과 기술 집약적인 상품의 비중이 총수출의 3분의 2를 넘었다. 2000년대부터는 정보통신 산업, 반도체 산업의 약진이 두드러졌다. 자본과 기술 집약적인 제조업 상품의 수출과 생산이 늘어나면서 경제성장이 가속화됐다.

정부의 적절한 역할이 중요했다

한국을 포함하는 동아시아의 네 마리 호랑이와 신흥공업국의 고도 성장에 서구의 시장자본주의 체제와는 다르게 정부가 특별한 역할을 했는지가 쟁점이다. 세계은행의《동아시아 기적The East Asian Miracle》[8]을 비롯한 많은 연구는 동아시아의 경제 발전 과정에서 정부가 경제 활동에 다양하게 개입했다고 한다. 그러나 정부는 시장의 역할을 대신하

8 Nancy M. Birdsall et al., *The East Asian Miracle* (Washington, D.C.: World Bank Group, 1993). B. http://documents.worldbank.org/curated/en/975081468244550798/Main-report.

기보다는 시장을 보완하는 역할을 했음을 강조한다. 정부는 거시경제를 안정시키고 시장의 왜곡을 개선하며 대외 개방을 적극적으로 추진해 고도 성장에 기여한 것으로 평가된다. 동아시아 국가에서는 정부 개입이 많았음에도, 비슷한 발전 단계의 다른 개발도상국과 비교하면 부패가 심하지 않았고 우수한 관료 조직을 갖추고 있었다. 정부가 제한적으로 시장에 개입하면서 스스로 보완하며, 개선했기 때문에 정부의 역할이 효율적이었던 것으로 평가된다. 하지만 정부가 투자에 적극적으로 개입하여 특정 산업이나 기업을 선택하여 지원한 '산업 정책 industrial policy'은 폐해도 있었다고 평가된다.

이와 대립하는 견해도 존재한다. 존슨, 암스덴, 웨이드 등의 '개발국가론 developmental state view'은 정부의 적극적이고 광범위한 시장 개입이 동아시아 고도 성장을 이끈 주요 요인이었다고 주장한다. 이들은 동아시아 정부의 특정 산업에 대한 무역 보호 정책과 금융 지원 정책에 대해서도 매우 긍정적으로 평가한다. 대표적인 산업 정책 옹호론 중 하나인 '유치산업 보호 infant industry protection' 이론에 따르면 지금 당장은 세계 시장에서 경쟁력이 없더라도 미래에 비교우위를 갖게 될 산업은 정부가 보호하고 육성해야 한다. 동아시아 국가의 산업 정책은 유치산업 보호를 매우 잘한 경우로 평가된다. 그러나 이론상으로는 정부가 유치산업을 잘 선택해서 미래의 성장산업으로 크도록 지원할 수 있지만, 실제로 정부가 미래에 어떤 산업이 유망할지 미리 알기는 어렵다. 잘못하여 쇠퇴하는 산업을 지원하면 역효과가 발생할 것이다. 또한, 유망하다고 생각되는 첨단 산업과 기업을 과도하게 보호하면 잠재력이 더 큰 산업과 기업이 지원받지 못하는 일이 발생할 수 있다. 경제 전체의 생산성이 오히려 떨어질 수 있다.

한국에서 정부가 경제에 적극적으로 개입했던 것과 결과적으로 고도 성장이 이루어진 사실만 놓고 정부의 개입이 경제성장에 중요한 역할을 했다고 말하는 사람이 많다. 예를 들면 경부고속도로나 포항제철과 같은 기간 산업의 건설이 경제성장에 크게 기여한 사실을 통해 정부 개입의 효과를 주장하는 것이다. 그러나 정부 개입으로 인해 성공한 산업이 있었던 반면 과도한 정부 개입으로 인해 조선업과 같이 실패한 산업도 있었다. 경제 발전 초기에는 시장이 제대로 기능을 하지 못하는 경우가 많아 정부가 주도적으로 나설 수밖에 없다. 그러나 경제 규모가 커지고 민간 기업이 많아져 시장이 제 기능을 하게 되면 정부의 과도한 시장 개입이 부작용을 가져올 가능성이 크다. 정부가 적극적으로 특정 산업을 지원하여 경쟁력을 높이는 것은 가능하나, 시장 기능이 하는 이상으로 잘하기가 쉽지 않다. 한국은 정부의 산업정책이 효율적이어서 경제 발전 초기에 긍정적인 역할을 한 것으로 평가할 수 있다. 그러나 정부의 지속적인 시장 개입은 결국 특정 산업에 과도한 투자를 초래하여 생산성이 하락하고 경제의 구조가 취약해졌다. 이는 결국 1997년에 외환위기가 발생하게 된 것과 무관하지 않다.

고축적, 저효율 경제

한국을 비롯한 동아시아의 경제 성장이 생산성(기술 진보)에서 비롯된 것이 아니라 허리띠를 졸라매고 노동력과 자본을 계속 투입한 결과라는 비판이 있다. 널리 알려진 연구 결과로 알윈 영Alwyn Young은 동아시아의 고도 성장 국가들에서 순수한 기술 진보가 성장에 기여한 정도가 크지 않다는 성장회계의 결과를 보여주었다. 성장회계는 산출량의 증가를 각 생산 요소의 증가가 기여한 부분으로 나누는 방법이다.[9] 성장회계에서 생산 요소 중에서 기술, 제도가 기여하는 부분은 총요소생산성total factor productivity, TFP이라고 부른다. 한국, 대만, 홍콩, 싱가포르 4개국을 대상으로 분석한 영Young의 성장회계에 따르면 이들 국가에서 총요소생산성TFP의 증가율이 별로 높지 않았다. 한국은 1.7%였고 싱가포르는 0.2%에 지나지 않았다. 한국은 분석 기간인 1966-1990년의 비농업 부문의 연평균 성장률 10.3% 중에 물적 자본이 4.1% 포인트, 인적 자본이 포함된 노동이 4.5% 포인트를 기여했다. 이것은 총요소생산성이 기여한 1.7% 포인트보다 훨씬 높은 수치이다. 한국을 비롯한 동아시아 국가의 총요소생산성 증가율은 세계 다른 국가들과 비교했을 때도 높지 않은 수치이다. 동아시아 국가의 고도 성장이 기술 진보나 생산성 향상보다는 노동과 자본과 같은 생산 요소의 축적으로 이루어졌음을 보여준다.

---

9 성장 회계(growth accounting) 방식은 생산량(Y)의 증가율(ΔY/Y)을 각 성장 요인 물적 자본(K), 노동력(L), 기술 수준(A)의 증가율의 기여분으로 분해할 수 있게 한다. 간단한 신고전파 생산함수를 가정하면, α를 자본의 몫으로 정의하면 다음과 같이 경제성장률을 분해할 수 있다.

$$\Delta Y/Y = \alpha \cdot \Delta K/K + (1-\alpha) \cdot \Delta L/L + \Delta A/A$$

여기서 A의 증가는 직접 계산하기가 힘들어 산출량의 증가율에서 노동과 자본의 증가율이 기여한 부분을 제외한 나머지로 계산한다. A를 총요소생산성이라고 부른다.

이러한 성장회계의 결과에 대해 총요소생산성의 측정의 정확성에 대한 비판이 많았다. 총요소생산성은 직접 계산하기가 힘들어 간접적으로만 계산된다. 또한, 산출량의 증가분을 생산 요소들의 증가와 총요소생산성의 증가로 기계적으로 나누는 것에 대한 비판이 있다. 예를 들어 신흥국에서는 자본 축적이 먼저 이루어져야 기술이 발전하고 생산성이 높아질 수 있다. 후속 연구들은 성장 회계의 방법을 개선하고 총요소생산성을 좀더 정확히 측정하려고 노력했다. 그러나 지금까지의 연구 결과들은 대체로 동아시아 국가의 고도 성장이 기술 진보보다는 노동과 자본 축적으로 이루어진 것임을 보여주고 있다.

"평등과 함께하는 성장growth with equity"

한국은 경제 발전의 초기에 소득 분배가 상당히 평등했다. 이는 이론적으로나 경험적으로 이례적인 현상이었다. 경제학자 사이먼 쿠즈네츠Simon Kuznets는 경제 성장의 초기 단계에는 소득 불평등이 심화되지만 이후 점차 개선됨을 역사적 자료를 들어 보였다.[10] 이러한 경험적 사실은 여러 요인으로 설명할 수 있다. 경제 발전의 초기에는 자본이 부족하므로 자본 수익률이 높다. 따라서 자본을 소유한 자본가 계층이 더 많은 소득을 얻는다. 반면 농업 부문에서는 초과 노동력이 존재하기 때문에 실질임금이 정체되어 노동의 몫은 상대적으로 감소한다.

10 Simon Kuznets, "Economic Growth and Income Inequality," *The American Economic Review* 45, no.1 (1955): 1-28.

따라서 성장의 초기 단계에서 소득분배가 악화한다. 그러나 자본 축적이 진행됨에 따라 자본의 수익률이 점차 하락한다. 노동의 초과공급은 해소되고 고등교육을 받은 숙련 노동자가 늘어나면서 실질임금이 올라 소득분배가 개선된다. 또한, 산업화의 과정을 보면 초기에는 많은 인구가 농업에 종사하면서 모두 비슷한 소득을 갖고 분배가 평등하다. 그러나 점점 제조업이 발전하고 인구가 도시로 이동하면 산업 간 임금 격차가 발생해 소득 불평등이 생긴다. 이후 대부분 인구가 도시로 이동하고 농업 비중이 작아지면 인구 전체의 소득 불평등은 다시 낮아진다.

쿠즈네츠의 가설은 1980년까지는 한국을 비롯한 동아시아 국가에서 적용되지 않는다. 동아시아 국가들이 고도 성장 과정에서 소득분배를 악화시키지 않는 '평등과 함께하는 성장growth with equity'을 달성했기 때문이다. 경제 발전 초기에 소득분배가 상당한 평등을 유지했던 원인은 누구나 중등, 고등 교육을 받을 수 있었기 때문이다. 동아시아 국가에서는 학력별 임금 격차에 따른 소득분배가 크지 않았다. 또한 노동집약적인 산업이 빠르게 발전하여 많은 인구가 일자리를 갖고 소득을 얻을 수 있었다. 또한 국가가 지주로부터 소작지를 유상 매수하여 싼값으로 분배하는 농지 개혁을 1947년에 실시하여 많은 가난한 경작 농민의 소득이 증가할 수 있었다.

2

저성장·불안정·양극화의 삼중고

저성장 시대의 도래

성장 동력이 감소하고 있다

한국 경제의 역동성이 점차 떨어지고 있다. 한국은 선진국 대열에 진입하면서 경제성장률이 점점 낮아졌다. 1980년대와 90년대에 연평균 8%에 달했던 경제성장률은 이후 10년간 4.9%, 다음 10년간은 3.3%로 계속 낮아지면서 저성장 추세가 굳어졌다. 지난 5년간 한국의 평균 경제성장률은 2.3%였다. 글로벌 금융위기 이전의 연평균 3%대 경제성장률과 비교하면 크게 하락한 수치이다. 한 경제가 생산요소를 모두 활용해 최대치로 달성할 수 있는 성장률을 계산한 것이 잠재 성장률potential growth rate인데, 한국의 2016-2020년 잠재 성장률은 2.7-2.8% 정도로 추정됐다.[11] 실제 경제성장률은 잠재 성장률에 미치지 못했다.

11 권지호 외, 〈우리 경제의 잠재성장률 추정〉, 《한국은행 조사통계월보》, 2019년 8월.

따라잡기 경제성장의 한계

경제성장률이 과거의 절반보다 못하게 떨어진 이유는 무엇인가? 우선 고도성장의 엔진이 점점 식고 있다. 경제성장은 생산의 증가를 통해 이루어지고, 생산은 기본적인 생산 요소인 노동력, 물적 자본, 기술을 결합해 이루어진다. 물적 자본은 기계, 공장, 건물 등을 포함한다. 높은 수준의 기술이 있으면 같은 노동시간과 물적 자본량을 결합했을 때 더 많이 생산할 수 있다. 기술은 생산 기술technology뿐 아니라 생산의 효율성에 영향을 미치는 경영 지식, 아이디어 등을 모두 포함한다. 과거 한국 경제의 고도성장의 주 엔진은 노동력의 증가, 물적 자본의 축적, 기술 수준의 향상이었다. 지금 세 엔진이 모두 활력을 잃으면서 성장이 둔화되고 있다. 노동력과 물적 자본의 증가율이 크게 낮아졌다. 신성장 동력이 되어야 할 기술력과 자원 배분의 효율성이 충분히 향상하지 못하고 있다.

앞에서 살펴본 '수렴' 이론에 따르면 후진국은 선진국에 비해 부족한 자본량과 기술 수준의 격차를 점점 줄여가는 "수렴" 또는 "따라잡기"의 과정을 통해 성장한다. 그런데 "따라잡기" 성장은 한계에 부딪히기 마련이다. 후진국이 선진국의 소득 수준에 가까워지면 가까워질수록 소득 격차를 줄여나가기가 힘들어지며 성장률은 낮아진다. 그 이유는 생산 과정에서 일어나는 경제의 여러 법칙 때문이다. 생산이 증가하기 위해서는 생산에 투입되는 물적 자본이 증가해야 한다. 자본 축적이 빨라지면 노동자의 일인당 물적 자본량이 증가한다. 이때 일인당 자본의 투입 증가로 늘어나는 생산량의 증가분은 점차 줄어든다. 흔히 "수확 체감의 법칙law of diminishing returns"이라고 불리는 이 경험적인 법칙은 자본이 적을 때는 투자의 수익이 매우 높으나 자본이 많아지면 투자의 수익률이 감소하는 현상을 의미한다. 우리 경제는 물적 자본의 투자 수익률이 1990년대 이후 계속 하락하는 추세를 보인다. 또한, 기술 진보의 경우에도 수확 체감이 작용해 경제성장률이 점점 하락한다. 후진국이 선진 기술을 받아들이고 모방하여 자체 기술을 진보시키는 것이 점차 힘들어진다. 선진 기술과의 격차가 줄어들면서 단순 기술이 아니라 고급 기술을 따라잡느라 힘이 더 든다. 스포츠로 비유하면 아마추어에서 잘하기까지는 쉽게 할 수 있으나 세계적인 프로 선수를 따라잡는 것은 매우 힘든 것과 같다. 마지막으로, 일반적으로 소득이 증가하면 출산율이 하락하고 인구증가율이 낮아지며 노동력의 증가세가 둔화된다. 또한, 소득이 증가하면서 노동보다는 여가를 선호하게 되어 일인당 노동시간은 감소한다. 한국 경제는 이제 후발국의 이점을 상당 부분 잃어버렸다. 많은 선진국이 그러하였듯이 한국의 경제 성장률이 두 자리 숫자에서 단 2%대로 낮아졌다.

한국 경제가 앞으로도 저성장의 늪을 벗어나기 쉽지 않아 보인다. 무엇보다 저출산·고령화로 생산가능인구가 감소하고 있다. 일인당 평균 노동시간도 계속 줄고 있다. 노동력 감소만으로도 앞으로 20년간 경제성장률은 연평균 1%포인트 감소할 것으로 추정된다. 경제협력개발기구Organization for Economic Co-operation and Development, OECD는 한국의 경제성장률이 2023년부터 10년간은 연평균 1.8%로 낮아지고 2033년부터는 0%대로 낮아질 것으로 예측한다.[12] 일본의 경우 일인

그림 7 한국의 경제성장률 추이와 예측(%)

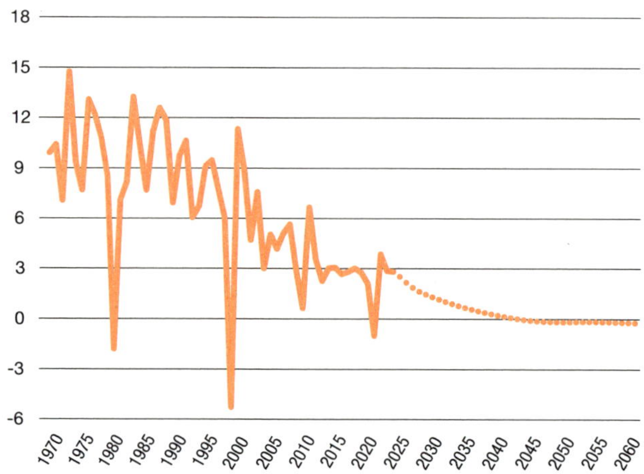

출처: 세계은행(World Bank, World Development Indicators).
2022년 이후는 예측치는 OECD의 장기경제전망치임.

당 GDP가 3만 달러를 넘어선 1992년부터 20년간 경제성장률이 0.8%였다. 일본의 '잃어버린 20년'이 한국의 미래가 될 수 있다는 경고다.

한국 경제가 점차 저성장의 시대로 접어드는 것은 어쩔 수 없다 하더라도, 성장률의 하락을 가능한 한 늦출 수 있다. 앞으로 3%의 경제성장률을 지속적으로 유지할 수만 있다면 선진국과의 소득 격차를 계속 줄여가면서 세계에서 우리 경제의 위상을 한층 더 높일 수 있을 것이다.

12 OECD, *Long-Term Baseline Projections* (Paris: OECD Publications, 2021).

한국 경제, 이대로 주저앉을 수는 없다

한국의 지금 경제가 나쁜 것도 문제지만 미래는 더욱 불안하다. 저성장에서 헤어나지 못하고 있다. 국내 기업들의 매출액은 감소하고 재무구조는 악화됐다. 가계부채도 계속 증가하고 있다. 청년실업률도 높다. 소득 불평등과 경제 부문 간 불균형 문제도 심각하다. 미흡한 사회복지에 대한 국민의 불만도 높다.

불안과 위기는 국민의 몫이다. 국민은 앞으로 생활 수준이 지금보다 나아지기는커녕 더 나빠질까 불안하고, 노후와 자식 세대의 앞날이 걱정이다. 국민 세금으로 월급을 받는 공직자들은 얼마나 위기의식

그림 8 가계부채(민간신용/명목 GDP 비율)

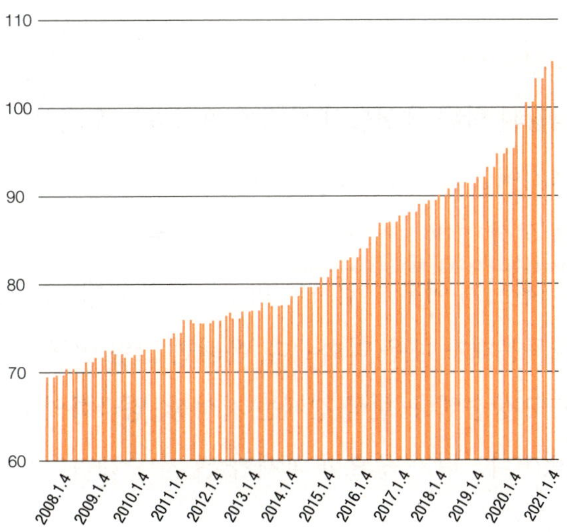

출처: 한국은행 경제통계시스템.

을 가지고 일하고 있는지 알 수 없다. 성장률을 높이고 청년들에게 좋은 일자리를 만들어주며 복지를 확대하려는 노력이 미흡하다. 당장의 경제를 살리기도 힘들지만, 미래를 위한 구조조정과 노동·교육·금융 개혁의 성과는 만족스럽지 않다.

저성장에 대한 위기의식을 가져야 한다. 성장률을 높여야 일자리도 증가한다. 경제가 침체하면 교육과 창업을 통한 성공과 상층 이동의 기회가 줄어든다. 성장 없이는 지속적인 복지도 어렵다. 2021년의 국내총생산 2,072조 원의 한국 경제에서 1% 성장률 하락은 20조 원의 소득이 감소하는 것이다.

불평등과 양극화의 세상

소득과 자산의 분배 악화

한국이 저성장과 함께 불평등의 함정에 빠졌다는 우려가 크다. 한국은 경제발전 초기에는 고도성장을 이루면서도 소득분배가 평등해 '평등과 함께하는 성장growth with equity'을 이룩한 국가로 칭찬받았다.[13] 그러나 1997년 외환위기 이후 실업자와 비정규직이 늘어나고 성장률이 낮아지면서 소득분배가 매우 악화됐다. 은퇴한 고령 인구가 많아지면서 노인 빈곤율도 상승했다. 한국 경제는 저성장·양극화의 이중고二重苦에서 어떻게 벗어나느냐가 주요한 과제가 된 지 오래다.

13 Nancy M. Birdsall et al., *The East Asian Miracle* (Washington, D.C.: World Bank Group, 1993).

사이먼 쿠즈네츠Simon Kuznets는 경제 성장의 초기 단계에는 소득 불평등이 심화되지만 이후 점차 줄어든다고 했다. 하지만, 이러한 쿠즈네츠의 가설은 1980년대 중반 이후 경제성장의 초기 단계를 넘어선 많은 국가에서 소득분배가 개선되지 않고 지속적으로 악화되자 설득력을 잃었다. 전 세계에서 소득과 부의 불평등이 점점 심해졌다. 그 원인을 찾는 과정에서 국제무역, 기술발전, 경제·정치·교육 제도가 성장과 분배에 미치는 영향을 분석한 연구가 많이 나왔다.

소득 불평등 심화는 우리만의 문제가 아니다. 〈그림 9〉에서 보듯이 1980년대 이후 전 세계적으로 불평등이 심해졌다. 기술이 발전하

그림 9 주요국의 소득 상위 10%의 소득 비중 추이(%)

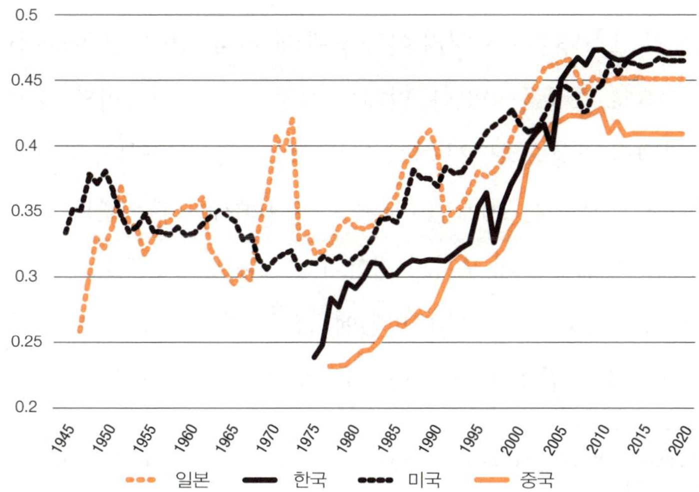

출처: World Inequality Lab, World Inequality Database, https://wid.world/data/

고 국제 무역이 확대되면서 노동자의 학력 간 임금 격차와 기업·산업 간 격차가 커졌다. 기술 발전이 숙련 노동자에게 유리하여 숙련 노동자와 비숙련 노동자의 임금 격차가 커졌다. 국제 무역과 분업이 확대되면서 국가 내에서 기업·산업 간 격차와 노동자의 임금 격차가 커졌다. 한편, 프랑스 경제학자 토마 피케티Thomas Piketty는 《21세기 자본》에서 1980년대 이후 많은 국가에서 소득과 부의 분배가 악화됐음을 보여주고 높은 자본 수익률과 부의 세습에서 그 원인을 찾았다.[14] 자본 수익률이 경제성장률보다 높아 자본의 몫은 지속적으로 늘고 노동의 몫은 감소하여 불평등이 심화되었다고 주장한다.

세계적으로 심각했던 경제 불평등과 양극화가 팬데믹으로 더욱 악화됐다. 코로나19 대유행으로 많은 사람이 일자리를 잃고 소득이 줄어 생활에 어려움을 겪었다. 그러나 모두 다 같이 힘든 것은 아니었다. 대부분의 고소득층은 오히려 이득을 봤다. 거대 기술기업은 늘어난 디지털 수요로 호황을 누렸다. 막대한 재정 지출과 저금리의 유동성에 자산 가격이 급상승하면서 자산 보유자의 소득이 늘었다. 국제구호단체인 옥스팜Oxfam은 2021년 〈불평등 바이러스〉[15]라는 제목의 보고서를 통해 "전 세계 10대 부자의 재산이 코로나19 이후 5,400억 달러(약 600조 원) 늘었다"고 밝혔다. 반면에 "전 세계에서 수억 명이 일자리를 잃거나 소득 감소로 빈곤으로 내몰렸다"고 지적했다. 안토니우 구

---

14 Thomas Piketty, *Capital in the Twenty-First Century* (Massachusetts: Harvard University Press, 2014).

15 Esmé Berkhout et al., *The Inequality Virus: Bringing Together a World Torn Apart By Coronavirus Through a Fair, Just and Sustainable Economy* (Oxfam, 2021).

테흐스 유엔UN 사무총장은 코로나19로 우리 사회가 얼마나 취약한지 드러났다고 말했다. "우리는 모두 한 배를 타고 있다는 말은 허구"라고 하면서 "누구는 초호화 요트를 타고, 누구는 난파선의 파편을 붙잡고 바다에 떠 있다"고 했다.[16] 경제가 회복돼도 불평등의 위기에서 쉽게 벗어나지 못할 것이라는 우려가 크다.

한국은 반도체·디스플레이 등 정보기술IT 품목과 의료품 수출이 늘어 오히려 이득을 보았다. 그러나 코로나 전염을 막기 위한 집합금지, 영업제한으로 영세업자와 저소득층이 큰 피해를 보았다. 팬데믹으로 저금리 정책이 시행되고 유동성이 넘쳤다. 정부의 부동산 정책의 실패로 부동산 가격 폭등으로 부의 분배도 매우 악화됐다. 경기회복이 'K자 양극화' 양상을 보이면서 가계, 기업, 업종 사이에 격차가 더 커졌다.

성장과 분배 함께 개선해야 한다

한국 경제의 성장 회복과 불평등 해소를 함께 추구하는 좋은 성장 정책이 필요하다. 분배 개선은 시장의 힘만으로는 해결이 어렵다. 정부의 역할이 필요하다. 정부는 취약 계층에 대한 직접적인 소득 보전과 의료, 육아, 교육, 직업훈련 등 노동생산성을 높이는 지원을 강화해야 한다. 또한, 부동산 가격을 안정화하여 누구나 열심히 노력하면 자기 집을 장만할 수 있다는 희망을 주어야 한다. 한국은 다른 국가와 비교

16 António Guterres, "Tackling the Inequality Pandemic: A New Social Contract for a New Era," 18th Nelson Mandela Annual Lecture (UN headquarters, New York, MA, July 18, 2020).

했을 때 시장소득의 불평등을 개선하기 위한 정부의 소득 재분배 정책이 미흡한 것으로 평가받고 있다. 조세와 이전지출을 통한 재정의 재분배 기능을 강화하면서도 근로와 투자 의욕을 저해하지 않도록 성장과 분배의 선순환을 도모해야 한다.

포스트 코로나 시대에 디지털 전환이 빨라지고 산업구조가 재편되는 추세에 대응해야 한다. 기술활용 능력에 따라 가계와 기업 간 격차가 점점 커질 것이다. 기존의 일자리가 소멸되고 '고용 없는 경기 회복'이 나타날 가능성도 있다. 디지털 격차를 줄이고 노동자의 기술 숙련도를 높이는 정책이 필요하다. 노동시장을 과보호하면 성장과 분배 개선에 부작용이 클 수 있다. 열린 노동시장을 만들고, 불필요한 시장규제를 줄여 좋은 민간 일자리를 많이 늘려야 한다.

일자리와 가계소득을 늘리는 성장 정책과 적절한 분배정책으로 저성장과 양극화를 동시에 극복해야 한다. 혹자는 분배의 평등에 최우선 가치를 두며 경제성장이 분배 불평등의 직접적인 원인이라고 주장한다. 상대적 불평등을 확대한 경제성장은 가치가 없는 성장으로 깎아내리는 것은 염려스럽다. 앞으로 '착한 성장'을 추구하겠다고 하면서 과거 한국의 경제성장을 '나쁜 성장'으로 간주하는 것도 옳지 않다. 한국 경제의 소득 재분배 정책이 미흡하긴 했지만, '나쁜 성장'을 했다고 할 수는 없다.

경제성장은 국민 개인을 당장 행복하게 하지는 못하더라도 한 국가의 우선적인 정책 목표여야만 한다. 성장은 생산 능력과 국력을 키울 뿐 아니라 개인의 생활 수준을 전반적으로 높인다. 예를 들어

1960년에 필리핀은 경제 규모가 한국의 1.7배인 아시아의 강대국이었다. 그러나 저성장으로 지금의 경제 규모는 한국의 5분의 1에도 미치지 못한다. 2021년 필리핀의 1인당 GDP는 3,549달러로 한국의 34,758달러의 10분의 1 수준이다. 필리핀은 성장이 정체되어 저소득 국가로 머물러 있지만, 한국은 주요 선진국들인 G7과 중국, 인도에 이어 세계 10위 경제 규모의 강대국이 되었다. 한국이 국제 무대에서 갖는 외교·군사·문화의 힘은 모두 경제력이 뒷받침된 것이다. 중국의 경제력은 1991년에는 한국과 비슷했지만 30년 넘게 성장을 계속해 세계의 강대국이 되었다. 중국이 성장하면서 지역·계층 간 소득분배가 악화됐지만 누구도 13억 넘는 인구를 절대빈곤에서 구한 경제성장을 '나쁜 성장'으로 깎아내리지 않는다.

경제성장의 또 다른 효과는 기술 발전으로 국민 모두의 '삶의 질'이 지속적으로 향상되는 것이다. 고속버스, 지하철과 같은 교통의 발전, 냉장고, 휴대전화, 인터넷, 심지어 두루마리 화장지 같은 새로운 기술의 혜택으로 모든 국민이 생활의 편리함을 누릴 수 있다.

조세제도 개혁과 복지 지출의 점진적 확대로 공평한 분배를 이루도록 노력해야 하지만 새로운 성장동력을 찾는 경제성장과 혁신 정책들이 뒷받침돼야 한다. 만일 분배의 공정성만 중요시하고 경제성장과 기술혁신을 소홀히 한다면 한국 경제가 성장동력을 잃고 저성장이 가속화될 수 있다. 한번 저성장의 늪에 빠진 경제는 재도약하기가 쉽지 않다.

'착한 성장' 정책의 실패

'착한 성장'이 '좋은 성장'이라는 보장은 없다. 비유하자면 '착한 식당'이 꼭 '좋은 식당'은 아닌 것과 같다. 좋은 재료를 쓰고 위생적 환경에서 요리한 음식을 값싸게 내놓은 식당들이 언론에서 소개될 때마다 박수를 치고 싶다. 그러나 과거에 인기 있던 한 TV 프로그램에선 수입품 재료를 쓰거나 조미료를 첨가하면 '나쁜 식당'으로 몰아가기도 했다. 프로그램 제작자의 자의적 기준으로 식당을 선악으로 나눌 수 있는지 의문이었다. 가깝고 싼 백반집이 좋은 식당일 수 있고, 비싸도 맛있는 식당이 좋은식당일 수 있다.

한국 경제가 이룬 고도성장의 성과를 소득분배라는 기준에 맞추어 좋고 나쁨을 평가하는 것은 문제가 많다. 좋은 정책으로 성장을 이루면서 분배도 개선해야 한다.

2017년 문재인 정부가 실시한 소득주도성장은 정책의 의도는 선했지만, 정부가 원하는 결과가 나오지는 않았다. 소득주도성장의 경우 최저임금을 처음부터 과도하게 올려서 자영업자와 기업에 부담을 준 부작용이 컸다. 소득주도성장 정책의 과도한 조치들이 우리 경제에서 가장 약한 고리weakest link를 쳤다. 생산성이 낮은 영세 사업자들은 경기 침체와 정책이 초래한 충격을 이겨내기 힘들었다. 고용이 줄고 폐업이 늘었다. 하위소득계층의 소득은 오히려 줄었다.

한국은 다른 OECD 국가와 비교하여 같은 산업과 업종 내에서도 사업체 간에 생산성 격차가 매우 크다.[17] 일부만 사업이 잘되고 태

17 OECD, *Korea Economic Survey 2020* (Paris: OECD, 2020).

반은 겨우 연명한다. 대기업과 중소기업의 평균 생산성 격차가 크다. 생산성이 낮은 중소기업과 자영업자들은 정부가 최저임금을 2년 사이에 29% 인상하고 고용 규제를 강화하면 감당하기 힘들다. 임금이 노동생산성 이상으로 상승하면 기업은 고용을 줄인다. 영세 사업자들은 다른 비용을 줄이거나 가격을 올리는 방식으로 충격에 대응하기가 쉽지 않다. 정부 지원으로 견디는 건 임시방편이다. 노동생산성이 먼저 높아져야 사업자가 고용을 늘리고 임금도 따라 올라간다. 임금과 가계소득이 늘어나면 수요도 많아져 경제의 선순환이 일어난다.

자본주의 시장경제는 개인이 열심히 노력해 생산성을 높이고 시장이 그것을 잘 보상해 주는 환경에서 발전한다. 세계 최고의 축구 선수는 보통의 선수보다 훨씬 많은 소득을 벌기 때문에 모든 선수가 최고가 되려고 노력한다. 성적이 나쁜 축구클럽은 수입이 적고 선수의 연봉도 낮을 수밖에 없다. 정부가 개입해 최하 연봉을 정하고 그것을 모든 클럽에 일률적으로 강제한다고 상상해 보자. 축구클럽들은 실력이 최하 연봉 수준에 못 미치는 선수들을 해고할 것이다. 정부가 보조금을 주어 고용을 유지할 수 있지만, 성적을 높이지 못하는 한 보조금은 근본 대책이 될 수 없다.

노동생산성은 개인의 노력에 영향을 받지만, 더 중요한 요인은 자본 축적과 기술 발전이다. 노동이 자본·기술과 결합해 생산물을 생산하기 때문이다. 경제 전체의 자본이 적고 기술 수준이 낮은 국가에서 태어난 개인이 아무리 노력해도 한국이나 미국에서 태어난 사람만큼 생산성을 높여 소득을 얻기 힘들다. 축구의 신 메시가 바르셀로나가 아닌 아르헨티나에서 축구 선수를 한다면 생산성과 연봉이 훨씬 낮을 것이다. 캄보디아 국민의 연평균 소득은 1,400달러다. 이것은 한국에서 최저임금 근로자가 받는 한 달 월급에 지나지 않는다. 이러한 소득 격차는 개인 역량과 노력의 차이보다 그 경제가 갖춘 자본과 기술 축적의 차이 때문에 발생한다.

한국 경제의 생산성을 높이려면 교육과 기술 훈련을 강화하고 자본과 기술 축적을 촉진해야 한다. 노동생산성이 지속적으로 증가하면 1인당 소득이 증가하고 경제성장률이 높아진다. 생산성 주도의 경제성장으로 고용·성장·분배의 선순환이 일어날 수 있다.

문재인 정부는 소득주도성장을 살리기 위해 사회보장 지출을 대폭 늘렸다. 사회적 약자를 보호하고 실업급여와 직업훈련을 강화하는 것은 당연하다. 그러나 임금과 가격에 직접 개입하면서 발생하는 부작용을 정부 예산으로 상쇄한 정책은 바람직하지 않았다. 공공부문 일자리를 과도하게 늘리는 정책도 문제가 많았다. 효과가 더 큰 정책을 할 수 있는지 고민하지 않고 재정을 확대하면 결국 국가부채도 늘어난다.

소득주도성장 정책은 분배 개선을 우선으로 하는 정책이다. 분배 개선이 중요하지만, 성장이 함께해야 한다. 부탄 국민처럼 모두가 소득이 적다면 행복할 수 있다고 혹자는 주장하지만, 부탄과 한국은 행복의 기준 자체가 다르다. 과거보다 생활 수준이 나빠지면 인간은 불행하다고 느낀다. 한국 사람 대부분은 부탄에 가서 살면 행복하지 않을 것이다. 소득주도성장은 더 나은 삶을 기대하는 어려운 소득계층, 청년 실업자, 영세 사업자들에게 오히려 고통을 줬다.

부족한 좋은 일자리와 청년 실업

일자리 창출은 모든 정부에서 경제정책의 최우선 목표 중 하나이다. 그러나 좋은 일자리를 만들기가 쉽지 않다. 원하는 일자리를 구하지 못하는 청년들의 삶은 팍팍하다. 청년층(15-29세)에서 적극적으로 일자리를 찾고 있지만, 고용이 되지 못한 통계상의 공식 실업자가 2022년 6월에 30만 명이고 청년실업률은 6.9%이다.[18] 그러나 잠재취업가능자와 잠재구직자가 포함된 체감실업률(고용보조지표3 기준)은 19.6%로 훨씬 높다.[19]

많은 젊은이가 사회생활을 시작할 기회조차 얻지 못하고 있다. 대학을 졸업한 청년들이 열심히 직장을 구하지만, 경기 부진과 교육·산업의 구조적 문제로 일자리가 부족하다. 역대 정부들이 일자리 사업에 많은 세금을 썼지만, 단기 및 비정규직의 일자리만 증가했고 민간 부문에서 양질의 일자리가 만들어지지 못했다.

대학 진학률은 높은데 졸업자들이 가고 싶어 하는 좋은 일자리는 부족하다. 교육부와 한국교육개발원이 2021년 12월에 발표한 〈2020년 고등교육기관 졸업자 취업통계조사〉에 따르면 2020년 2월과 8월의 대학과 대학원 졸업자 총 55만 3,500명의 취업률은 65.1%로 2011년 이후 가장 낮았다. 일자리가 없거나 아르바이트로 생활하

18 〈경제활동인구조사〉, 통계청, 2022. https://kostat.go.kr/portal/korea/kor_nw/1/3/2/index.board.

19 공식 실업률은 실업자가 경제활동인구(취업자+실업자)에서 차지하는 비율을 말한다. 잠재취업가능자는 '비경제활동인구 중에서 지난 4주간 구직활동을 하였으나, 조사대상 주간에 취업이 가능하지 않은 자'이며 잠재구직자는 '비경제활동인구 중에서 지난 4주간 구직활동을 하지 않았지만, 조사대상 주간에 취업을 희망하고 취업이 가능한 자'이다.

는 대졸자가 많다. 2020년 대졸자 중에 대기업에 취업한 비율은 8.5%이고, 중소기업이 48.3%이다. 정부와 공공기관 및 공기업 취업 비율은 15%였다. 대기업은 노동 절약형 기술 발전으로 노동자를 과거보다 적게 채용하며 해외에 공장을 짓고 국내의 고용을 늘리지 않는다. 정부가 공공 일자리를 계속 늘리는 것은 장기적인 재정 부담을 고려하면 한계가 있다. 처우 격차가 심해 졸업생들은 중소기업에 가는 것을 망설인다. 중소기업의 근무 조건을 개선하고 혁신 벤처를 육성하여 더 많은 일자리를 만들어야 한다. 취업자가 경력을 쌓아 더 나은 직장으로 쉽게 옮길 수 있는 환경이 되어야 한다.

사람에 대한 투자는 개인의 능력을 키우고 제대로 활용하도록 하여 삶의 질을 높이고 국가 경제 발전에도 도움이 된다. 열심히 노력해 대학을 졸업해도 일자리가 없다면 개인뿐 아니라 국가 전체로 손실이다. 생애 첫 일자리를 오랜 기간 갖지 못하면 다시 경제가 좋아져도 노동시장에 진입하기가 힘들다. 미국 26대 대통령 시어도어 루스벨트는 "단연코 인생에서 최고의 상은 할 만한 가치가 있는 일에 온 힘을 다할 기회이다"라고 했다. 정부가 청년 일자리를 만드는 노력을 더 해서 청춘들에게 꿈을 이룰 기회를 주어야 한다.

불안정과 불균형의 경제

금융 불안정의 시대

2020년의 코로나19의 충격으로 세계 경제는 제2차 세계대전 이후 최대 불황을 겪었고 한국도 마이너스 성장을 벗어나지 못했다. 다행스럽게도 2021년에 백신과 치료제가 보급됐다. 세계 경제는 정부의 적극적인 재정확대와 중앙은행의 과감한 금리 인하와 통화량 증가로 V자형 회복세를 보였다. 한국 경제도 빠르게 회복했다.

그러나 회복 과정에서 경제 내부의 불균형과 불안정이 커졌다. 정부의 적극적 재정 정책과 중앙은행의 최저금리로 늘어난 유동성이 한국 경제를 떠받쳤다. 유동성流動性 liquidity은 원래 액체와 같이 흘러 움직이면서 상황에 따라 쉽게 모습을 바꿀 수 있는 성질을 의미한다. 시중에 풀린 화폐는 다른 재화나 자산으로 쉽게 전환될 수 있어서 유동성과 동의어로 사용된다. 급격히 증가한 유동성은 싼 이자에 돈을 빌려 집을 장만하려는 수요로 이어졌다. 코로나 팬데믹 이전에 정부는 제한적인 주택공급과 규제 일변도의 부동산 정책을 실행했다. 유동성 증가는 수도권 아파트를 중심으로 집값 상승을 부추겼다. 집을 가진 사람과 갖지 못한 사람 사이에 부의 격차가 커졌다. 성실하게 일하고 꾸준히 저축하면서 언젠가 내 집을 장만하리라 생각했던 국민의 허탈감은 이루 말할 수 없다. 오죽하면 20대들 사이에서는 '이생망'(이번 생은 망했어)이라는 신조어가 나왔을까.

넘치는 유동성은 주식시장으로도 흘러들었다. 코스피 지수가 사상 최고를 기록했다. 2020년과 2021년에 '동학개미'로도 불리는 개인투자자가 주식을 많이 샀다. 당시에 문재인 대통령까지 나서서 "개인투자자들이 동학개미운동에 나서며 우리 증시를 지키는 역할을 톡톡히 했다"라고 평가했다. 주식 가격이 상승한다는 뉴스는 주가가 앞으

그림 10 한국 및 미국의 주가 지수(2015/1/2=100)

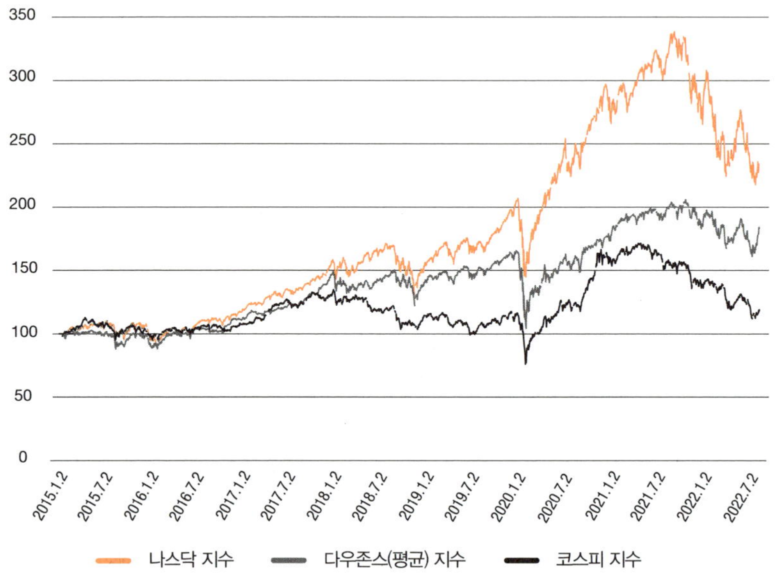

출처: https://www.wsj.com/market-data

로 더 오를 것이란 기대를 부추겨 돈을 빌려 증권 투자를 하는 서민들이 늘어났다. 증권사에서 돈을 빌린 신용융자의 잔고가 늘고 일반 대출을 받아 금융자산에 투자한 액수도 크게 늘었다. 시장에서 자산가격이 하락할 때 닥칠 수 있는 투자자의 잠재적 손실이 커졌다.

2020년, 2021년에 금융자산 가격은 빠르게 상승했으나 실물 경제의 회복이 늦어 실물과 금융의 괴리가 커졌다. 세계 경제에 위험이 커지고 물가가 빠르게 오르면서 초저금리 시대에 변화가 왔고 주가가 크게 하락했다. 유동성이 떠받치는 금융시장은 변동이 크다. 바다에서 수영하면 쉽게 몸이 뜨지만, 파도에 휩쓸려 갈 수도 있다. 투자의 대가인 워런 버핏은 "썰물 때가 되면 누가 벌거벗고 수영을 하는지 알 수 있다"라고 했다. 결국 2022년에 중앙은행이 계속 정책금리를 올리기 시작하면서 자산가격이 하락하고 투자자의 손실이 커졌다. 앞으로도 세계 경제의 불확실성과 위험은 여전하다. 세계 경제의 변동에 따라 한국 경제도 변화가 심하고 금융시장의 변동 또한 클 것이다.

미국의 유명한 경제학자 존 케네스 갤브레이스는《불확실성의 시대》에서 1974년 국제 유가 폭등 이후의 세계 경제를 전망했다. 그는 세계 경제의 불확실성이 매우 커서 미래의 변화를 짐작하기 어렵다고 했다. 2007년 금융위기, 2020년 코로나 팬데믹을 겪고 세계 경제가 회복했지만, 지금도 과거 여느 때 못지않게 불확실성이 크다. 선진국 경제의 물가는 계속 오르고 경기가 침체하고 있다. 중국 경제의 경착륙에 따른 걱정도 크다. 세계 곳곳에서 지정학적 위험도 커졌다.

금융시장의 불안정은 종종 경제 전체의 불확실성을 높인다. 주식과 채권 가격의 변동이 심할 때는 앞으로 어떻게 변화할지 전문가들도 의견이 엇갈린다. 금융시장은 종종 거품이 발생하지만, 과연 어느 정도 거품이 있는지, 언제 거품이 꺼질 것인지 예측하기 어렵다. 2006년까지 18년간 미국 연준 의장을 지낸 앨런 그린스펀Alan Greenspan은 "거품이 언제 터질지는 거품이 꺼진 뒤에나 알 수 있다"고 했다. 그는 1996년 사람들이 치솟는 주가를 보고 무작정 주식시장에 뛰어드는 것을 '비이성적 과열irrational exuberance'이라고 경고했다. 그러나 그는 아무런 조치도 취하지 않고 저금리를 계속 유지해 금융시장과 부동산의 거품을 발생시킨 것으로 비판을 받았다. 그린스펀의 후임자인 벤 버냉키도 취임 전인 2005년 미국의 주택가격이 거품일 가능성은 매우 작다고 주장해 2007년 발생할 주택시장의 위기를 예측하지 못했다.

제롬 파월Jerome Powell 연준 의장은 2021년 물가가 계속 상승하는데도 이 현상이 지속되지는 않을 것이라고 예측하면서 적극적으로 대응하지 않았다. 2022에 미국 연준이 금리를 올리기 시작하고 전 세계의 유동성이 미국으로 빠져나가기 시작하면서 우리 금융시장이 크게 요동쳤다. 국제금리 상승에 맞춰 한국은행이 기준금리를 올리기 시작하면서 결국 돈잔치가 끝나고 있다.

한국은 금융 대외의존도가 매우 높다. 한국의 금융시장에서 외국인이 차지하는 비중이 매우 높다. 주식시장은 시가 총액 대비 27.7%를 외국인이 보유하고 있으며 상장채권의 외국인 보유 비중은 9.7%이다.[20] 국제 금융시장의 변동에 따라 우리 금융시장에서 외국인 투자자의 자금 유출입이 매우 크게 일어난다. 자본유출은 국내 금융자산의 가격 하락과 환율 상승(통화 가치의 하락)을 가져온다.

투자 위험은 결국 투자자가 감당할 수밖에 없다. 스스로 투자상품의 가치를 잘 따져보고 투자해야 한다. 그러나 금융시장의 제도와 관행이 과열을 부추기고 있다면 이에 대한 대책이 필요하다. 국제통화기금IMF은 단기 성과에만 치중하는 금융회사들이 금융시장의 거품을 조장하고 있다고 지적했다. 금융회사들이 투자상품과 투자 위험에 대

20 〈금융안정보고서〉, 한국은행, 2022. 6. https://www.bok.or.kr/portal/bbs/P0000593/view.do?nttId=10071240&menuNo=200068&pageIndex=1.

한 정보를 투자자에게 제대로 제공하고 있지 않아 2008년의 키코 사태, 2013년의 동양그룹 회사채와 기업어음 사태가 발생했다. 변동이 심하고 불확실한 금융시장에서 투자자가 스스로 투자 위험 관리를 해야 하지만 선의의 금융소비자들이 피해를 보지 않도록 적절한 보호조치와 금융 감독이 필요하다.

물가 상승의 고통

작년부터 물가가 지속적으로 오르고 있다. 2022년 7월 소비자물가는 1년 전보다 6.3% 올랐다. 2012년 이후 최고치였다. 식료품, 교통, 전기, 연료, 음식, 숙박 등 서민 가계에 필수적인 품목들의 가격이 특히 많이 올랐다. 한국의 물가지수 산정에 포함되지 않는 '자가 주거비'를 고려하면 실제 물가는 공식 통계보다 더 오른 셈이다.

물가 상승은 전 세계적 현상이다. 코로나 팬데믹이 진정되어 점차 일상이 회복되면서 억눌렸던 소비수요가 분출했고 공급이 수요를 따라가지 못하자 물가가 오르기 시작했다. 위기를 극복하기 위해 늘린 재정지출과 통화량이 기름을 부은 격이 됐다. 정부는 재정적자를 충당하기 위해 통화량을 계속 늘렸다. 여기에 더하여 러시아의 우크라이나 침공으로 국제 원유·천연가스 가격이 급등했다.

글로벌 공급 병목 현상과 국제 유가·곡물 가격 상승이 장기화하면서 국내 물가 상승이 계속됐다. 민간의 기대인플레이션도 계속 상승했다. 일반 물가가 계속 오를 것으로 생각하는 심리가 커지면 기업은 생산물의 가격을 미리 올리고 노동자는 예상되는 물가상승률에 맞춘 임금 인상을 요구한다. 인플레이션 기대 심리가 실제 물가와 임금을 올리고, 기대인플레이션율이 따라서 높아지는 악순환이 발생할 수 있다.

인플레이션율이 높아질 때 명목소득이 따라서 오르지 않는다면, 실질 소득이 줄어든다. 생활필수품의 가격이 많이 오르면 기초적인 생계비의 비중이 높은 서민 가계의 부담이 커진다. 기대하지 못한 인플레이션은 개인의 능력이나 필요와 무관하게 부를 재분배한다. 즉 예상하지 못한 인플레이션이 발생하면 실물자산을 소유하는 사람은 이익을 얻고 명목자산을 소유하는 사람은 손해를 보게 된다. 화폐의 실질가치가 떨어지기 때문에 금융채무자는 실질적으로 갚을 부담이 줄어들어 이익을 보고 채권자는 손해를 본다.

인플레이션이 심해지면 경제생활의 비용이 증가한다. 기업은 상품가격을 더욱 빈번하게 조정해야 하며 경제주체들이 변화한 가격을 파악하여 경제 활동을 해야 하므로 이에 따르는 비용이 커질 수 있다. 인플레이션이 모든 상품의 가격을 일정하게 똑같이 변화시키는 것은 아니다. 상품마다 각각 다른 비율로 가격이 상승하게 된다. 인플레이션율이 높아져서 상대가격의 왜곡이 커지면 소비자가 의사결정을 하는 데도 어려움을 겪게 된다. 인플레이션율이 높고 명목 이자율이 높은 경제에서는 현금 보유를 줄이고 이자가 발생하는 금융자산을 더 많이 보유한다. 그렇기 때문에 거래가 필요할 때마다 금융자산을 화폐로 바꾸어야 하는 불편이 발생한다.

경제 불균형과 재벌

한국 경제의 과거 '따라잡기 압축성장' 과정에서 누적된 기업·산업·계층 간 불균형이 생산성 향상을 저해하고 있다. 한국은 선진국에 맞는 창의적인 인적 자원, 효율적인 경제시스템을 만들지 못했다.

수출 대기업에 너무 의존해 성장하느라 대기업과 중소기업, 제조업과 서비스업 간의 불균형이 심해졌다. 경제협력개발기구OECD 자료에 따르면 한국 서비스업의 근로자 1인당 생산량은 전체 산업의 70%로 OECD 국가의 평균인 90%보다 훨씬 낮다.[21] 의료·교육·관광·사업서비스 등 고부가가치산업이 발전하지 못하고 있다. 한국 중소기업의 생산성은 대기업의 삼분의 일에 불과하다.

세계 무역 규모 8위, 경제 규모 10위인 한국 경제의 중심축 역할을 하는 대기업은 세계적인 관심사다. 우리나라 대기업은 수출의 3분의 2를 담당하고 있고, 삼성 그룹이 전체 수출의 25%를 차지하는 것으로 추정된다. 2021년 삼성 그룹의 주요 15개 계열사의 총매출액은 400조가 넘었고 법인세 납부액은 국가 전체 법인세 수입의 24%에 달했다. 일부 해외 언론은 한국을'재벌 공화국', '삼성 공화국'으로 표현한다.

한국의 대기업은 인재를 많이 보유하며 소유주인 최고경영자의 결정에 재빠르게 반응하여 문제를 효율적으로 해결하는 시스템을 갖추었다. 그러나 선진국 기업들을 벤치마킹해 '빠르게 따라잡기 전략'으로 세계적인 기업이 되는 데는 성공했지만, 혁신 능력이 부족하다는 평가를 받는다. 또 '황제 경영'으로 조직 내부의 소통이 부족해 소유주

21 OECD, *Korea Economic Survey 2020* (Seoul: OECD, 2020).

가 잘못된 결정을 해도 그것을 쉽게 고치지 못하는 문제가 있다. 문제가 됐던 제일모직과 삼성물산의 합병처럼 적은 지분을 가지고 2세, 3세로 경영권을 세습하는 과정에서 논란이 자주 발생한다.

삼성전자와 현대자동차 같은 대기업들이 계속 국제무대에서 살아남을 것이라는 보장이 없다. 수출이 위축되고 신기술 경쟁에서 뒤처지면 위기를 맞을 것이다. 글로벌 일류 기업이 한순간에 몰락하는 일은 다반사다. 1931년부터 2007년까지 77년간 세계 자동차 판매량 1위였던 미국 GM은 2009년 파산 보호 신청을 했다. 한때 세계 휴대전화 판매량 1위였던 핀란드의 노키아는 2013년 마이크로소프트에 휴대전화 사업을 매각했다. 한국의 대표 기업인 삼성전자는 후발 중국업체에 급격하게 추격을 당하고 있다. 현대·기아자동차는 이미 중국 시장에서 판매가 급감하는 추세이다.

대기업에 의존하는 경제 구조를 개혁하고 정경 유착의 뿌리를 뽑아야 한다. 그러나 너무 성급하게 재벌을 개혁하려 하면 교각살우矯角殺牛의 우愚를 범할 수 있다. 대기업뿐 아니라 경제 전반에서 문제가 되는 부분을 꾸준히 고쳐나가는 경제 개혁이 필요하다. 고용을 늘리고 투자하기 좋은 성장 친화적인 환경을 만들어 대기업의 과도한 지배력을 줄여야 한다. 이와 더불어 생산성이 높은 중소기업과 혁신 벤처들이 새로운 성장 엔진과 고용 창출의 원천으로 클 수 있는 건강한 산업 생태계를 만들어가야 한다.

대기업의 과도한 시장지배력과 불공정 거래는 우수한 중소기업과 벤처의 성장을 막는 요인이기도 하다. 미국은 석유 재벌과 AT&T

를 강제 분할하는 강력한 독과점 규제와 경쟁 촉진으로 애플·구글·아마존·테슬라 같은 기업이 클 수 있는 환경을 만들었다. 헌법 119조 2항은 국가가 '시장의 지배와 경제력의 남용을 방지하기 위한 규제와 조정'을 하도록 규정했다. 재벌의 불공정 거래에 대한 감시와 처벌을 강화하고 기업의 회계 투명성을 높여야 한다. 소액주주와 사외이사의 권한을 확대하고 전문경영인에 의한 기업운영이 이루어지도록 해야 한다.

도요타자동차는 차량의 결함을 숨기려다 3세 경영인인 도요다 아키오가 2010년 2월 미국 의회 청문회에서 추궁을 당하면서 눈물을 흘렸다.[22] 그러나 900만 대 리콜 사태를 겪으면서 뼈를 깎는 반성과 자기 혁신으로 다시 전성기를 맞았다. 일본 국민은 자동차 산업의 미래를 주도하는 도요타를 매우 자랑스러워한다. 삼성전자·SK·현대자동차와 같은 한국을 대표하는 대기업들이 스스로 기업운영과 지배구조의 투명성을 높이고 기술혁신에 힘써 세계적인 기업으로 계속 성장할 수 있어야 한다.

저성장·불안정·양극화를 모두 해결할 수 있을까?

경제의 세 가지 목표와 삼중 딜레마

국가 경제의 중요한 목표는 경제 성장, 물가 안정, 분배 평등이다. 국

22 최원석, 《왜 다시 도요타인가—위기의 한국기업에 해법 내미는 도요타 제2창업 스토리》(더퀘스트, 2016).

국가 경제의 세 가지 목표와 삼중 딜레마

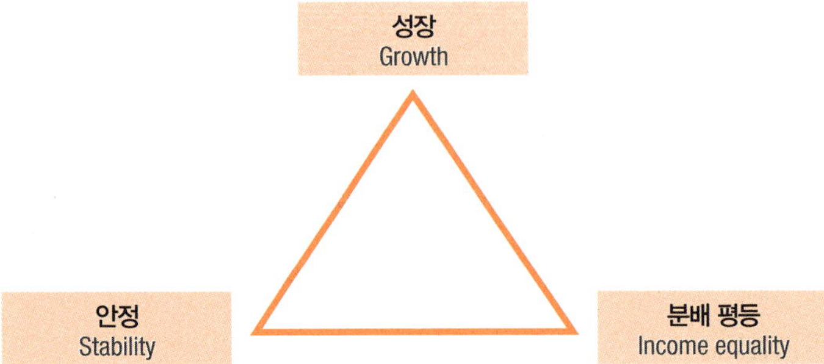

가는 국민소득을 높이고, 물가와 부동산 가격을 안정시키고, 모든 국민이 행복한 삶을 살 수 있도록 힘써야 한다. 그런데 우리가 당면한 현실은 저성장, 고물가, 양극화의 삼중고三重苦이다. 국민의 고통이 클 수밖에 없다.

경제의 세 가지 목표는 종종 세 마리 토끼에 비유된다. 이 목표들을 동시에 달성하기란 마구 뛰는 세 마리 토끼를 잡는 것만큼 힘들다는 의미이다. 두 가지 중에 어느 하나를 선택해도 바람직하지 못한 결과가 나오는 곤란한 상황을 딜레마dilemma라고 한다. 비슷하게 세 가지 선택이 서로 상충하는 상황을 트릴레마trilemma, 또는 '삼중 딜레마'라고 한다. 경제성장, 물가 안정, 분배 평등은 삼중 딜레마에 해당한다. 한 목표를 해결하기 위한 정책이 다른 목표 해결을 방해한다.

예를 들면, 물가가 지속적으로 오를 때 한국은행은 정책금리 인상으로 대응한다. 물가 안정을 최우선 목표로 하는 한국은행이 금리를 올리는 것은 당연하다. 그러나 이자율 상승이 소비·투자 심리를 저해하는 문제가 발생한다. 부채가 많은 취약 계층의 이자 부담을 높여 소득분배에도 나쁜 영향을 미친다. 물가 안정을 위한 금리 정책이 다른 두 목표에 바람직하지 못한 결과를 가져오는 삼중 딜레마 상황이다. 더군다나 지금은 해외 공급 충격으로 물가가 오르고 국내외 불확실성이 많다. 금리 상승의 물가 안정 효과조차도 장담하기 어렵다.

좋은 정책으로 세 가지 목표 달성해야

삼중 딜레마의 해결은 하나의 정책만으로는 풀 수 없다. 세 마리 토끼를 동시에 잡으려면 그물을 촘촘히 짜야 한다. 통화정책 외에도 재정·금융 정책과 공급 정책을 잘 결합하고 정책들이 시너지를 내도록 만들어야 안정적인 성장을 달성하고 소득분배도 개선할 수 있다.

2022년 3월에 우리나라 사회과학 분야의 4대 학회는 '대한민국의 지속가능한 발전을 위한 새 정부의 과제'를 주제로 공동학술대회를 개최했다. 윤석열 대통령(당시 당선인)은 축사에서 "우리 사회가 무엇보다 저성장을 극복하고 양극화를 해소해 나가는 것이 시급하다"라고 하면서 성장과 분배를 개선하겠다는 의지를 보였다. 그러나 성장과 분배라는 두 마리 토끼를 잡기가 쉽지 않다.

학회 회원들은 여론조사에서 새 정부가 추진해야 할 중점과제의 첫 번째로 '좋은 일자리의 지속가능한 창출'을 꼽았다. 청년층을 위한 좋은 일자리를 많이 만들고 여성과 노령층이 경제 활동에 참가할 수 있도록 유도하는 정책이 필요하다. 이것은 성장과 분배를 모두 개선하는 데 도움이 된다. 회원들은 정부가 과도한 규제를 철폐하여 민간 기업의 투자와 혁신 유인을 높여야 한다고 말했다. 노동시장의 경직된 규제를 완화하여 고용기회를 창출하고, 인재를 육성하는 교육개혁을 단행해야 한다고 주장했다.

일반적으로 보수 정부가 분배 개선을 등한시할 것이라는 우려가 크다. 학회 회원들은 경제 분야에서 차기 정부가 '잘 못 할 것 같은 정책'으로 '소득 불평등 완화'를 가장 많이(49%) 꼽았다. 새 정부가 양극화를 해소하면서 성장에도 도움이 되는 좋은 복지 공약을 실행해야 한다.

정부는 올바른 정책을 골라 적절한 시기에 실행해야 효과가 크다. 1970년대 미국은 경기 침체와 인플레이션이 겹쳤다. 그러나 연준이 달러 공급을 계속 늘렸고 닉슨 행정부가 단기적인 정치적 이득에 치중한 경제정책을 시행하여 경제 문제가 해결되지 않았다. 1979년에 연준 의장으로 취임한 폴 볼커는 금리를 계속 올려 물가를 안정시켰다. 하지만 실업률이 11%로 오르고 경기 침체가 3년 동안 계속됐다. 잘못된 경제정책이 쌓이면 나중에 수습할 때 훨씬 큰 고통이 따른다. 경제정책의 목표와 방향을 잘 세우고 실행해야 한국 경제가 삼중고의 늪을 헤쳐나갈 수 있다. 우리 경제가 과연 모든 어려움을 해결하고 세 가지 경제 목표를 달성할 수 있을까? 책의 3부에서 좀더 구체적으로 우리 경제가 가야 할 방향과 정책들을 살펴볼 것이다.

3

퍼펙트 스톰을 대비해야 할 한국 경제

눈앞에 닥친 퍼펙트 스톰

과연 한국 경제는 앞으로 순탄하게 성장할까? 당장 2023년 경제를 전망하기가 쉽지 않다. 대내외의 부정적인 요인 때문에 저성장과 고물가가 지속될 것으로 예상된다. 저성장 때문에 경기가 침체하면 일자리가 늘지 않고 근로자의 임금과 기업 수익이 줄어든다. 물가상승률이 높아지면 생계비가 오르고 가격 변동이 심해서 경제생활에 어려움이 발생한다. 실물자산의 가치가 오르고 불평등이 심화될 수 있다.

퍼펙트 스톰perfect storm으로 한국 경제가 매우 심각한 위기를 겪을 가능성이 커지고 있다. 퍼펙트 스톰이란 개별적으로는 위력이 크지 않은 태풍이 다른 자연현상과 겹쳐 상당한 파괴력을 갖게 되는 기상 현상이다. 경제학적으로는 드물게 발생하는 악재들이 동시다발로 나타나면서 상호작용을 일으켜 대형 경제 위기가 초래되는 상황을

영화 〈퍼펙트 스톰〉(2000) 포스터

일컫는다. 2023년에 세계 경제는 러시아의 우크라이나 침공으로 국제 원유·천연가스 가격이 급등했다. 미국의 인플레이션으로 연방준비제도이사회(연준Fed)가 계속 금리를 올리면서 금융시장이 요동쳤다.

국제통화기금IMF은 세계경제전망 발표에서 2022년 세계경제성장률을 작년 1월에 4.4%로 예측했지만 다시 10월에는 3.2%로 예상했다. 주요 국가의 경제성장률이 미국 1.6%, 유로지역 3.1%, 영국 3.6%, 중국 3.2%, 일본 1.7%일 것으로 예측했다. IMF는 2023년의 세계 경제성장률을 2022년의 3.2%보다 낮은 2.7%로 예측했다. 각국의 내년 성장률을 미국 1.0%, 유로 지역 0.5%, 영국 0.3%, 중국 4.4%, 일본 1.6%로 예측했다. 세계 경제의 삼분의 일에서 경제성장률이 2분기 연속 마이너스가 되고 많은 사람이 불경기를 체감할 것으로 전망했다. 그런데 이보다 경제 상황이 더 안 좋을 수도 있다. 우크라이나 사태 악화와 미국 금리 인상속도의 가속화에 더불어 중국 경제 부진이 겹치면 최악의 시나리오가 펼쳐질 것이다. 게다가 미·중 간 대립 속에서 북한의 미사일 발사로 한반도의 지정학적 위험도 크다. 우리 경제에 부정적 영향을 미칠 수 있는 대외 요인들이 한꺼번에 발생하고 있다.

한국 경제는 특히 해외 충격에 취약하다. 에너지와 원자재 대부

그림 11 한국 경제성장률과 소비자물가상승률(%)

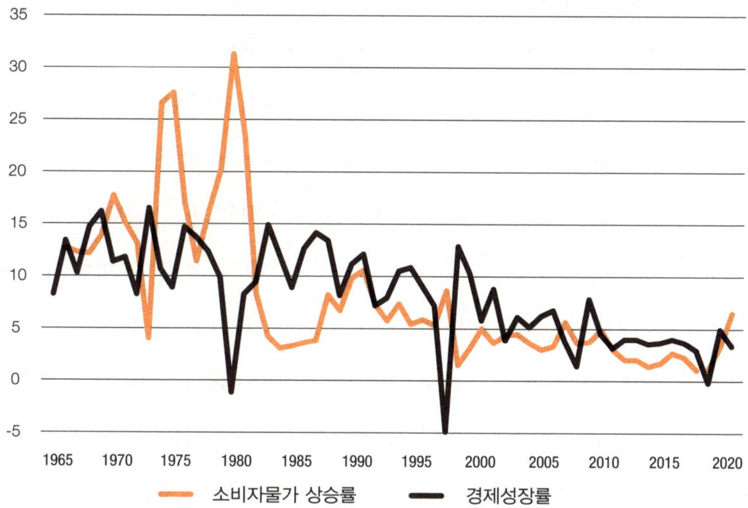

출처: 한국은행 경제통계시스템.

분을 수입하고, 생산품을 수출에 의존하는 산업구조이며 금융의 대외 개방도도 높기 때문이다. 두 차례의 오일쇼크, 동아시아 외환위기, 글로벌 금융위기, 코로나 팬데믹과 같은 큰 외부 충격이 왔을 때마다 경제 위기를 겪었다. 경제성장률이 1980년 −1.6%, 1998년 −5.1%, 2010년 0.8%, 2020년 −0.9%로 추락했다. 에너지·원자재 가격이 오르는 시기에는 물가상승률도 높았다. 오일쇼크를 겪은 1980년의 물가상승률은 19%, 외환위기였던 1998년의 물가상승률은 7.5%였다.

지금 발생하는 해외 충격이 과거의 외환위기, 글로벌 금융위기, 팬데믹과 같은 심각한 위기를 가져오지는 않을 것으로 예상되지만, 우리는 방심하면 안 된다. 외부의 충격이 내부의 취약한 부분을 강타하고 정책 대응이 미흡하여 충격이 증폭되면 '퍼펙트 스톰'이 올 수 있다. 당장 닥친 폭풍우를 잘 헤치고 나간다고 해도 한국 경제가 앞으로 안정적인 경제성장을 유지할 수 있을지가 미지수이다.

한국 경제의 중장기 전망은 매우 우울하다. 합계출산율이 2021년 0.81명으로 전 세계 최하위권이며 인구는 빠르게 고령화되고 있다. 생산가능인구가 감소하고 생산성 향상은 정체돼 성장 잠재력이 하락하고 있다. 가계와 정부의 부채는 사상 최대치이다. 가계부채는 2022년 1분기 말에 가계 처분가능소득의 169%에 달했다. IMF 기준 정부부채는 2017년 국내총생산GDP의 40%에서 2021년 51%로 급상승했고 2022년에는 54%에 달할 것으로 추정된다.[23] 민간 경제의 활력은 떨어지고 정부의 재정 여력도 소진되고 있다.

한국은 저출산·고령화와 더불어 제도의 비효율성, 신기술 발전의 미흡, 창의적인 인재의 부족 등 많은 구조적 문제를 안고 있다. 성장 잠재력은 계속 하락하고 있다. 최근 조사에 의하면 대다수 경제학자가 정책변화가 없다면 5년 후 우리나라 경제성장률이 1%대로 떨어질 것이라고 답했다.[24]

어느 때보다도 우리 국민과 정부가 위기 의식을 가져야 할 때이다. 막연한 낙관론으로 대비를 소홀히 하다가 퍼펙트 스톰을 겪고 주

23 International Monetary Fund, *Fiscal Monitor* (Washington, DC: International Monetary Fund, 2022).

24 한국경제학회, '경제 성장', 경제 토론(2022). http://www.kea.ne.kr/survey/read?page=1&perPageNum=10&id=35&no=Y.

저앉으면, 장기 침체의 늪에 빠질 수 있다. "따뜻한 물에서 삶은 개구리(온수자와溫水煮蛙)"라는 말이 있다. 개구리를 뜨거운 물이 담긴 냄비에 넣으면 바로 뛰쳐나오지만, 찬물 속에 넣고 천천히 데우면 위험을 감지하지 못한 채 서서히 죽는다. 닥쳐올 위기를 알아차리지 못하고 현실에 안주하다가 멸망하는 온수자와의 운명은 피해야 한다.

경제 위기의 진실

한국 경제의 진실한 모습은 무엇일까? 지금은 위기인가 아닌가? 한국 경제의 미래는 낙관적인가? 비관적인가? 전문가들 사이에서도 논란이 자주 발생한다. 과도하게 위기론을 조성할 필요는 없다. 비관적인 생각이 소비와 투자를 감소시켜 오히려 경기 후퇴를 가져올 수 있다. 그러나 닥쳐올 위기를 무시하고 대비하지 않다가 낭패를 보는 일이 종종 발생한다.

자본주의 시장경제는 호경기와 불경기를 반복한다. 경기가 좋을 때 기업은 생산과 투자를 늘린다. 가계도 소득이 늘어나 소비를 늘리면서 경기가 좋아진다. 자금이 부동산이나 금융자산으로 몰리면서 자산가격이 올라가고 보유한 자산의 가치가 올라가면 가계는 소비를 더 늘린다.

그러나 결국은 생산물의 공급이 수요를 초과하면서 재고가 쌓이고 투자가 줄어든다. 임금이 하락하고 가계 소비도 줄어든다. 자산 가격도 거품이 꺼지면서 하락한다. 경기 침체가 시작된다. 그러다가 시간이 지나면서 재고가 소진돼 생산비가 하락하고 다시 경기가 살아난다. 한국 경제의 경기 변동도 시장 자본주의의 자연스러운 현상이기 때문에 불황이 와도 일시적이라면 너무 걱정할 필요가 없다. 그러나 한국 경제가 심각한 충격으로 시스템이 마비되거나 작은 문제들이 쌓여서 중장기적으로 헤어나기 힘든 경기 침체의 길로 가고 있다면 모두가 위기감을 느껴야 한다.

위기란 무엇인가? 영어로 위기crisis는 환자의 병세가 갑작스럽게 변화해 죽음과 회복의 분기점인 순간을 가리키는 의학용어에서 유래했다. 위기는 어떤 상태가 불안정하고 위험하며 급격한 변화가 올 수 있는 결정적이고도 중대한 시기를 이른다.

경제 위기economic crisis란 경제 시스템에 심각한 문제가 발생하여 경제가 지속적으로 어려움을 겪는 상황이다. 일반적으로는 국내총생산Gross Domestic Product, GDP이 경기순환에서 보통의 정도를 벗어난 크기로 급격히 하락하고 수요 감소, 실업 증가, 기업 파산이 나타난다. 금융 시스템의 마비, 심한 인플레이션, 통화 가치 폭락, 국가부채 상환의 어려움 또는 자연재해 등으로 인해 정상적인 경제 활동이 크게 둔화되는 상황을 의미한다.

한국 경제가 위기의 순간으로 향하고 있다는 경고등은 오래전에 켜졌다. 전 세계는 자국우선주의와 보호무역주의가 휩쓸고 있다. 최근에는 미국의 금리 인상, 러시아-우크라이나 전쟁, 미·중 무역분쟁, 중국의 성장둔화 등 대외 위험이 겹쳤다. 한국 경제의 전통 주력산업인 제조업은 이제 세계시장에서 중국을 비롯한 후발국에게 밀리고 신산업 육성은 쉽지 않다. 생산인구는 감소하고 민간부채와 국가부채는 빠르게 증가하고 있다. 한국 경제는 여러 작은 위기가 중첩되면서 퍼펙트 스톰을 겪을 수 있다.

국민은 지금 당장의 경제적 어려움이 크고 미래도 불안하다. 서민들은 고물가, 고금리, 고부채의 무거운 짐을 지고 가계를 꾸려가고 있다. 소상공인과 자영업자의 어려움이 가속되고 청년들의 취업난은 심각하다. 저출산·고령화, 중소기업과 서비스업의 낮은 생산성, 기술과 산업구조의 빠른 변화 같은 구조적인 문제에 제대로 대응하지 못했다. 강성 노조의 목소리는 크고 노동 개혁과 규제 완화는 쉽지 않다. 2022년 5월 새 정부가 들어섰지만, 시급한 제도 개혁은 이루어지지 않았다.

경제 지표가 좋지는 않지만, 아직 심각한 경제침체나 불황을 겪는 것은 아니니 위기가 아니라고 말할 수 있다. 하지만 한국 경제는 병이 깊어져 가는 환자이고 증상을 덜어주는 정책만으로는 치유가 어렵다. 위기 논쟁을 하기보다는 잘못된 정책은 수정하고 미흡한 부분을 보완해야 한다. 설마설마하다가 과거에 우리가 겪은 심각한 위기나 일본이 겪은 '잃어버린 20년'의 전철前轍을 밟지 않도록 조심해야 한다.

2018년에 개봉한 영화 〈완벽한 타인〉은 오랜 친구들의 부부 모임에서 휴대전화로 오는 전화, 문자, 카톡 메시지를 강제로 공개하는 핸드폰 게임 때문에 벌어지는 예측불허의 이야기를 그린다. 겉으로는 완벽한 부부들의 감추었던 진실이 하나씩 드러난다. 휴대전화가 울리고 어떤 말이 수화기에서 흘러나오는지에 따라 숨겨둔 진실이 드러난다. 부부관계가 파탄나기도 하고 오히려 회복되기도 하는 바로 그 순간이 위기다. 영화에서 "사람의 본성은 개기월식 같아서 잠깐은 지워져도 사라지지 않는다"라는 대사가 나온다. 경제도 그렇다. 달이 지구의 그림자에 가려져도 본질을 보아야 하듯 한국 경제가 처한 진실을 직시해야 한다.

위험 요인을 미리 파악하고 제대로 대응해 위기를 예방하면 부활의 기회로 삼을 수 있다. 심기일전으로 더 나은 경제정책을 실행하고 미흡한 제도를 개혁하여 국민의 위기에 대한 불안감을 없애고 우리 경제의 재도약을 이루어야 한다.

얼마 전 타계한 앤드류 그로브Andrew Grove 전 인텔 회장은 "삼류 기업은 위기에 의해 파괴되고, 이류 기업은 위기를 이겨내며, 일류 기업은 위기 덕분에 발전한다"고 했다. 국가도 마찬가지다. 한국은 몇 번의 위기를 누구보다 빨리 극복하고 새롭게 도약한 일류 국가였다. 변화에 대한 빠른 적응력이 우리 경제의 최고 강점이었다. 이제 위기가 온 지도 모르고 현실에 안주하면 삼류 국가로 추락한다. 지속적인 성장을 기반으로 공정한 분배와 건실한 복지를 함께 갖춘 선진국으로 나아가야 한다.

'탄광의 카나리아'

필자가 2007년 아시아개발은행Asian Development Bank, ADB에 경제협력국장으로 근무하던 때의 일이다. 동아시아 13개국 재무차관 회의에서 주요 금융과 실물 경기 지표를 토대로 미국이 1년 이내 경제 위기를 겪을 확률이 20% 이상으로 급등했으니 위험에 대비해야 한다고 보고했다.

토론 시간에 일본 재무차관이 쓸데없이 위기감을 조장한다고 비판했다. 가계와 기업 심리가 위축되면 오지 않을 위기도 올 수 있다는 흔한 지적이었다. 그 비판에도 일리는 있지만, 해외 의존도가 높은 국가가 위기 경고를 무시하고 정책을 제대로 준비하지 않으면 한국이 1997년 외환위기 때 겪은 것처럼 큰 화를 겪을 수 있다고 답했다. 다른 국가의 재무차관은 미국에서 위기가 일어나지 않을 확률이 80%인데 무엇이 문제인지 물었다. 위기 발생 확률이 20%로 지속된다는 것은 상당한 수치이며 과거에도 이 경우에 위기가 자주 일어났다고 설명했다.[25] 경제에 매우 큰 영향을 미치는 위기라면 항상 주의해야 한다. 실제로 많은 경제학자들이 예측하지 못한 채로 2008년에 미국에서 금융위기가 발생했고 전 세계로 파급됐다.

위험 신호들이 다시 나타나고 있다. 2022년의 세계 경제는 미국 연준이 금리를 올리면서 금융시장이 요동치고 있다. 러시아의 우크라이나 침공으로 국제 원유·천연가스 가격이 급등했다. 국제금리가 빠르게 오르면서 신흥국에서는 자금이 빠져나가고 세계 금융시장이 상당히 불안정하다. 미·중 무역 및 기술 갈등이 심화하고 강대국의 보호무역주의로 인한 글로벌 통상 장벽이 높아지고 있다.

세계 경제에 크게 의존하는 한국 경제에 파급효과가 클 수 있다. 한국은 수출이 국내총생산의 43%를 차지한다. 전체 수출의 20%가 반도체 관련 상품이다. 수출 부진은 우리나라 경제성장을 상당히 저해한

---

25 1년 중에 위기가 일어날 확률이 0.2이면 5년간 위기가 전혀 일어나지 않을 확률은 0.8^5이고 5년 동안에 최소한 한 번의 위기가 발생할 확률은 $0.67(=1-0.8^5)$이다.

다. 내수까지 부진하면 앞으로 경제성장률이 높을 수가 없다. 중장기적으로는 인구 고령화, 주력 산업 부진, 신기술 발전의 어려움 등 구조적 문제는 점점 심각해지니 미래는 불안하기만 하다.

과거에 광부들은 새장 속에 카나리아를 넣어 함께 탄광 갱도에 들어갔다. 카나리아는 무색무취한 유독가스에 민감해 사람보다 위험을 빨리 감지할 수 있다. '탄광의 카나리아'가 보내는 한국 경제의 위험 신호는 넘쳐왔다. 지난 정부에서 민간의 근로 의욕, 투자 의욕을 높이는 정책은 미흡했고 국가의 과도한 개입으로 부작용도 많이 발생했다. 양질의 일자리를 만들지 못했고 부동산 가격 상승으로 경제 불평등마저 높아졌다. 전문가들은 한국 경제가 닥쳐올 세계 경제의 위험에 대비하면서 경제 안정, 생산성 향상, 규제 완화, 노동 개혁, 기술혁신을 해야 한다고 경고해 왔다.

'탄광의 카나리아'가 알리는 위험에 대비해면서 성장, 안정과 분배 개선이라는 세 가지 국가 경제의 목표를 동시에 달성할 수 있는 현명한 전략을 세우고 추진해야겠다.

세계 경제의 험한 파도

한국은 1960년대 이후 세계가 부러워하는 고도 성장을 이룩했지만, 경제 발전이 항상 순탄하지는 않았다. 경제 지표로 보면 석유파동, 아시아 외환위기, 글로벌 금융위기, 코로나 팬데믹의 네 번의 큰 위기를 겪었다. 위기의 주요인은 모두 외부 충격이었다. 이것은 한국 경제의 높은 대외의존도 때문이다. 세계 경제의 침체, 해외 단기 자본의 급격한 유출입, 국제 에너지와 식량 가격의 빠른 상승은 항상 우리 경제의 안정적인 성장을 위협하는 외부의 위험 요인이다.

세계 경제의 3대 축은 미국, 유럽, 중국이다. 미국은 세계 총생산(미 달러 가치 기준)의 24%, 유럽연합European Union, EU은 21%, 중국은 15%를 차지한다. 달러 환율 기준이 아닌 구매력평가PPP 기준 환율로 평가하면, 중국 18%, 유럽연합 17%, 미국 15%의 순서이다.[26] 최근에 세계 3대 시장 모두에서 문제가 발생하면서 세계 경제가 침체할 것이라는 우려가 커지고 있다. 세계 경제에 크게 의존하고 있는 한국 경제에 파급효과가 크다.

팬데믹과 정부의 돈 풀기

많은 국가가 코로나19에 대응하여 과감하게 재정 지출을 늘리고, 초저금리로 돈을 풀었다. 점차 코로나 팬데믹을 벗어나 일상을 회복하고 경기가 회복됐다. 과도하게 정부지출이 증가했던 것과 통화량이 증가했던 것의 부작용이 커졌다.

2021년 초에 미국에서는 바이든 정부와 민주당이 추진하는 1조 9,000억 달러 규모의 부양책이 과도하다는 비판이 있었다. 로런스 서머스Lawrence Summers 전 재무장관은 "한 세대 동안 경험하지 못한 인

26 시장의 달러 대비 환율을 기준으로 평가하지 않고 자국 통화의 실질적인 구매력을 고려한 환율로 평가하면, 중국의 비중이 커진다. 이는 중국과 같은 저소득국은 고소득국과 비교하면 물가가 낮아 총생산(총소득)을 시장환율이 아닌 통화의 실질적인 구매력을 이용한 환율로 평가할 수 있기 때문이다.

플레이션 압력이 발생할 수 있다"고 말했다.[27] 경기 회복이 빠른 상황에서 코로나 백신 접종으로 그동안 억눌렸던 소비수요가 분출하면 물가가 오르고 여기에 정부가 기름을 붓는다는 지적이다. 미국의 인플레이션율은 1979년에 연 13%에 달했다. 당시 연방준비제도이사회가 기준금리를 연 20%까지 끌어올려 물가상승률을 낮추었다. 한편으로는 이번에는 인플레이션이 문제가 되지 않을 것이라는 반론도 많았다. 제롬 파월 연준 의장은 의회 증언에서 "인플레이션이 특별히 높거나 지속할 것으로 예상하지 않는다"고 말했다. 당시 국제통화기금IMF은 미국 물가상승률을 2022년에 2.25%로 예측하고 우려할 정도가 아니라고 했다.

IMF는 2013년 보고서에서 2008년 글로벌 금융위기 이후 각국 정부와 중앙은행이 경쟁적으로 돈을 풀었지만, 인플레이션이 발생하지 않은 상황을 '짖지 않는 개'라고 표현했다.[28] 코난 도일의 소설 〈실버 블레이즈Silver Blaze〉에서 명탐정 셜록 홈스는 명마가 사라지고 기수가 살해당하는 사건이 일어난 밤에 개가 짖지 않은 사실에 주목한다. 사건에 무언가 다른 이유가 있을 것이라고 추리했다. IMF도 달라진 경제 환경에 주목했다. 글로벌 분업이 이루어져 중국의 값싼 노동력으로 생산한 싼 가격의 상품을 전 세계가 수입하고, 기술 혁신으로 생산

27 Lawrence H. Summers, "The Biden Stimulus Is Admirably Ambitious. But It Brings Some Big Risks, Too," *Washington Post*, February 4, 2021. https://www.washingtonpost.com/opinions/2021/02/04/larry-summers-biden-covid-stimulus/.

28 International Monetary Fund, *World Economic Outlook:Chapter3 The Dog That Didn't Bark: Has Inflation Been Muzzled Or Was It Just Sleeping?* (Washington D.C.: International Monetary Fund, 2013).

그림 12 미국의 국채금리와 주가

출처: Federal Reserve Bank of St. Louis.

비용이 낮아지고, 임금 상승률이 낮아져서 물가가 오르지 않는 새로운 환경이라고 분석했다. 더불어 중앙은행의 확고한 물가안정 정책이 지금의 새로운 환경에 크게 기여했다고 분석했다. 많은 중앙은행이 중장기 인플레이션 목표치를 2% 수준으로 정하고 민간의 물가상승 기대가 목표치에서 안정되도록 통화정책을 운용해 왔다. 이렇게 달라진 환경을 고려하면 앞으로도 물가가 크게 오르지 않을 것이라는 주장이 많았다. 한편, '이번에는 다르다'는 주장에 힘이 실리기도 한다. 코로나19 대응으로 글로벌 금융위기 때보다 몇 배는 많은 돈이 풀렸기 때문이다. 돈이 너무 풀리면 돈의 가치가 떨어질 수밖에 없다. 상품과 서비스 가격뿐 아니라 실물자산과 금융자산의 가격이 상승한다. 부동산, 주식, 비트코인 등 자산 가격도 급등했다. 인플레이션은 더 이상 '짖지 않는 개'가 아니다.

가계와 기업은 앞으로도 물가 상승이 지속될 것으로 생각하여 인플레이션 기대치를 올렸다. 시장은 연준이 기준금리를 계속 올릴 것이라고 예상했다. 미래의 기준금리 인상과 인플레이션 기대를 반영하여 미국 정부채의 수요가 줄고 국채가격이 하락하고 국채 수익률이 상승했다. 주식 가격이 하락하고 금융시장의 불안정이 커졌다.

금융 변동의 파도

미국 연방준비제도이사회가 기준금리를 빠르게 인상하고 세계 경제가 침체했다. 그러자 위험자산에 대한 투자심리는 크게 위축됐다. 가상자산(암호화폐)의 가격은 폭락하고 전 세계 주가가 빠르게 추락했다.

코로나 팬데믹 이후 계속된 초저금리 시대가 이제 막을 내리고 통화정책의 '정상화' 과정이 시작됐다. 연준뿐 아니라 유럽중앙은행ECB, 영국중앙은행을 비롯해 여러 국가의 중앙은행들도 올해 정책금리를 올리고 있다.

선진국 중앙은행들이 돈줄을 다시 조이면 전 세계 금융시장의 변동성이 높아진다. 중앙은행들이 대량으로 구매했던 채권을 점차 매각해 보유 자산을 축소하면 채권 금리는 상승한다. 이러한 선진국의

그림 13 미국 인플레이션과 연방준비은행의 금리 추이(월별 자료, %)

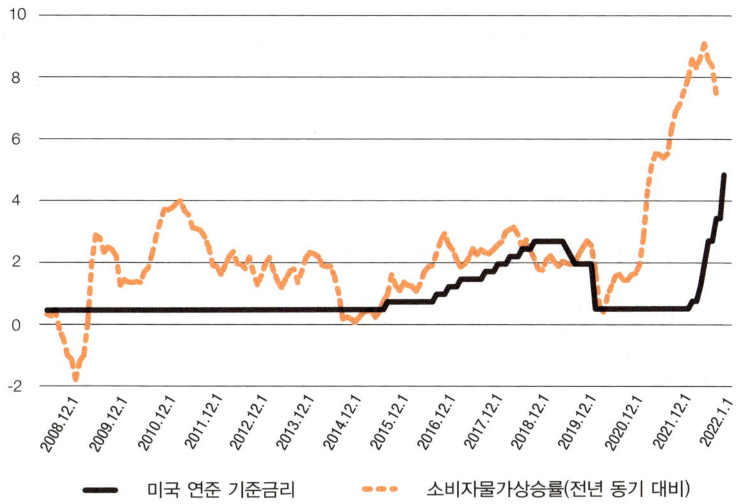

출처: Federal Reserve Bank of St. Louis.

유동성 회수는 신흥국 금융시장에 상당한 파급효과를 불러온다. 돈은 개방된 금융시장을 통해 국경을 넘어 밀물처럼 밀려오고 썰물처럼 빠져나간다. 과거 자료를 보면 신흥국가들에 들어간 자금은 미국 시장 금리가 오를 때 빠르게 빠져나갔다. 외채가 많고 금융 부문이 취약한 국가들은 위험을 겪을 수 있다.

20년 전 한국을 비롯한 동아시아 국가들은 외국인 투자자금이 빠져나가면서 외환위기를 겪었다. 금융기관과 기업의 단기 외화 차입이 많았고 외환보유액이 부족해 국제통화기금IMF의 구제금융을 받았다. 이제 한국이 과거와 같은 외환위기를 겪을 가능성은 매우 낮다. 단기 외채 비중이 적고 외환보유액이 충분하다. 20년 전과 비교하면 금융기관과 기업의 재무 건전성은 향상됐다. 그러나 우리와 무역, 투자 관계가 밀접한 신흥국들이 금융위기를 겪으면 우리 경제에도 상당한 파급효과가 있을 것이다.

멕시코는 우리보다 인구와 면적이 두 배가 넘는 큰 국가다. 1980년대 중반까지 멕시코는 한국보다 잘사는 나라였고 경제 규모도 월등히 컸다. 그러나 현재 멕시코의 1인당 소득은 9,200달러로 한국의 3분의 1에 지나지 않는다. 멕시코 경제는 1982년과 1994년에 금융위기를 겪으면서 성장률이 급락해 아직도 중진국을 벗어나지 못하고 있다. 멕시코는 미국 연준이 금리를 올리는 시기에 제대로 대응하지 못해 위기를 겪었다. 세계 경제 변화에 대한 대응이 신흥국가의 성공과 실패를 종종 좌우하는 것이다. 이번 금융 변동의 큰 파도에 제대로 대응하지 못한 신흥국은 또 한 번 위기를 겪을 것이다.

세계 경제에 닥친 불경기

경제성장률이 2분기 연속 마이너스인 경우를 선진국에서는 '불경기 recession'로 종종 판단한다. 신흥국은 선진국보다 잠재적인 국내총생산 GDP 증가율이 높으므로 추세치에서 일정 크기로 경제성장률이 하락하면 불경기로 판단한다. 세계 경제 전체로는 세계 GDP 증가율이 2% 이하이거나 일인당 GDP 증가율이 마이너스인 경우를 불경기라고 말한다. 세계 경제는 석유 충격으로 1975년과 1982년에, 글로벌 금융위기로 2009년에, 팬데믹으로 2020년에 불경기를 겪었다. 2023년에도 많은 국가와 세계 경제 전체가 또 한 번 불경기를 겪을 가능성이 커졌다. IMF는 2022년 10월에 발표한 세계경제전망에서 2023년의 세계 경제 성장률을 2.7%로 예측했다. 하지만 위험요인이 많아 내년에 세계경제 성장률이 2% 이하가 될 가능성도 상당한 것으로 분석했다. 세계은행World Bank은 전 세계 중앙은행들이 금리를 계속 인상하면 내년 세계 경제성장률이 1% 이하로 떨어질 것이라고 했다. 또한 많은 신흥국이 경기 침체와 금융위기에 직면할 것이라고 경고했다.

미국 경제는 앞으로 불경기를 벗어나기 힘들 것으로 예상된다. 미국 연방준비제도(연준Fed)가 개인소비지출PCE 물가 기준 6%가 넘는 인플레이션을 목표치인 2%로 낮추기 위해서는 기준금리를 상당 수준 더 올려야 한다. 통화긴축으로 소비와 투자 수요가 감소하고 실업은 늘 것이다. 그러나 경기 침체에도 불구하고 에너지 가격과 노동 시장의 임금 상승 압력이 높아 연준이 금리 인상 속도를 늦추기는 어려운 상황이다.

유럽 경제는 천연가스 등 에너지 공급 충격으로 생계비가 상승하고 경제 활동은 침체되어 어려움을 겪고 있다. 이 난관을 헤쳐가기가 쉽지 않다. 유럽중앙은행ECB이 물가 상승 압력 때문에 금리를 올리고 있어서 앞으로도 수요가 위축될 것이다. 팬데믹 이후 정부부채가 많아져 정부 지출을 늘려 대응할 여력이 크지 않다. 우크라이나에서 전쟁이 빨리 끝나고, 가스 대란이 해소되지 않으면 유럽 경제는 심각한 불경기를 맞을 것이다.

중국 경제도 성장 부진에서 벗어나지 못할 것이다. 코로나 봉쇄

정책을 포기했지만 부동산 경기 위축, 수출 둔화, 미-중 갈등으로 경제가 과거처럼 성장하기는 어렵다. 중국은 글로벌 금융위기 이후 2012-2021년 연평균 7.3%의 경제성장률을 유지하며 세계경제의 엔진 역할을 해왔다. 중국은 앞으로 중기 성장률이 4%대에 머물 것으로 예측된다. 중국의 성장 둔화는 주변국의 성장률을 낮춘다. IMF 연구에 따르면 중국의 성장률이 3% 포인트 하락하면 주변국의 성장률은 0.5-1% 포인트 하락한다.

미국, 유럽, 중국 세계 경제의 3대 엔진이 모두 얼어붙으면 세계 경제도 침체한다. 세계무역기구World Trade Organization, WTO는 내년 세계 교역량 증가율이 1%에 그칠 것으로 전망했다. 한국은 수출이 국내총생산의 42%를 차지한다. 반도체 수출과 대중 수출이 감소하면서 2022년 7월부터 글로벌 금융위기 이후 처음으로 월별 상품수지의 적자가 발생했다. 수출 감소에 부동산 경기 하락, 내수 침체가 겹치면 한국 경제가 불경기를 벗어나기 힘들다.

세계 경제 '구조적 장기 침체'의 가능성

글로벌 금융위기 이후에 로런스 서머스 전 미국 재무장관이 주장한 세계 경제의 '구조적 장기 침체secular stagnation'는 언론과 학계의 뜨거운 논쟁거리였다.[29] 글로벌 금융위기에 각국 정부와 중앙은행이 적극적으로 대응을 했지만, 여러 해가 지나도 민간 소비와 투자가 살아나

29 "Secular Stagnation: Fad or Fact?", *Economist*, August 16, 2014. https://www.economist.com/free-exchange/2014/08/16/fad-or-fact.

지 못하고 위기 전의 성장궤도로 복귀하지 못하는 상황이었다. 서머스는 미국과 세계 경제에서 저성장이 고착화되면서 '장기 침체'로 이어지고 있다고 주장했다.[30] 인구 고령화, 생산성 향상 둔화와 같은 구조적 요인들로 저축은 너무 많다. 그러나 투자는 부진해 실업과 경기 침체가 계속된다는 주장이다. 당장 부자들 곳간에 곡식은 많이 쌓여 있지만, 새로 볍씨를 뿌리고 농사를 짓지 않으니 점점 생산이 줄어드는 격이다.

저축이 너무 많고 투자가 부족하면 자금의 공급이 초과 상태이다. 따라서 실질이자율이 매우 낮아져야 저축이 줄고 투자가 늘어나서 자금시장이 균형을 이룬다. 이렇게 되어야만 투자와 생산이 회복될 수 있지만, 경제의 균형 실질이자율을 정부 정책으로 조정하기는 쉽지 않다. 서머스는 정책금리를 낮게 유지하면서 양적 완화로 계속 자금을 공급하는 것은 경기 회복보다는 오히려 부동산과 금융시장의 거품을 초래할 수 있다고 경고했다. 정부가 재정지출을 늘려서 부족한 민간 수요를 보완해야만 저성장을 벗어날 수 있다고 주장했다.

한편 2006년부터 2016년까지 미국 연방준비제도이사회 의장을 지낸 벤 버냉키는 미국 경제가 '구조적 장기 침체'에 있지 않다고 반박했다.[31] 자신이 재임 중에 시행한 양적 완화 정책을 옹호한 것이다. 양

30 Lawrence Summers, *Reflections On the New Secular Stagnation Hypothesis* (Paris: Vox EU, 2014).

31 Ben S. Bernanke, "Why Are Interest Rates So Low, Part 2: Secular Stagnation," *Brookings*, March 31, 2015. https://www.brookings.edu/blog/ben-bernanke/2015/03/31/why-are-interest-rates-so-low-part-2-secular-stagnation/.

적 완화로 물가 상승 기대를 높여서 실질 이자율을 낮추면 투자가 늘어난다. 이러한 과정을 거치면 경제가 완전고용으로 돌아갈 수 있다고 주장한다. 버냉키는 재정지출 확대에 대해서는 회의적이다. 인프라 투자와 같은 재정지출은 일시적 효과는 있지만, 불황에서 대부분 국가가 정부 부채가 많아 쉽게 지출을 늘리기 어렵고 정부 투자의 생산성이 낮아 성장 효과가 크지 않다고 했다.

글로벌 경제 위기 중에 각각 미국 재무부와 중앙은행을 책임졌던 서머스와 버냉키의 논쟁은 지금의 불황에서도 시사하는 바가 크다. 미국과 세계 경제의 침체가 일시적일지 아니면 장기적일지, 연준이 어느 정도 금리를 올릴 것인지 등과 밀접한 관련이 있다. 그러나 구조적인 요인으로 미국과 세계 경제의 잠재성장률이 지속적으로 낮아질 가능성이 있다. 세계 경제가 장기 침체 상태가 되면 한국 경제도 지속 성장하기 어렵다.

중국 고도성장의 시대는 끝났다

우리 경제의 중국에 대한 의존도는 계속 증가했다. 대중국 수출 비중은 총수출의 25%, 국내총생산의 약 11%에 달한다. 중국 경제가 재채기하면 우리는 감기에 걸릴 정도다.

중국 경제가 우리에게 큰 충격을 줄 두 가지 경로는 지속적인 중국의 성장 둔화와 재정·금융·기업의 부실로 인한 경제 위기다. 전자가 발생할 것이라는 예상은 거의 확실하다. 후자는 가능성은 작지만 언제든지 발생할 수 있고 그 충격의 크기를 가늠하기 어렵다.

무엇보다, 중국 경제가 과거와 같이 고도성장을 하기가 어렵다. 저출산·고령화로 생산가능인구(15-64세)가 전체 인구에서 차지하는 비율은 2016년에 73%로 정점에서 계속 감소하여 현재 70%로 낮아졌다.[32] 이 수치는 앞으로 계속 감소할 것으로 예상된다. 총인구도 2024년부터 감소하기 시작한다.[33]

중국 정부는 2015년에 지난 35년간 유지해 온 한 자녀 정책을 폐지했다. 부부가 모두 독자獨子면 자녀 2명을 가질 수 있도록 규정을 완화했지만 이제는 모두에게 이것을 허용하기로 했다. 앞으로 닥칠 급격한 고령화와 노동인구 감소를 예방하는 조치다. 중국이 출산율을 높이려는 정책은 시의적절하지만 이미 저출산이 고착화되어 효과가 크지 않다. 합계출산율은 2015년 이후 1.7에서 변화가 없다. 출산율이 높아져도 생산가능인구가 늘어나기까지 15년 이상의 시간이 필요해 경제성장에 단기적으로 큰 도움이 되기는 어렵다.

중국의 2021년 1인당 소득GDP은 아직 12,560달러 정도로 낮다. 고령화로 성장이 장기간 둔화하고 '중진국 함정middle income trap'에 빠져 고소득 국가로 발전하지 못할 것이라는 우려가 크다. 중진국 함정이란 저렴한 인건비와 외국에서 수입한 기술을 토대로 중진국에 진입한 국가가 성장률이 둔화되면서 선진국 그룹으로 더 나아가지 못하고 정체하는 것을 일컫는다. 노동인구의 감소는 경제성장률을 낮춘다.

---

32 "World Development Indicator(WDI) Online Database," *World Bank*, September 16, 2022. https://data.worldbank.org/indicator/SP.POP.1564.TO?locations=CN.

33 "The 2022 Revision of World Population Prospects Online Database," United Nations Data Portal, 2022. https://population.un.org/dataportal/home.

노년 부양비율의 증가는 민간저축률을 낮추고 정부의 보건·복지 지출 부담을 높인다.

중국 고도성장의 두 엔진인 투자와 수출도 예전만 못하다. 투자 수익률이 낮아져 과거처럼 국내총생산의 절반을 투자하기 어렵다. 투자 증가율이 계속 하락했다. 중국의 경제 규모가 커져 과거처럼 수출이 늘기 어렵다. 중국 정부가 민간소비와 서비스업의 비중을 높이고 성장을 추진하고 있지만, 투자와 제조업이 담당하던 성장 엔진의 역할을 대체하기는 어렵다. 중국이 서비스업으로 성장하더라도 제조업이나 건설업과 비교하면 해외 수입을 유발하는 크기가 작다. 한국 수출에 과거처럼 도움을 주지 못할 것이다.

중국의 생산성 향상도 정체하면서 2012-2020년 경제성장률은 연평균 6.5%로 낮아졌다. 경제성장률은 노동인구 감소, 투자율 하락, 구조개혁과 생산성 향상의 어려움으로 앞으로는 5%대, 4%대로 계속 하락할 것으로 예상된다.[34]

구매력의 차이를 고려한 중국의 1인당 소득 수준은 한국과 20-25년의 격차가 있다. 한국은 연평균 경제성장률이 1980년대의 9.3%에서 1990년대 6.3%, 2000-2010년 5.1%로 낮아지고 여러 번의 위기를 겪었다. 〈그림 14〉는 한국과 중국의 일인당 GDP가 변화하면서 5년 단위로 일인당 GDP의 성장률이 어떻게 변화했는지를 비교하고 있다. 같은 일인당 소득 수준에서 한국과 중국의 일인당 GDP의 성

34 Jong-Wha Lee, “China’s Economic Growth and Convergence,” *The World Economy* 40, no.11 (September 2017). 10.1111/twec.12554.

그림 14 중국과 한국의 일인당 GDP와 경제성장률 추이

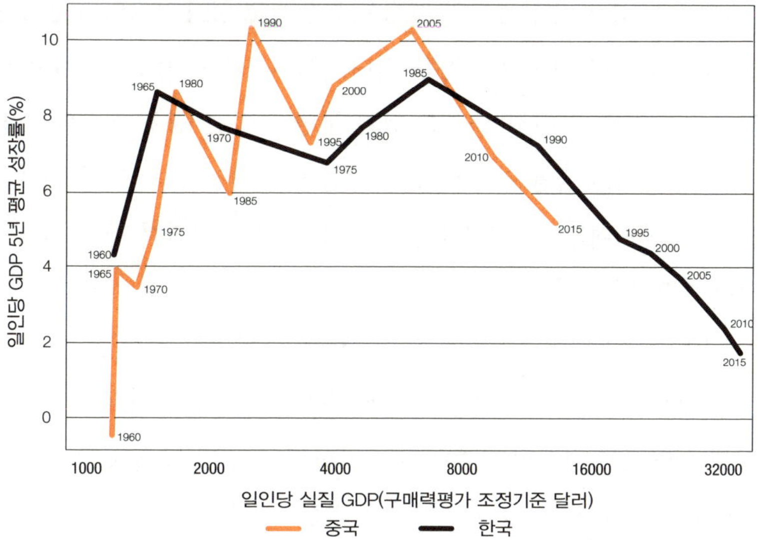

출처: 펜월드 테이블(PWT) 10.0.

장률이 비슷하다. 중국의 앞날이 한국의 과거와 많이 다르지 않을 것이다.

중국은 구조전환 과정에서 심각한 위기를 겪을 가능성이 있다. 금융 부문이 취약하고 기업과 지방정부의 부채가 많아 금융위기를 겪을 가능성도 있다. 중국의 지방 정부들은 융자플랫폼을 통한 차입으로 지출을 많이 늘렸다. 중국 정부의 2020년 재정적자가 국내총생산의 11%였다. 여기에 중앙정부의 기금과 지방정부 차입을 합치면 재정적자가 20%이다. 비금융기업의 부채가 많아 국내총생산의 115%에 달했다. 부채의 상당 부분은 수익성이 낮은 국유 기업들이 갖고 있다.

'좀비기업'들이 늘어났지만, 구조조정은 쉽지 않다.

당장은 중국 중앙정부의 재정이 튼튼하고 금융기관의 부실채권 비율이 높지 않아 위기 가능성은 작다. 그러나 중국 지도자들이 목표 성장률을 달성하기 위해 무리한 경기 부양을 하는 경우 정부와 기업 부채가 더 쌓이고 금융 부실로 위기 가능성은 커진다. 앞으로 지역 간 불균형, 소득분배의 악화로 사회·정치 불안이 커지면서 경제 위기가 발생할 수도 있다.

지난 30여 년에 걸친 중국 고도성장의 '화려한 잔치'는 이제 끝났다. 2022년에 시진핑 주석이 3기 집권을 시작하면서 새로운 무대가 어떻게 꾸며질지 정확히 예측하기는 어렵다. 하지만 앞으로 중국은 경제 위기를 피하더라도 성장률 하락은 피할 수 없다.

탈세계화와 미중 패권 전쟁

탈세계화가 던지는 도전

지난 20세기 경제의 중요한 특징 중 하나는 세계화(글로벌라이제이션 globalization)였다. 개방을 통하여 국가 간 경제 교류가 강화되고 상호의존을 통해 세계 경제가 통합됐다. 세계화로 활동 범위가 국가 단위를 넘어서 지구 전체로 확장됐다. 정보통신과 운송 기술의 발달로 '국경 없는 세계'가 만들어졌다. 새로운 재화와 서비스, 자본, 노동뿐만 아니라, 새로운 기술, 제도, 문화의 교류가 활발하게 이루어졌다.

개방과 세계화는 전 세계에 많은 경제적 이득을 가져왔다. 한국·일본·중국 등 동아시아 국가들의 급속한 경제 발전에는 적극적인 대외 개방이 많은 기여를 했다. 값싼 원료와 중간재를 수입해 완제품을 만들어 수출하면서 제조업을 육성했다. 대규모 시장에서 비교우위가 있는 산업에 특화하고, 더 많은 상품을 효율적으로 생산하고, 선진 기술을 도입하여 생산성을 높였다. 대외의존도가 높아져 외부 충격에 민감해 위기를 겪기도 했지만, 개방적 세계 경제로부터 받은 혜택이 더 많다.

그러나 세계화로 모두가 동등한 혜택을 얻은 것은 아니다. 세계화에 반대하는 목소리도 점점 커졌다. 세계화의 혜택을 보지 못한 소외 계층의 불만이 크다. 혜택을 본 계층과 그렇지 못한 계층 간에 소득, 부, 기회의 불평등이 커지고 정치·사회 갈등이 높아졌다. 선진국의 저기술·저숙련 노동자들은 외국의 저임금 노동자들에게 일자리를 뺏기고 있다는 피해의식이 팽배해졌다. 미국의 경우 고졸 남성의 평균 실질 임금은 하락했고 계층 간 소득 격차가 커졌다. 2016년 미국 대통령 선거에서 교육 수준이 낮은 백인이 저소득과 이민자에 대한 불만을 품고 도널드 트럼프를 미국 대통령으로 지지했다. 트럼프 대통령은 재임 중에 중국에 대해 무역제재를 가하고 보호무역조치를 실행했다.

국수주의 성향도 탈세계화(디글로벌라이제이션deglobalization)를 부추긴다. 통합과 세계화는 여러 국가가 공유하고 있는 가치를 추구하고 국제 합의를 우선한다. 국가의 주권과 정체성이 훼손될 수 있기 때문에 불만이 발생한다. 유럽에서는 EU의 지나친 간섭, 공동 재원의 부담 비율에 대한 불만이 많았다. 중동 난민의 수용 문제에 대한 대책에서도 대립이 심했다. 많은 유럽인은 유럽공동체보다는 자신이 속한 국가의 주권을 더 중요하게 생각한다. 결국, 영국은 국민투표를 거쳐 유럽연합EU 탈퇴를 선택했다. 설마 했던 '브렉시트Brexit'로 전 세계가 충격에 빠졌다. 브렉시트는 유럽에서 낮아진 영국의 위상과 밀려드는 이민자에 대한 영국 국민들의 불만을 반영한다. 유럽 통합과 세계화의 혜택에 대해서도 회의가 많았다.

학계에서도 세계화를 우려하는 목소리가 커졌다.[35] 과도한 개방이 경제 불평등과 정치·사회의 불안정을 초래한다는 연구가 나왔다. 세계화에 앞장서 왔던 국제통화기금IMF의 경제학자들도 최근에는 전 세계에서 소득 불평등이 확대되었음을 지적했다. 특히 자본의 자유로운 이동이 경제 불안정과 위기를 초래할 수 있다고 주장했다.[36]

경제 침체, 난민 문제, 테러의 위협으로 고민하는 많은 국가가 당분간 통합보다 분열을 선택할 가능성이 크다. 실업과 소득분배가 악화되면 세계화로 혜택을 적게 보는 국가들과 소외 계층에서 반이민·반세계화 주장이 더욱 거세질 것이다. 코로나 팬데믹으로 세계 각국이 국경을 폐쇄하고 사람의 이동을 막았다. 이제 반세계화·탈세계화의 흐름은 막을 수 없는 대세가 되고 있다.

35 Dani Rodrik, *Has Globalization Gone Too Far?* (Washington D.C: Peterson Institute for International Economics, 1997); Joseph E. Stiglitz, *Globalization and Its Discontents Revisited: Anti-Globalization In the Era of Trump* (New York: W. W. Norton & Company, 2017).

36 Florence Jaumotte, Subir Lall, and Chris Papageorgiou, "Rising Income Inequality: Technology, or Trade and Financial Globalization?," *IMF Economic Review* 61, no. 2 (2013): 271-309. https://www.imf.org/external/pubs/ft/wp/2008/wp08185.pdf.

지경학적 분열과 자유무역의 위기

국가 간 교류 확대와 경제통합은 경제 번영뿐 아니라 세계 평화에도 기여한다. 경제학자 존 스튜어트 밀John Stuart Mill은 "무역의 확대가 세계 평화를 보장한다"라고 주장했다. 국가 간 무역 의존도가 높을수록 전쟁으로 무역이 단절될 때 잃을 손실이 커진다. 그렇기 때문에 군사 충돌을 피하려는 동기가 강해진다. 무역으로 이득을 보는 기업은 전쟁을 피하고 외교적으로 해결하도록 정부에 영향력을 행사한다. 국경에서 충돌이 일어나기 쉬운 지리적으로 인접한 국가들은 경제통합으로 군사 충돌을 줄일 유인이 커진다. 세계대전을 겪은 유럽은 1951년 유럽석탄철강공동체를 발족시켜 평화를 도모했다. 하지만, 비대칭적인 힘을 가진 국가들 사이에는 교역 확대가 오히려 군사 충돌을 불러일으킬 수 있다는 주장도 있다. 역사적으로 무역을 통해 더 많은 이득을 얻기 위해 강대국이 종종 군대를 동원했고, 특히 석유와 에너지 자원을 둘러싼 무력 충돌이 자주 벌어졌다. 그러나 통계 자료를 분석한 연구에 따르면 국가 간 무역은 전쟁을 줄이고 평화를 촉진하는 역할을 더 많이 했다.[37]

많은 국가가 경제통합을 통해 경제 번영과 평화를 도모하려고 노력했다. 유럽은 1951년 유럽석탄철강공동체에서 시작해 1967년 유럽공동체European Community, EC, 1993년 유럽연합EU으로 유럽 통합을 발전시켰다. 1967년 정치·안보적 요인에서 결성된 동남아국가연합(아

37 Jong-Wha Lee and Ju Hyun Pyun, "Does Trade Integration Contribute to Peace?," *Review of Development Economics* 20, no.1 (2016): 327-344. 10.1111/rode.12222.

세안ASEAN)도 냉전 해체 이후 경제 협력에 집중해 왔다. 역내 무역 자유화를 넘어 자본과 숙련 노동자의 자유로운 이동을 추구하는 아세안 경제공동체ASEAN Economic Community를 2015년에 출범시켰다.

미국은 제2차 세계대전 이후 자유주의 국제경제질서를 주도했다. 관세 및 무역에 관한 일반 협정General Agreements on Tariff and Trade, GATT과 세계무역기구WTO는 국제무역의 규범을 정했다. 국제통화기금IMF과 세계은행World Bank은 국제 금융, 투자, 통화의 질서를 유지했다. 그러나 선진국 주도의 국제기구는 무역, 기술 표준, 보안, 경제 위기, 개발 등의 글로벌 문제에 제대로 대응하지 못한다는 비판이 커지고 국제사회의 신뢰가 낮아졌다.

트럼프 미국 전임 대통령은 '미국 우선주의America First', 보호무역주의를 강화하여 세계화와 자유무역에 상당한 타격을 주었다. 국가안보를 이유로 철강과 알루미늄에 높은 관세를 부과하고 중국에 불공정 행위와 지적 재산권 절취 혐의로 무역규제를 실행했다. 과거에도 미국 정부는 철강, 자동차를 비롯한 주요 품목의 수입을 규제하는 보호무역주의 조치를 자주 부과했지만, 트럼프 정부의 조치는 상대국과 협상 없이 일방적으로 실행된 것이다. 현재 바이든 정부도 중국과 무역·기술 전쟁을 계속하고 있다.

러시아-우크라이나 전쟁으로 '지경학적 분열'이 가속되고 있다. 지경학geo-economics이란 지리적 요인이 경제에 미치는 영향에 관한 연구를 의미하기도 하지만, 일반적으로 지정학적 목표를 달성하기 위해 경제적 수단을 사용하는 것을 일컫는다. 1990년 전략 전문가 에드워드 루트왁Edward Luttwak은 냉전 이후 군사적 힘의 중요성이 쇠퇴하고 지경학적 힘이 그 역할을 대체하고 있다고 주장했다.[38] 국가들은 과거에 군사 수단을 통해 달성했던 목표를 이제는 무역 및 투자 정책, 경제제재, 금융제재, 에너지 및 원자재 거래, 해외원조 등 경제적 수단을 통해 달성하려 한다. 중국은 일대일로 사업과 해외원조를 통해 저개발국에서 국제적인 영향력을 높이고 있다. 사드 배치 때는 한국 기업을 제재하는 경제적 보복 조치를 했다. 러시아는 전략적 목표를 달성하기 위해 에너지 자원을 수단으로 사용했다. 정치적 분쟁으로 유럽으로 가는 가스 파이프라인을 차단했다. 미국은 러시아의 우크라이나 침공에 대응해 러시아를 달러 중심 국제결제시스템에서 배제하는 금융제재를 가했다. 그리고 중국을 견제하기 위해 '인도-태평양경제프레임워크Indian-Pacific Economic Framework, IPEF'를 만들고 글로벌 공급망을 재편하려 하고 있다.

탈세계화의 파도가 세고 기존의 규칙 기반 세계경제질서가 분열되고 있다. 우크라이나 사태와 미·중 갈등은 쉽게 끝나지 않을 것이다. 앞으로도 세계가 여러 진영으로 분열하고 대립할 것이다. 자원 보유국이 언제든지 안보를 이유로 수출규제를 하고 수입국도 정치·군사적 이유로 보호무역 조치를 할 것이다. 자유무역을 기반으로 성장한 한국 경제에 큰 위협이 아닐 수 없다.

---

38 Edward N. Luttwak, "From Geopolitics to Geo-Economics: Logic of Conflict, Grammar of Commerce," *The National Interest* 20 (Summer 1990): 17-23. https://www.jstor.org/stable/42894676.

미·중 무역전쟁

남중국해에서 미국의 구축함 이지스가 중국 배들에 둘러싸여 꼼짝도 못 하고 승무원이 억류되는 사태가 벌어진다. 미국 정부는 중국에 강력하게 경고하지만, 대선을 앞둔 상황에서 국론은 분열된다. 영국의 주간지《이코노미스트》가 만든 가상의 시나리오이다.[39] 미·중 통상 갈등이 악화 일로를 걸으면서 두 국가가 무력 충돌을 할 수 있다는 전망이 나오고 있다. 미중의 패권 다툼으로 남중국해, 대만, 한반도에서 국지전을 할 수 있다는 것이다.

미국과 중국이 극단으로 대립하고 군사 충돌까지 가는 최악의 시나리오는 두 국가가 모두 피할 가능성이 크다. 그러나 무역·기술 분쟁은 쉽게 끝날 것 같지 않다. 시진핑 국가주석이 '위대한 중화민족의 부흥'으로 미국을 자극했다. 중국 정부가 '중국제조 2025'로 첨단 기술산업을 육성하자 미국의 경계심은 더욱 높아졌다. 미국은 권위주의 체제의 중국이 군사력과 기술력으로 세계를 지배하는 패권국이 되는 것을 원하지 않는다.

미국의 트럼프 정부에서 중국산 수입품에 관세를 부과하자 중국은 보복관세로 대응했고, 미국이 추가 관세로 다시 맞불을 놓으면서 미·중 무역분쟁이 심화됐다. 미국은 특히 첨단 기술이 중국으로 넘어가지 않도록 규제를 강화했다. 2019년에 트럼프 대통령이 중국산 수입품 3,000억 달러에 10% 관세를 부과한다고 발표하고 중국은 국유기업의 미국산 농산물 수입 중단을 지시했다. 중국이 2008년 이후 처

39 "What If America and China Clash at Sea?," *Economist*, July 4, 2019.

음으로 환율이 1달러당 7위안을 넘는 것을 용인하자 미국은 중국을 환율조작국으로 지정했다. 통상 마찰에서 환율 전쟁으로 불똥이 튀었다. 중국의 환율을 높아지면 수출가격이 낮아져 관세로 상승한 수출가격이 상쇄되는 효과가 있다. 미국은 환율조작국 지정을 빌미로 중국에 추가 관세를 부과하여 더욱 압력을 가할 수 있다.

중국은 수출이 국내총생산GDP의 19.5%이고 전체 수출에서 미국 시장에 직접 의존하는 비중은 15% 정도이다. 중국은 미국의 관세 인상을 감당하지 못할 정도는 아니다. 그러나 수출 부진에 투자율 하락, 생산성 향상 둔화, 분배 악화가 겹쳐 어려움을 겪고 있다.

미국은 공화당과 민주당 정부 모두에서 중국과의 무역전쟁을 불사하려 한다. 미국 내 반중 정서가 높아 중국과의 무역전쟁은 선거에 도움이 되기 때문이다. 그러나 수입품 가격 인상으로 내수가 위축되고 인플레이션이 발생하면 경제에 부정적 효과를 미칠 수 있다. 트럼프 정부는 무역·환율 분쟁을 적당한 선에서 타협해 휴전으로 마무리했다. 그러나 바이든 정부에서도 미·중 갈등은 계속되고 있다. 미국이 주도하여 만들었던 전후 다자주의 세계 경제 질서는 이미 붕괴하기 시작했다. 자국우선주의, 보호무역주의, 탈세계화의 흐름이 전 세계에 팽배하다. 앞으로 10년은 '초불확실성의 시대'가 계속될 수 있다.

세계 경제의 큰 변혁에 우리나라가 주도권을 행사하기는 어렵다. 그러나 우리가 해결할 수 있는 것은 최대한 노력해 피해를 줄여야 한다. 지정학적 위험이 클 때, 국가의 역량을 모아 미국을 비롯하여 중국, 일본, 유럽 등 주요 국가들과 우호적인 외교 관계를 유지하고 양자·다자 무역협정, 통화 스와프 등 경제협력을 강화해야 한다. 힘들 때 우리를 도와줄 친구가 많아야 한다.

영화 〈라이언 킹〉에서 티몬과 품바는 '하쿠나마타타'(모든 일이 다 잘 될 것이다)라고 노래한다. 절망에 빠진 어린 사자 심바에게 과거는 바꿀 수 없고 미래는 예측할 수 없으니 걱정은 접어두고 현재를 즐기자고 한다. 영화는 행복하게 끝나지만, 현실에서는 초원은 황폐하고 모든 동물이 살 곳을 잃을 수도 있었다. 약육강식의 세계에서 초식동물은 살아남기가 쉽지 않다.

중국의 꿈이 한국의 미래를 위협한다

시진핑 중국 주석은 2012년 취임하면서 '위대한 중화민족의 부흥'이라는 '중국몽中國夢'을 실현하겠다고 했다. 시 주석은 중국 공산당 창당 100주년인 2021년에는 의식주 걱정 없이 풍족한 생활을 누리는 '샤오캉小康 사회'를 실현하는 제1의 100년 목표를 달성하고 중화인민공화국 건국 100주년을 맞는 2049년에는 '사회주의 현대화 강국 전면 건설'이라는 제2의 100년 목표를 달성하여 중국몽을 이루겠다고 했다.

2021년 7월 1일 공산당 창당 100주년 기념사에서 시 주석은 첫 번째 100년 목표를 달성했다고 선언했다. 중국은 1949년 건국 후 오랜 기간 사회주의 계획경제의 실패로 고난을 겪었다. 그러나 1978년 덩샤오핑이 집권하여 자본주의 개혁을 단행하고 대외 개방 정책을 시행하면서 눈부신 경제발전을 이룩했다. 중국 정부는 경제 활동의 자유를 확대하고 활발한 시장 경쟁을 촉진했다. 중요한 국가 인프라를 건설하고 수출을 지원했다. 개혁·개방 이후 30년 동안 GDP가 매년 10% 넘게 증가했고, 대다수 국민이 빈곤에서 벗어났다. 중국은 세계 1위의 수출국, 세계 2위의 경제 강대국이 됐다. 샤오미, 알리바바, 텐센트, 화웨이 등 세계적인 기업이 등장했다.

민주주의와 독재 중에 어떤 정치제도가 경제발전에 유리한가는 확실한 답이 없다. 일반적으로 독재 체제에서는 소수가 권력을 독점한다. 그 소수는 자신의 이익만을 추구하고 대다수 경제주체를 착취하기 때문에 생산활동의 유인이 저해되어 경제성장이 느리다. 중국의 정치 체제는 민주주의와는 거리가 멀다. 1989년 톈안먼에서는 민주화 시위를 무력으로 진압하여 수많은 사상자가 발생했다. 그러나 중국의 권위주의authoritarianism 정치체제는 경제발전에 기여한 측면이 있다. 강력한 지도자와 당이 중앙집권적인 권력 구조를 통제하면서 경제를 효율적으로 운영하여 경제발전을 이루었다. 싱가포르의 리콴유나 한국의 박정희 권위주의 정부도 경제발전에 성공했다. 물론 중국의 마오쩌둥의 대약진 운동이나 북한의 경제난에서 보듯이 권위주의 정권이 잘못된 정책으로 경제를 망친 예도 많다.

중국 공산당이 이룬 지난 100년의 성과가 미래 30년의 성공을 보장할 수 있을까? 중국의 2021년 일인당 GDP는 1만 2,556달러로 한국의 3만 4,758달러와는 차이가 크다. 이는 실질 가치로는 한국의 1990년대 초 수준이다. 한국은 지난 30년간 몇 번의 경제 위기를 겪었고 심한 정치 변혁을 겪었다. 중국도 다음 한 세대 동안 상당한 정치·경제 변화를 겪을 것으로 예상된다. 시진핑이 2049년에 두 번째 100

년 목표를 이루고 중국몽을 실현하기 위해 해결해야 할 내부와 외부의 문제가 만만치 않다.

무엇보다도 중국의 중앙집권적 발전모델이 앞으로는 효율적으로 작동하기 어렵다. 민간 부문이 커져서 과거처럼 정부가 경제를 주도하기 쉽지 않다. 중국 정부가 지시를 따르지 않는 알리바바의 마윈과 차량공유업체 디디를 처벌했지만, 국가의 민간 경제 통제력은 점점 약화될 것이다.

중국이 권위주의 체제로는 정치 안정을 유지하기 쉽지 않을 것이다. 고등교육을 받은 중산층이 많아지면 정치적 자유를 요구하는 목소리가 커진다. 중국은 이미 7억 명이 중산층으로 자리 잡았고, 2000년에 8%였던 대학진학률은 58%로 높아졌다. 언제 어떤 사건으로 '티핑 포인트tipping point'가 되어 억눌린 정치 참여 욕구가 폭발할지 알 수 없다. 티핑 포인트는 작은 요인이나 변화가 충격을 주게 되면 특정 임계값을 넘을 때 갑자기 상당한 변화가 발생할 수 있는 상태를 의미한다. 한국도 중산층이 많아지면서 권위주의 정권이 무너지고 민주화가 이루어졌다. 중국은 지역·계층 간 소득과 부의 격차가 심해서 언제든지 정치적 불만과 사회 갈등이 격화될 수 있다.

대외 환경 악화는 중국몽에 어두운 그림자를 드리우고 있다. 중국의 수출 규모가 커져서 원자재와 핵심 부품을 글로벌 공급망을 통해 확보하기가 전보다 힘들어졌다. 미·중 갈등으로 미국 시장 접근과 첨단 기술 확보가 어려워졌다. 시진핑의 중국몽은 국력을 키워서 미국을 넘어서는 '팍스 시니카Pax Sinica'(중국이 주도하는 세계 질서)를 건설하는 것이다. 그러나 미국은 정치, 경제, 통화, 금융, 에너지, 과학, 교육, 문화 면에서 초강대국이다. 중국의 힘은 상당 기간 미국에 미치지 못할 것이다.

중국이 앞으로 민주적 가치와 규범을 받아들이면서 선진국으로 평화롭게 부상할까? 이렇게 미중 갈등이 해소될 수 있다면 그 사이에서 눈치를 보는 한국에게는 최상의 시나리오가 아닐 수 없다. 그러나 중국의 권위주의 체제가 지속되고 미·중 대립이 격화되어 동아시아의 군사 충돌이 격화되면 우리에게 미칠 피해가 상당할 것이다. 또 다른 경우로 중국이 권위주의 체제를 유지하면서 미국을 능가한 세계 패권국이 된다면 바로 이웃한 한국에 미칠 영향은 너무 크다. 앞으로 벌어질 중국의 변화와 미중 갈등의 전개는 한국 경제와 안보에 상당한 위협 요인이다.

한국의 국가 위상이 흔들리고 있다

21세기의 큰 변화는 초강대국인 미국의 절대적인 힘이 축소되고 국제질서가 다극화 체제로 이행한 것이다. 2008년 세계 금융위기로 선진국 경제가 침체에서 벗어나지 못하고 신흥개도국의 세계 경제에 대한 기여가 커지면서 변화의 속도가 더 빨라지고 있다. 그 변화의 중심에 아시아가 있다. 2021년 국제통화기금IMF이 발표한 구매력평가PPP 기준의 세계 총생산GDP에서 중국의 비중은 18.6%에 달해 미국(15.7%)을 뛰어넘는 수준이었다. 인도 7.0%, 일본 3.8%, 한국 1.7%로 아시아 전체가 차지하는 비중은 세계 총생산의 5분의 2에 달한다.

커진 경제력을 바탕으로 중국은 국제사회에서 영향력을 계속 높여왔다. 중국은 일대일로一帶一路 One belt, One road와 아시아인프라투자은행Asian Infrastructure Investment Bank, AIIB을 통해 동아시아와 유럽을 연결하는 인프라를 건설하여 서구 중심의 경제질서를 개편하려는 전략을 추진하고 있다. 일대일로란 2013년 시진핑 주석의 제안으로 시작된 중국 주도의 '신新실크로드 전략 구상'으로, 중국과 주변 국가들을 연결하는 내륙과 해상의 경제벨트를 지칭한다. 아시아인프라투자은행은 중국 주도로 설립된 국제금융기구로 2016년 1월에 57개 국가를 회원으로 공식 출범했다. 일대일로 사업을 위해 필요한 사회간접자본 건설을 주로 지원한다. 미국과 일본 주도의 세계은행과 아시아개발은행ADB을 견제하려는 성격이 강하다.

중국의 부상에 대응해 일본은 미국과 동맹을 강화하고 있다. 2018년 말에는 호주, 캐나다, 베트남 등 11개 국가와 포괄적·점진적 환태평양경제동반자협정Comprehensive and Progressive Agreement for Trans-Pacific Partnership, CPTPP을 출범시켰다. 창립 이후 56년간 최대주주로 총재직을 독점하고 있는 아시아개발은행ADB과 협력해 아시아의 인프라 건설에 주력하며 아시아 국가와의 협력을 강화하고 있다. 일본, 인도, 한국은 2022년 미국 바이든 행정부의 주도로 구성되고 있는 인도-태평양 지역의 경제안보 플랫폼인 인도-태평양 경제 프레임워크IPEF에 가입하기로 했다.

한국과 같은 중견국가middle power는 강대국과는 달리 국제무대에서 독자적인 힘으로 자신의 의지를 관철하기는 어렵다. 그러나 남을 위협하지 않는 이미지를 바탕으로 다른 국가들과의 연대를 통해 리더십을 발휘할 수 있다. 눈부신 경제발전과 민주화를 동시에 이룩하고, 오랜 고유의 역사·문화와 세련된 현대 기술이 합쳐져 있으며 뛰어난 인재들을 가진 한국의 국제적인 이미지는 세계 여느 나라에 비기지 않는다. 한국인이 유엔 사무총장직을 맡은 것이나 아시아에서 처음으로 G20 의장국이 된 것은 국제 관계의 변화, 국력의 신장, 좋은 국가 이미지가 함께 작용한 결과다.

그러나 최근 세계 질서의 변화 속에 한국의 국가 위상이 흔들리고 있다. 미·중의 패권 경쟁, 중·일의 아시아 주도권 각축에서 한국의 대응 전략이 뚜렷하지 않고 한국의 존재감이 보이지 않는다. 또한, 여타 아시아 신흥 경제국들이 빠른 속도로 성장하면서 상대적으로 한국의 위상이 점차 낮아지고 있다. 국가경쟁력은 점차 낮아지고 계속되는 정치 혼란과 사회 분열로 지금까지 쌓아온 선진국 이미지에도 금이 가고 있다.

4

한국 경제의 구조적 문제

저출산고령화의 암울한 미래

아이가 없는 초고령사회

일본은 65세 이상의 인구가 총인구의 29%인 초고령사회다. 학교가 하나둘씩 사라지고 요양 시설이 늘고 있다. 원하는 노인 요양병원에 입소하려고 기다리는 '대기 노인'들이 몇십만 명이 넘는다고 한다.

한국도 일본 못지않게 상황이 심각하다. 여성 1명이 평생 낳을 수 있는 평균 출생아 수인 합계출산율이 2021년에 0.81명으로 역대 최저였으며 이것은 전 세계에서 가장 낮은 수치다. 1970년에 합계출산율이 4.3명이었고 출생아가 100만 명이 넘었다. 2021년 출생아 수는 26만 명이었다. 반면 65세 이상 노인은 계속 늘어 총인구의 17%다. 그런데 이 중 40%가 빈곤층이다. 우리나라는 경제협력개발기구OECD 회원국 중 노인 빈곤율이 가장 높다.[40] 베이비붐 세대가 모두 노

그림 15 한국의 고령화와 출산율 추이

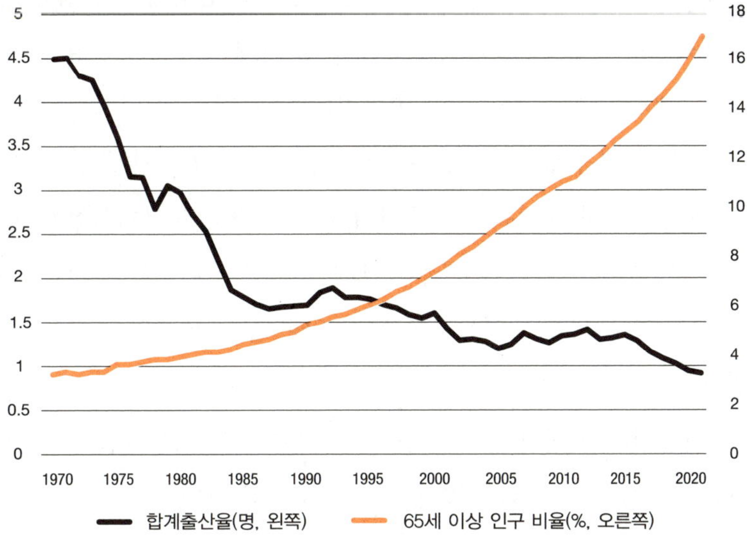

출처: 통계청(KOSIS.kr).

인이 되는 2030년에는 노인 인구 비중이 26%가 된다. 벌써 어린이집은 줄고 요양원은 늘고 있다. 통계청 자료를 보면 어린이집 수는 2013년 4만 3,770개에서 계속 줄어들어 2021년에 3만 3,246개이다. 노인 요양시설(요양원·공동생활가정)은 2013년 4,644곳에서 2020년 5,763곳으로 늘었다.

한국의 고도성장은 베이비붐 세대의 기여가 컸다. 이들은 전 세

40 노인 빈곤율은 65세 이상 노인인구의 '상대적 빈곤율'을 의미하며 소득이 빈곤선(가구소득 기준 전체 인구의 중위소득의 50%) 아래인 인구의 비율로 계산한다. (65세 이상 노인인구의 상대적 빈곤율(%) = 소득이 빈곤선 이하인 65세 이상 인구수 ÷ 65세 이상의 총 인구수 × 100).

계에서 최장 시간 노동하고 열심히 저축하며 자녀를 교육했다. 1957-1963년에 태어난 베이비붐 세대가 청년층으로 진입하면서 생산가능인구(15-64세 인구)는 1990년에 1960년대 비해 약 1,600만 명 증가했다. 이후 2020년까지 약 770만 명이 더 증가했다. 그러나 생산가능인구가 앞으로 계속 줄어들 것으로 예측된다. 노동인구가 줄면 초기에는 일자리를 구하기 쉬워지는 효과가 있지만 결국은 경제성장률이 하락한다. 시장 규모가 작아져 국내 생산과 소비가 위축되고 기술 발전도 둔화된다. 은퇴한 노인들을 돌보기 위한 젊은 세대의 부담은 점점 커진다.

저출산과 고령화는 미래 한국이 당면한 가장 큰 위험이다. 정부는 5년마다 대책을 세우고 많은 재원을 투입하고 있지만 아직은 구체적인 성과가 없었다.

인재가 부족하다

인적 자본 투자의 부담이 커지고 있다

생산가능인구가 줄어들고 노동시간이 감소하는 한국 경제가 지속적으로 성장하기 위해서는 무엇보다도 중요한 것은 우수한 인적 자본이다. 인적 자본human capital은 개인이 보유한 능력ability, 기술숙련도skill, 지식knowledge, 건강, 직무 경험job experience를 포괄하는 개념으로 노동의 질적 수준을 의미한다. 인적 자본을 더 많이 보유한 노동자는 생산성이 더 높고 노동시장에서 더 많은 임금을 받을 수 있다. 인적 자본에 관한 경제학 연구는 노벨 경제학상 수상자인 슐츠Theodore Schultz와 베커Gary Becker에 의해 1960년대에 활발하게 이루어졌고 이후 경제성장 이론에 기여했다. 그러나 이미 기원전에 동양에서 공자孔子 Confucius는 인적 자본의 핵심요소인 교육의 중요성을 다음과 같이 강조했다. "옥은 다듬지 아니하면 그릇이 될 수 없고, 사람은 배우지 아니하면 도를 알 수가 없다玉不琢 不成器 人不学 不知道."[41]

인적 자본은 각각의 노동자에게 중요할 뿐 아니라 국가 전체의 경제, 정치, 사회 발전에도 큰 영향을 미친다.[42] 인적 자본은 그 자체가 생산에 직접 기여하는 중요한 생산요소이며 새로운 기술의 발전을 촉진하는 원동력으로 경제성장의 견인차 역할을 한다. 고도화되는 선진 기술을 더욱 빨리 따라잡고, 자체적인 기술을 개발해 나가야 하는 현재의 한국 경제의 상황에서 우수한 인적 자본의 역할이 매우 중요하다.

한국의 고도 성장의 과정에서 교육은 매우 중요한 역할을 수행했다. 중등학교와 대학교 진학률이 매우 빠르게 증가하여 교육받은 인력의 공급이 크게 확대되었다. 1960년에는 한국의 15세-64세 인구의 39%가 학교 교육을 받지 못했으며 단지 22%만이 중학교 수준의 교육을 받은 상태였다. 대학 교육을 받은 인구 비율은 2.8%였다.[43] 그러나 2015년에는 중등교육 이상의 학력자가 15-64세 인구의 94%에 달

41 공자의 말로 중국 유교 경전《예기》의 〈학기(學記)〉 편에 실려 있다.

42 Robert J. Barro, and Jong-Wha Lee, *Education Matters: Global Schooling Gains from the 19th to the 21st Century* (Oxford: Oxford University Press, 2015).

43 Barro-Lee의 전 세계 교육 수준 데이터베이스(www.barrolee.com)에서 구한 자료이다.

그림 16 한국의 생산가능인구의 수와 전체 인구 중 비중 추이와 예측치

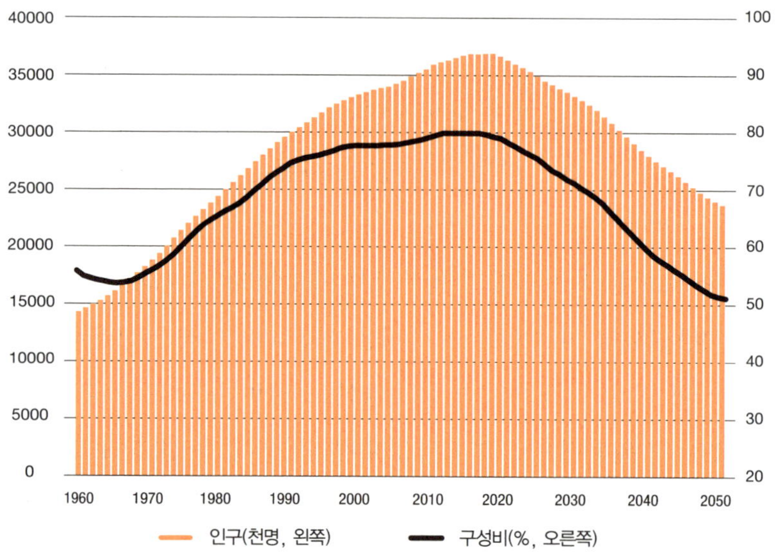

출처: 통계청(KOSIS.kr).

하고, 대학교육 이수자의 비율이 46%가 넘는 놀라운 성취를 보였다.

양적인 측면에서의 성과와 더불어 초등, 중등학교 교육의 질적인 측면에서도 상대적으로 매우 높은 성취를 달성했다. 교육의 성과를 판단하기 위해 국제적으로 표준화된 시험의 성적을 비교할 수 있다. 수학, 과학의 국제시험 결과를 보면 한국 학생들의 평균점수는 항상 최상위권에 속했다.

특히 한국은 상대적으로 매우 적은 공교육 지출에도 불구하고 다른 국가보다 높은 수준의 성과를 보였다. 교육의 공공 재원의 제한에도 불구하고 한국이 교육의 양적 확대와 질적 향상에 성공할 수 있

었던 요인은 국민들의 높은 사교육비 부담이었다. 우리나라는 교육 수준이 곧 높은 사회적 지위로 인식되는 유교 사회의 전통에 따라 자녀 교육에 대한 부모의 욕구가 높다. 또 지속적인 경제성장에 따라 고용 기회가 확대되고 미래에 소득이 점차 늘어날 것이라는 기대에 교육에 많이 투자하게 했다.

부모는 자녀가 대학만 가면 좋은 직장에 취직하고 남들 못지않게 성공하리라 생각하고 허리띠를 졸라맸다. 자식을 좋은 학교에 입학시키기 위해 세계 최고 수준의 사교육비를 부담하고 입학 후에도 비싼 등록금을 부담했다. 한국의 대학교육은 사립학교에 대부분 의존한다. 전체 대학생 중에 사립대학에 재학 중인 학생 비율이 80%로 OECD 국가 중에 가장 높다.[44] 정부가 사립대학교의 등록금 인상을 획일적으로 막아 등록금 수준을 낮추고는 있지만, 우리나라 평균적인 가계가 자녀를 4년간 대학에 보내려면 등록금 부담이 만만치 않다. 지방에 있는 부모가 자녀를 서울에 유학을 보내려면 등록금 외의 비용도 상당하다.

많은 학비를 부담하지만 대학을 졸업해 원하는 직장에서 밥벌이하기가 힘든 것이 요즘의 현실이다. 전문대 졸업자 취업률은 62%, 4년제 대학 졸업자 32만 4천 명 중 취업률은 61%에 불과하다.[45] 직장을 구하지 못해 졸업을 연기하고 장기 학적을 보유하고 있는 학생도 많다.

44 "Education at a glance 2021: OECD indicators," OECD, September 16, 2021. https://doi.org/10.1787/19991487.

45 2019년도 2월 및 2018년도 8월 졸업자를 대상으로 한 조사이며 취업률은 '취업자/{졸업자-(진학자+입대자+취업불가능자+외국인유학생+제외인정자)}×100'으로 계산한다.

인재 육성과 활용이 미흡하다

그동안 양질의 노동력을 제공한 교육을 통해 한국 경제가 고도 성장을 이룩할 수 있었다. 그러나 이제 후발국의 이점이 사라진 한국 경제가 다시 도약하기 위해서는 우리 교육이 더 높은 질적 수준으로 도약해야 한다.

한국 성인 근로자들의 직무능력은 일본 등의 선진국과 비교했을 때 상당히 떨어진다. 2013년 국제성인역량조사Programme for the International Assessment of Adult Competencies, PIAAC에서 한국 성인 근로자들은 문해력은 조사 대상 33개 국가 중에 14위, 수리력 17위, 문제해결능력 10위로 처졌다.[46] 중고등학교 때만 해도 전 세계에서 가장 우수했던 학생들이 성인이 되었을 때 직무능력에서는 미흡한 이유는 무엇일까? 우선 대학교육에 문제가 있기 때문이다. 최근 연구에 의하면 한국의 대학교육이 성인직무능력을 높이지 못한다.[47] 산업구조와 기술이 빠르게 변화했지만, 대학교육은 이에 맞추어 변화하지 못함으로써 교육과 직무능력 간에 불일치가 크게 발생했다. 그리고 한국의 연공서열식 임금체계가 직무능력과 성과를 잘 보상하지 못하는 문제가 있다.[48] 한국 근로자의 직무능력이 낮은 이유는 부실한 고등교육과 노동시장의 경

46 OECD, *OECD Skills Outlook 2013: First Results From the Survey of Adult Skills* (Paris: OECD Publishing, 2013).

47 Jong-Wha Lee and Dainn Wie, "Returns to Education and Skills in the Labor Market: Evidence from Japan and Korea," *Asian Economic Policy Review* 12, no. 1 (2017): 139-160. 10.1111/aepr.12169.

48 이종화, 〈인적자본과 경제발전〉, 《경제논집》 55, no. 2(2016). https://hdl.handle.net/10371/98978.

직성 때문인 것으로 추정할 수 있다.

한국 경제의 재도약을 위해서는 창의력 있는 인재들이 필요하다. 기술 혁신은 우수한 인적 자본 없이는 이루어질 수 없다. 고교 졸업자의 대학 진학률이 70%가 넘는 우리 사회에서 대학의 역할은 더 말할 나위 없이 중요하다. 그러나 기술의 빠른 변화에 적절히 대응할 수 있는 과학기술 인재들을 우리 대학이 제대로 키우지 못하고 있다.

인적 자본의 육성과 활용에서 또 다른 과제는 고등교육을 받은 여성을 어떻게 제대로 활용하는가 하는 것이다. 우수한 여성 인력들이 자신의 능력을 잘 발휘할 수 있는 직장을 제대로 구하지 못하고 있다. 적절한 직장을 구한 후에도 출산과 육아로 직장을 그만두는 경우가 많다. 남성의 연령별 고용률은 역U자 모양을 보인다. 남성의 고용률은 20대, 30대에는 나이와 함께 증가하며, 40대, 50대에 높게 유지되고, 이후 은퇴하면서 감소하기 시작한다. 최근에는 65세 이상의 고령층의 노동시장 참여율도 증가하는 추세이다. 반면에 여성의 연령별 고용률은 M자 모양을 보인다. 이는 여성이 20대에 첫 직장을 가지고 난 이후 20대 후반에 고용률이 높지만, 30대에 결혼이나 자녀 출산을 한 이후 직장을 그만두었다가 40대와 50대에 직업을 다시 갖기 때문이었다. 여성에게 일과 가정이 양립할 수 있도록 하는 기업과 사회 환경이 미흡한 것이 현실이다. 여성의 경력단절을 막고 고용률을 높이면 노동공급을 늘릴 수 있을 뿐 아니라 인재를 더 많이 확보하는 길이 열린다.

미흡한 기술진보

신기술 개발이 성장의 원천이다

기술 진보는 지속적인 경제성장에 영향을 미치는 가장 중요한 요소이다. 기술은 생산 기술technology뿐 아니라 아이디어idea, 지식knowledge을 포함하는 포괄적인 개념이다. 기술 진보 또는 기술 혁신은 새로운 상품을 만들거나 새로운 생산방식을 개발하여 특정 기업의 생산성을 높이기도 하지만, 다른 많은 기업에 파급효과를 미친다. 기술은 여럿이 동시에 사용할 수 있기 때문이다. 특히 많은 경제주체가 동시에 사용하는 큰 기술인 '범용기술general purpose technology'은 기업의 생산방식뿐만 아니라 개인의 삶과 사회의 운영방식에도 변화를 가져온다.

인류의 오랜 역사에서 인간은 기술을 발전시켜 자연 조건과 육체의 한계를 극복하고 엄청난 생활의 풍요를 누릴 수 있었다. 1775년 제임스 와트의 증기기관 발명으로 인력·축력畜力·수력·풍력을 대체하는 새로운 에너지원이 나왔고 산업혁명이 시작되었다. 1879년 토머스 에디슨이 전구를 발명해 인공조명이 대중화됐다. 야간에도 공장이 돌아가고 극장, 식당이 문을 열게 됐다. 전력 공급체계를 갖추고 전기가 대체에너지원으로 사용되면서 대량생산의 시작으로 '2차 산업혁명'의 시대가 열렸다.

1970년대 이후 컴퓨터, 정보통신기술Information & Communications Technology, ICT의 발전으로 생산효율이 오르고 인터넷이 전 세계를 동시간대로 연결한 것을 '3차 산업혁명'이라고 할 수 있다. 스위스 다보스에서 열린 2016년 세계경제포럼에서는 '4차 산업혁명'이 화두가 됐다. 컴퓨터 네트워크의 사이버 공간과 물리적 세계가 실시간으로 연결되고 사물들이 서로 소통하며 자동적, 지능적으로 제어되는 복합시스템을 통해 새로운 산업혁명이 시작됐다. '고도의 자동화', '초연결', '융·복합 산업의 발전'으로 기존 세 번의 산업혁명에 못지않은 인류 역사의 변화가 일어날 것으로 전망된다.

한편 4차 산업혁명은 3차 산업혁명의 연장일 뿐 완전히 새로운 것은 아니라는 견해도 있다. 그러나 인공지능, 로봇, 무인 자동차, 3D 프린팅, 생명공학의 신기술이 인류의 생활을 크게 바꾸고 세계 경제의 새로운 성장 동력이 될 것이다. 로봇은 더는 공상과학소설 속에만 있지 않다. 인공지능은 휴대전화 음성 명령이나 디지털 건강관리 제품처럼 일상에서 널리 활용되고 있다. 드론(무인 소형 항공기)은 관측, 군사, 농업, 운송을 위해 하늘을 날고 있다. 세계의 많은 기업과 정부는 앞다투어 신기술 경쟁에 뛰어들었다.

한국은 경제 발전과정에서 신기술 개발보다는 다른 국가가 개발한 기술을 도입하거나 모방하여 기술을 발전시켰다. 신기술을 직접 개발하기보다는 선진국의 기술을 모방하기가 더 쉽고 비용이 적게 들었다. 그러나 선진국과의 기술격차가 점차 줄어들면서 상위 단계의 기술을 모방하기가 점점 어려워졌다. 첨단 기술을 모방해서 성장하는 것은 한계에 부딪혔다. 이제 우리가 스스로 '원천 기술original technology'을 만들어가야 한다. 원천 기술은 제품이나 부품을 만들기 위한 근간이 되는 기술이다. 우리가 직접 개발하여 국제적으로 소유권을 주장할 수 있는 원천 기술이 아직 부족하다.

기술 혁신 능력이 미흡하다

한국 경제는 아직 기술 개발능력에서는 기술 혁신 선도국에 뒤처진다. 한국 경제는 노동·자본을 집중적으로 축적하고 선진 기술을 모방하면서 전 세계가 부러워하는 압축성장을 했지만, 선진국 수준에 걸맞은 기술혁신 역량과 시스템을 갖추지 못했다. 세계경제포럼WEF의 최근 자료에 따르면 한국은 연구개발 지출과 특허 출원 수 등의 과학기술 혁신 역량에서 세계 최상위(6위) 국가로 평가를 받고 있다.[49] 그러나 기업 활력에서는 평가가 세계 25위로 낮았다. 창업비용, 혁신 기업의 성장, 기업가적 위험 감수, 혁신 아이디어 수용 등의 세부 항목에서도 순위가 상당히 낮았다.

한국은 기술혁신을 주도할 과학·기술 분야의 우수한 인력이 부족하고 창업할 수 있는 환경이 나쁘다. 미국이 세계 최고의 경제 대국 자리를 유지하는 것은 전 세계의 우수한 인력을 끌어들여 혁신적인 연구를 하고 이를 실용화하는 시스템을 잘 갖추고 있기 때문이다. 미국은 애플·페이스북·아마존·우버 같은 새로운 아이디어로 시작된 기업들이 활발하게 나오는 혁신 생태계를 가지고 있다. 한국은 한 번 창업에 실패하면 재기하기 힘들어 우수한 인재들이 모험하지 않으려 한다. 월급과 승진이 연공서열로 결정되기 때문에 처음부터 안정적인

49 Klaus Schwab, ed., *Global Competitiveness Report* (Switzerland: World Economic Forum, 2019). https://www3.weforum.org/docs/WEF_TheGlobalCompetitivenessReport2019.pdf.

일자리만 찾는다.

제도의 비효율성

제도의 질적 수준에 대한 국제 평가가 낮다

경제 제도란 사유재산권, 시장과 같이 경제 내에서 생산하고 분배하는 제도를 의미한다. 한 국가의 경제 제도는 각 경제주체가 다른 경제주체에게 피해를 주지 않으면서 경제 활동을 할 수 있는 여건을 마련한다. 예를 들어, 기업과 같은 생산조직, 자유로운 거래가 이루어지는 시장, 거래 계약의 집행, 개인 소유권의 법적 보장 등 자본주의 경제를 구성하는 여러 제도적 요인들은 경제주체들이 최적의 경제 행위를 할 수 있도록 한다. 이러한 제도는 장기에 걸쳐 경제 성과에 영향을 미친다. 역사적인 예를 보자. 중세 시대에는 지역이 하나의 경제 단위였다. 다른 지역을 통과할 때마다 통행세가 부과됐는데 이로 인해 경제 교류를 통한 발전이 느렸다. 반면에 통행세가 없는 신흥 도시로 무역이 집중되면서 무역이 발달한 국가는 빠르게 성장했다. 또 다른 좋은 제도의 대표적인 예는 법적 지배, 또는 법치rule of law이다. 법치는 사적 재산권을 보장하고 자유로운 경제 활동을 보호하여 경제발전에 기여한다.

한국은 세계 10위의 경제 규모와 8위의 무역규모를 자랑하는 강대국이다. 그러나 제도의 질적 수준에서 아직 크게 미흡하다. 다음 표에서 보듯이 세계경제포럼이 최근 발표한 국제경쟁력 지수에 의하면 한국은 전체 순위가 13위이다. 인프라, ICT 보급, 거시경제의 안정성,

표 한국의 국제경쟁력 전체 및 세부 항목의 세계 순위

항목	순위
국가경쟁력 (전체)	13
ICT 보급	1
거시경제 안정성	1
인프라	6
혁신 역량	6
보건	8
시장 규모	14
금융 시스템	18
기업 활력	25
제도	26
직무능력	27
노동 시장	51
생산물 시장	59

출처: World Economic Forum, The Global Competitiveness Report 2019.

시장 규모 등에서는 높은 평가를 받았지만, 제도의 발전 부문은 세계 26위, 노동시장의 효율성은 51위로 뒤처졌다. 제도 부문의 세부 지표를 보면 정부 규제가 기업 활동에 초래하는 부담(87위), 분쟁해결을 위한 법체계의 효율성(45위), 정부정책 안정성(76위), 사회자본(72위)에서 순위가 낮았다.

세계경제포럼은 한국은 좋은 정책을 만들어 실행에 옮기는 능력이 부족하고 정책이 자주 바뀌어 일관성이 없다고 지적했다. 선진국과 비교하면 불필요한 규제가 너무 많고 노동·금융시장의 자원 배분 기능의 효율성이 떨어진다고 평가했다. 정책의 불확실성이 높고 불필요한 규제가 많으면 자원배분의 효율성이 떨어지고 기술혁신을 위한 기업의 장기 투자가 위축될 수밖에 없다.

사회적 자본이 부족하다

쇠사슬의 강도는 '가장 약한 고리the weakest link'가 결정한다. 약한 고리가 끊어지면 쇠사슬 전체가 끊어진다. 축구팀의 실력도 가장 약한 고리가 결정한다. 강팀을 만들기 위해서는 가장 약한 고리부터 보강해야 한다. 세계적인 공격수가 있어도 수비가 너무 약해 실점을 많이 하면 경기에서 지게 된다.

국제적인 기관들은 공통으로 '사회적 자본social capital' 항목에서 한국을 매우 낮게 평가한다. 세계경제포럼WEF의 평가에서 한국은 사회적 자본이 세계 78위다. 영국의 싱크탱크 레가툼 연구소Legatum institute가 발표한 2020년 '번영지수prosperity index'에서 세계 166개 국가 중에 147위였다.[50] 사회적 자본은 익숙하지 않은 개념일 수 있지만, 사회 구성원 간의 신뢰와 존중, 협력과 관련된다. 즉 사회적 자본이란 한 사회 또는 국가의 구성원들을 하나로 묶어 힘을 발휘하게 하는 무형의 자산으로 정의할 수 있다. 더 많은 구성원이 서로를 신뢰하고 존중하며 가치를 공유하고 협력할수록 사회적 자본이 많아진다.

사회적 자본은 개인 간의 신뢰, 사회 네트워크, 제도에 대한 신뢰, 개인과 가족의 관계, 시민의 참여도 등을 조사하여 점수로 평가한다. "당신은 대체로 타인을 신뢰하는가", "사람들이 어제 하루 당신을

---

50 "The Legatum prosperity index 2021." Legatum Institute, 2021. https://www.prosperity.com/download_file/view_inline/4429.

존중하며 대했나", "사법제도를 신뢰하는가", "중앙정부를 신뢰하는가", "지난 한 달간 기부하거나 봉사활동에 참여한 적이 있는가", "당신이 어려울 때 도와줄 친척이나 친구가 있는가"와 같은 질문에 긍정적으로 답한 사람의 비중이 높을수록 사회적 자본이 많다고 평가한다.

한국 경제는 수많은 성과에도 불구하고 사회적 자본, 즉 신뢰, 존중, 협력, 다양성, 사회통합과 같은 무형 자원의 축적이 불충분하다. 경제가 성장할수록 노동이나 자본의 한계생산성이 떨어질 수밖에 없기에 사회적 자본의 중요성이 점점 커지고 있다. 사회적 자본의 부족은 경제발전을 저해하고 각종 사회문제를 일으켜 비용 상승을 초래한다. 우리 사회에서 경제주체 간의 신뢰와 협력, 사회통합 의지 등이 눈에 띄게 줄어들고 있다.

국가는 왜 실패하는가—인재와 제도가 중요하다

2021년 8월 30일 대혼란 속에 마지막 미군이 카불 공항을 떠났다. 탈레반 정권이 아프가니스탄을 다시 장악했다. 2001년 9·11 테러의 배후자인 오사마 빈 라덴의 알카에다를 지원하다가 미국의 공격으로 붕괴한 지 20년 만이다.

카불의 혼란은 영화 〈모가디슈〉를 떠오르게 한다. 영화는 1990년 12월 소말리아 반군이 수도 모가디슈를 점령하던 일촉즉발의 상황을 다뤘다. 소말리아는 1991년 1월 반군이 집권했지만, 내전이 오랫동안 계속됐고 지금도 테러가 끊이지 않는다.

아프가니스탄의 4,000만 명, 소말리아의 1,600만 명 국민은 수십 년 동안 일상적으로 전쟁과 테러로 생명의 위협을 느끼고 기아와 빈곤으로 고통을 겪고 있다. 소말리아의 일인당 국민소득은 310달러, 아프가니스탄은 500달러 정도이다. 한국의 1970년대 초반 수준이다. 한국 경제는 반세기 동안 초고속으로 성장하여 일인당 소득 3만 달러가 넘는 선진국이 됐지만, 아프가니스탄과 소말리아는 최빈국을 벗어나지 못했다.

아프가니스탄과 소말리아는 '실패한 국가failed state'라고 할 수 있을 것이다. 국가의 가장 기본적인 의무인 국민의 생명 보호와 빈곤 해소를 실현하지 못하고 있기 때문이다. 그동안 미국과 유엔이 많은 원조를 쏟아부었지만, 아프가니스탄과 소말리아는 안전하고 자유로우면서 번영하는 국가로 발전하지 못했다. 아프간 농부는 아편을 밀매하고 소말리아의 어부는 해적이 되었다.

이 두 국가는 왜 실패했는가? 올바른 제도를 갖추지 못했기 때문이다. 대런 애스모글루Daron Acemoglu 교수와 제임스 로빈슨James Robinson 교수는 저서 《국가는 왜 실패하는가》에서 역사적으로 성공한 국가는 사유재산권과 공정한 경쟁을 보장하는 '포용적 제도'를 갖추었다고 했다.[51] 이러한 올바른 제도 아래에서 모든 국민이 자신의 재능을 발휘하고 부를 추구할 수 있었다고 했다. 효과적이고 공정한 경제·정치·법 질서 없이는 경제가 발전할 수 없다. 아프가니스탄과 소말리아는 제대로 된 행정 조직, 치안력, 법원 등을 갖추지 못했다. 지배층이

---

51 Daron Acemoglu and James A. Robinson, *Why Nations Fail: The Origins of Power, Prosperity, and Poverty* (New York: Crown Business, 2012).

부패하고 재산권을 보호하지 못하는 '약탈적 제도'에 실망한 국민은 도리어 반군과 극단주의 종교단체를 지원한다. 이와 달리 한국은 올바른 자본주의 제도를 구축했다. 재산권과 자유로운 경쟁을 보장하고 법질서를 유지하여 경제발전을 이루었다.

또한, 인재를 양성하지 못한 국가는 실패한다. 국가를 건설하는 초기에는 외국의 도움을 받더라도 결국 자국의 인재를 키워야 한다. 언제 테러로 죽을지 몰라 불안하고 어린아이들이 책 대신 총을 들어야 하는 국가에서 제대로 된 지식과 기술을 습득한 인재가 클 수 없다. 영화 〈모가디슈〉에는 어린아이들에게 마약 성분이 있는 나뭇잎을 씹게 하여 환각 상태에서 총을 쥐여주는 참혹한 현실이 나온다. 실패한 국가는 국민에게 기초 교육의 기회조차 제공하지 못한다. 가장 최근 통계에 따르면 소말리아는 2007년 초등학교 취학률이 23%였다. 아프가니스탄은 탈레반 정권에서 초등학교 취학률이 20%였다가 2001년 탈레반이 물러나면서 90% 이상으로 급상승했다. 그러나 탈레반이 재집권한 현재 여성의 교육 기회는 다시 침해를 받고 있다. 반면 한국은 건국 후에 초등학교 의무교육을 법으로 시행했다. 국민의 높은 교육열을 바탕으로 중등·고등 교육을 확대하면서 세계 최고의 인재들을 배출하고 있다.

국가가 성공하려면, 국민을 올바르게 이끌어갈 인재가 필요하다. 인류 역사를 보면 국가가 융성할 때 뛰어난 지도자가 있었다. 유능하고 헌신적인 지도자는 국민의 힘을 모아 외세의 침입으로부터 국가를 지키고 경제 번영을 이룩한다. 아프가니스탄은 여러 부족과 종교,

문화, 이념이 얽혀 오랜 기간 분열됐다. 소말리아도 권력을 쟁취하려는 군벌 간에 무력 다툼이 계속됐다. 두 국가 모두 제대로 된 중앙집권 정부를 건설하여 국민을 통합하고 이끌 지도자가 없었다. 한국은 지난 반세기 동안 우여곡절이 많았지만, 고비마다 온 국민이 힘을 합쳐 극복했다. 뛰어난 리더십을 발휘한 정치·경제·사회 각 분야에서 훌륭한 인재들이 많았다.

평화와 번영은 노력 없이 오지 않는다. 아프가니스탄과 소말리아는 많은 원조에도 불구하고 스스로 역량을 키우지 못해 실패했다. 지난 반세기 동안 한국은 경제발전과 민주화를 이루어 전 세계에서 가장 '성공한 국가'가 되었다. 그러나 최근에는 경제성장의 동력이 떨어지고 계층·이념·세대·성별 갈등이 심해졌다. 다시 국가를 건설하는 심정으로 우리 모두 힘을 합쳐 인재 육성과 제도 개선에 나서야 한다.

재정 악화

쌓이는 정부부채

정부가 적자재정을 계속하고 부채를 쌓으면 어떤 일이 발생할까? 지금 국가가 빚으로 잔치를 하면 언젠가는 누가 갚아야 하지 않을까? 한국의 정부부채는 미래 상환능력, 즉 '재정의 지속가능성'을 걱정해야 하는 수준인가?

지난 정부에서 재정이 급격히 악화되면서 정부부채를 염려하는 목소리가 커졌다. 지출이 총수입보다 많으면 재정수지의 적자가 발생한다. 재정수지의 판단 기준으로 사용되는 '통합재정수지'에서 4대 사회보장성기금(국민연금, 사학연금, 산재보험, 고용보험)을 제외하여 계산한 '관리재정수지'의 적자가 늘고 있다. 재정적자가 발생하면 정부는 국채를 발행해서 부족한 재원을 충당해야 하므로 정부부채가 늘어난다. 국제통화기금IMF 통계 기준으로 한국의 정부부채가 국내총생산GDP에서 차지하는 비율이 2018년의 40%에서 2021년 51%로 가파르게 올랐고 2027년에는 58%에 달할 것으로 예상된다. 지난 몇 년간 코로나19로 정부부채가 급증했다. 선거를 앞두고 정부지출을 늘리는 공약도 많아졌다. 젊은 세대가 짊어질 국가 빚은 많아지는데 경제성장 전망은 밝지 않다. 앞으로 재정적자와 정부부채가 예상보다 더 빠르게 늘 수 있는 상황이다.

정부부채가 늘고 있어도 아직 상환능력을 걱정할 정도는 아니다. 대부분의 선진국이 코로나19를 겪으면서 한국보다 재정지출을 훨씬 많이 늘렸고 정부부채의 GDP 비율이 높아졌다. 선진국 35개 국가의 정부부채의 GDP 비율은 2021년에 평균 83%였다. 한국은 상대적으로 낮은 수준이다.

정부부채가 당장 위험한 수준으로 증가하지는 않을 것이다. 그러나 부채 증가 속도가 빨라 중장기 지속가능성에 문제가 발생할 수 있다. 국회예산정책처는 2040년에 국가부채(D1)가 GDP의 100%를 넘을 것으로 추계했다. 2039년부터 국민연금기금 수지가 적자가 되고 정부부채가 점점 눈덩이처럼 불어난다. 2060년에는 재정수지 적자가 GDP의 10%를 넘고 국가부채의 GDP 비율이 159%에 달할 것으로 예

그림 17 한국의 국가채무 추이와 전망

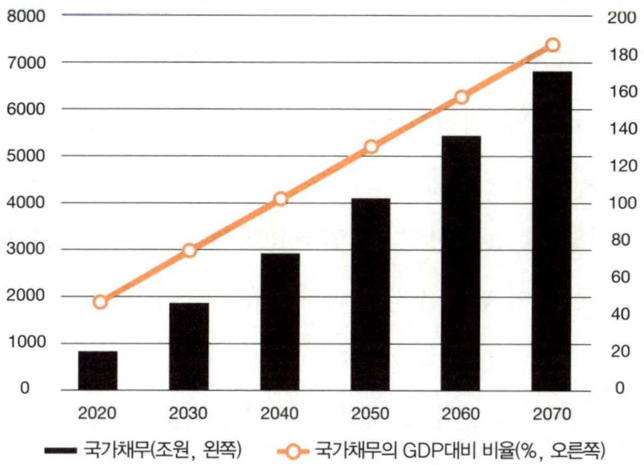

주: 전망액은 2020년 불변가격 | 출처: 국회예산정책처, 《2020 장기재정전망 보고서》.

측했다. 미래에 심각한 경제 위기나 안보위기가 발생하여 대규모 재정이 필요한 상황이 온다면 정부부채가 폭발적으로 늘 수 있다.

정부부채가 너무 많으면 국채를 구매하는 투자자들은 정부의 채무상환능력에 의구심을 갖게 된다. 부도 가능성을 우려하여 국채를 더는 사지 않고 보유한 채권도 매각하려 한다. 위험프리미엄으로 국채의 수익률이 급등하여 정부의 채무 상환 부담이 커진다. 실제로 1970-1980년대 중남미 국가와 글로벌 금융위기 때 그리스, 이탈리아 등 남유럽 국가들은 정부부채가 너무 많아 국가부도 위기를 겪고 IMF에서 구제금융을 받았다.

그런데 중앙은행이 돈을 찍어서 재정적자를 막으면 되지 않을까? 일본처럼 중앙은행이 국채를 계속 살 수 있다면, 국가부채의 상환을 걱정하지 않아도 되지 않을까? 국채 매입이 통화량 증가로 이어지면 인플레이션이나 자산 거품을 유발할 위험이 있다. 미국, 일본, 유로 국가와 달리 한국은 국제통화를 가지고 있지 않고 외환·금융 시장이 외화 유출입에 취약하다. 자금이 해외로 빠져나가 원화 가치가 폭락하고 외환위기를 겪을 수도 있다. 이창용 한국은행 총재는 IMF의 아시아·태평양 담당 국장일 때 인터뷰에서 "국가부채비율이 단기간에 급증해도 한국이 괜찮을지는 국제금융시장이 판단할 것"이라고 경고했다.

IMF와 한국 정부가 발표하는 정부부채는 국가의 직접 채무만 포함하기 때문에 공기업의 부채와 공무원연금, 군인연금 부채는 제외된다. 기획재정부 자료에 의하면 2021년 기준으로 한국의 '국가채무(D1)'는 967.2조로 GDP의 47%이다. 그런데 D1에 비영리공공기관 부채를 포함한 '일반정부 부채(D2)'는 1,066조이다. 그런데 D2에 비非금융공기업 부채를 합친 '공공부문채무(D3)'는 훨씬 더 많아서 1,427조로 GDP의 69%에 달한다. 또한, 앞으로 지급해야 할 공무원연금과 군인연금을 현재가치로 환산한 연금충당부채는 2019년에 944.2조 원에 달했다. 저출산, 고령화로 재정 부담은 더욱 빠르게 늘 것이다. IMF는 2019년 4월에 발표한 '재정 보고서Fiscal Monitor'에서 2050년까지 연금과 건강 보험 관련 재정 부담이 현재 GDP의 160%에 달하게 되어 모든 선진국 중 한국이 가장 높을 것으로 추정했다.

재정 운용 개선해야

경제가 어려울 때는 부채 증가를 감수하고서라도 정부가 적극적으로 재정을 운용하는 것이 좋다. 코로나로 장기간 고통을 겪고 있는 국민에게 정부의 적극적인 지원이 필요하다. 정부는 국민의 기초 생활을 지원하고 취약 계층에 복지 지출을 확대해야 한다. 한국 경제는 저출산·고령화로 노동력이 감소하고 생산성은 정체하여 성장률이 계속 낮아질 전망이다. 생산능력을 확대하고 성장률을 높일 정부의 역할이 중요하다. 정부는 사회 인프라를 확충하고 신산업을 지원해야 한다. 민간에 과도한 부담을 주는 세금을 줄여 근로의욕과 투자·기술 혁신 유인을 높이는 것도 정부의 재정적 역할이다.

정부가 재정지출을 늘려 적자재정이 돼도 경제성장률이 높아지면 정부부채의 GDP 비율이 오히려 낮아진다. GDP 성장률이 국공채 이자율보다 높으면, 재정적자가 지나치게 커지지 않는 한 정부부채의 GDP 비율은 낮아지는 것이다. 지나치게 정부부채의 숫자에 얽매일 필요는 없다.

경제를 살리기 위해 재정을 확대할 때 최선의 정책을 써야 한다. 지난 정부는 임기 동안 재정을 과도하게 확대했다. 경제적 타당성을 따지지 않고 실행하는 대규모 국책사업이 많아졌다. 사회복지지출이 빠르게 늘고 정부부채/GDP 비율이 가파르게 올랐다. 복지 지출을 늘린 정책의 경기 대응 효과는 미흡했다. 이러한 정책은 중장기 재정건전성도 저해한다. 또한, 정부의 지나친 개입이 민간 부문을 오히려 위축시킬 수 있다. 예컨대, 정부가 공공 보육 시설을 늘리면 민간은 보육

시설의 공급을 줄일 수 있다. 공공 부문에서 늘어나는 일자리가 생산성은 낮은데 임금은 높다면 공무원 시험 준비생이 많아진다. 청년 실업자가 늘고 민간은 인력을 구하기 더 힘들어질 수 있다.

정부가 적자재정을 유지하고 부채를 계속 쌓고 있다. 지난 몇 년간 코로나19로 정부부채가 급증했고 선거 때마다 후보들은 표를 얻기 위해 상당한 재원이 드는 공약을 계속해서 내놓는다. 인기를 얻기 위한 포퓰리즘적이고 비생산적인 지출은 경계해야 한다. 예산을 세우고 집행하는 과정을 엄밀하게 하여 재정이 효율적으로 운용되도록 해야 한다.

2부

경제 위기의 경험

Crises

1

30년간 겪은 3번의 경제 위기

경제 위기의 경험과 교훈

외환위기 25년 후, 무엇이 다른가

외환위기가 벌써 25년 전의 일이다. 지금 젊은 세대에게는 드라마나 영화에서 접하는 역사로만 남아 있을 것이다. 그러나 당시 세대가 겪은 충격은 말할 수 없이 컸다. 위기를 막지 못해 결국 국제통화기금IMF에 긴급 자금지원을 신청하고 IMF와 합의한 대로 경제정책을 시행할 수밖에 없었다. 당시에는 이것이 1910년 일본에 주권을 뺏긴 만큼이나 수치스러운 일로 여겨졌다.

1997년 외환위기는 태국에서 처음 발생해 한국으로 파급됐다. 태국은 수출보다 수입이 많아 경상수지 적자가 누적되고 외국자본 의존도가 매우 높았다. 외화 차입이 점점 힘들어지면서 그해 7월 화폐가치가 급락하는 외환위기가 왔고 IMF에 긴급 자금지원을 요청했다. 외화가 빠져나가면서 태국의 환율이 급등했다. 외국 투자자들 사이에서는 한국도 위험할 수 있다는 공포 심리가 번져나갔다. 그러나 정부는 설마 하는 안일함으로 대책을 꼼꼼히 세우기보다는 국민을 안심시키기에 바빴다. '우리는 동남아와 다르다. 펀더멘털fundamental이 좋다'며 위기를 회피했다. 그러는 동안 외국 투자자들은 빠르게 자금을 회수했고 단기 외화부채가 많은 금융기관부터 압박을 받기 시작했다. 한국은행이 보유한 외환이 바닥이 났고 원화 가치가 폭락했다. 그해 11월엔 우리나라도 IMF에 긴급 자금지원을 요청할 수밖에 없었다.

외환위기가 발생하기 전인 25년 전에는 IMF도 한국 경제에 대해 낙관적이었다. 1997년 7월 태국에서 발생한 외환위기가 아시아 국가들로 빠르게 파급됐지만, 한국은 괜찮을 것이라고 했다. 그러나 12월 3일 IMF에서 구제금융을 받으면서 가혹한 구조개혁이 시작됐다. 많은 기업과 금융기관이 문을 닫았고 많은 국민이 대량 실업으로 고통을 겪었다. 1998년 경제성장률은 −5.5%를 기록했다.

현대는 모든 국가가 밀접히 연결된 세계화 시대이다. 한 국가에서 발생한 위기는 투자자의 공포 심리를 통해 인접 국가의 금융, 외환시장에 바이러스처럼 빠르게 전파된다. 위험 관리에 취약했던 한국은 바이러스 감염을 피할 수 없었고 심각한 피해를 겪었다. 정부의 안일한 대응으로 사상 초유의 외환위기를 겪으면서 많은 기업과 금융기관이 도산했다. 괜찮을 것이라는 말만 믿고 있다가 서민들은 일자리를 잃고 고통을 당했다.

그래도 한국은 위기를 빠르게 극복했다. 개혁 조치로 금융시장이 안정되고 1999년 성장률은 11.3%에 달했다. 정권이 바뀌고 김대중 정부가 출범해 새 정부와 온 국민이 합심해 위기 극복에 전력을 다했다. 세계 무역환경이 좋았던 덕에 수출이 경제 회복의 돌파구 역할을 해주었다. 미국은 한국의 지정학적 중요성을 고려해 그해 12월 24일과 1998년 1월 21일의 채무 만기를 조정하는 두 차례 외채 협상이 타결되도록 적극적으로 도와주었다.

외환위기는 우리에게 뼈아픈 교훈을 주었다. 변화하는 세계 경제 환경을 예의 주시하면서 위기 예방에 힘써야 한다는 것을 알려주었다. 그때 외환보유고를 늘리고, 단기 외채를 줄이고, 해외자금 유출입을 적절히 통제했으면 위기를 피할 수 있었다. 사회안전망을 미리 준비하고 재정과 통화정책을 적절히 사용했으면 그렇게 큰 고통 없이 위기를 넘길 수도 있었다.

지금의 한국 경제는 상당한 외환보유액을 가지고 있고 기업과 금융기관의 재무 구조가 건실해 25년 전과 같은 외환위기를 겪을 가능성은 거의 없다. 그러나 한국 경제는 그때와는 또 다른 대내외적 어려움이 닥친 상황이다. 잘 대응하지 않으면 또다시 주저앉을 수 있다.

오늘의 대내외적 상황이 엄중하지만, 한국의 정치권과 지도자들은 1997년 위기 때처럼 국민의 힘을 하나로 모아 어려움을 극복하지 못하고 있다. 쌓여 있는 문제들을 제대로 해결하지 못하고 있고 우리 사회의 갈등은 증폭되고 있다.

외환위기 때 성난 민심은 당시 정권을 용서하지 않았다. 그해 선거에서 김대중 대통령이 당선되고 정권이 바뀌었다. 김영삼 정부는 많은 업적에도 불구하고 국가 부도 사태를 초래한 허물이 크게 남았다. 위기 극복은 정권이 아니라 국가의 명운이 걸린 일이다. 우리 국민은 세계를 놀라게 한 금 모으기 운동으로 고통을 분담하고 외환위기를 빠르게 극복했다.

비 온 뒤에 땅이 굳는 이유는 물이 주위의 흙 입자를 끌어당겨 땅을 단단하게 만들기 때문이다. 1997년에는 위기가 물의 점성과 같은 역할을 해 국민을 하나로 모아 땅을 굳게 했다. 지금은 대내외 위험들이 한꺼번에 닥쳐 한국 경제의 앞날이 불확실하고 언제 큰 위기를 겪을지 모르는 상황이다. 힘을 합치지 못하면 마른 흙처럼 부스러질 뿐이다. 온 국민과 정치지도자들, 정부가 힘을 하나로 모아 어려움을 극복하고 문제를 해결하기 위해 노력해야 한다.

왜 위기의 전염을 막지 못했을까

지난 반세기 한국 경제에서 가장 충격적인 사건은 1997년 외환위기라고 할 수 있다. 태국에서 시작된 동아시아 위기가 한국으로 전염되었다. 우리 경제, 사회 시스템이 붕괴되고 모든 국민이 큰 고통을 겪었다. 2020년 한국은 신종 코로나바이러스 감염증(코로나19)으로 또다시 위기를 겪었다. 그때나 지금이나 외국에서 들어오는 전염원을 차단하고 내부의 취약한 부분을 개선하여 병의 확산을 막지 못한 대가가 너무 크다.

외환위기와 코로나 팬데믹처럼 2008년 글로벌 금융위기도 해외에서 왔다. 2007년 미국에서 먼저 위기가 시작됐다. 미국에서 비우량 주택담보대출이 많아지고 가계 부채가 빠르게 증가했다. 미국 금융회사들은 주택대출과 연관된 새로운 파생금융상품들을 마구 만들어 판매했다. 그러나 경기 침체로 연체율이 높아지고 주택 가격이 하락하면서 금융기관의 부실이 쌓여갔다. 2008년 9월 리먼브러더스가 파산했고 미국발 금융위기는 전 세계로 파급됐다. 한국 경제도 큰 충격을 받았다.

어떤 위기든 철저한 예방이 최선이다. 그러나 외국에서 오는 충격을 모두 막을 수는 없다. 일이 벌어지고 나서야 '그때 제대로 대처했더라면' 하고 후회하는 일이 종종 있다. 사후적으로라도 사태 수습에 최선을 다하고 다시 같은 위기를 겪지 않도록 해야 한다. 한국은 1997년 외환위기에서 교훈을 배워 이후 외환보유고를 늘리고 금융 건전성을 높이는 조치를 했다. 2008년 세계금융위기가 왔을 때 미국, 일본과 양자 통화스와프를 체결하고 금리 인하와 재정 확대로 경제 충격이 커지는 것을 막았다.

다시 올 위기에 대비해야 한다

한국과 같은 신흥국이 겪는 금융위기는 주로 외환보유액 부족, 금융기관 부실, 과도한 정부부채 때문에 발생한다. 이 점에서 과거와 비교하면 우리나라의 경제 여건은 현재 훨씬 좋아졌고 정부의 위기 대처능력도 개선됐다. 그러나 장담하기는 어렵다. 하버드대의 로고프 교수와 라인하트 교수는 저서《이번엔 다르다》에서 지난 800년간 금융위기의 역사를 돌아보았다. 많은 국가가 이번에는 남들과 다르다고 자신했지

만 결국 금융위기를 겪었다고 한다.[1]

한국이 이번에는 여러 위기가 한꺼번에 닥치는 '퍼펙트 스톰'을 겪을 수도 있다. 자국 우선주의가 만연한 세상에서 한국이 위기를 겪어도 어느 나라도 선뜻 나서서 도와주지 않을 것이다. 갑작스러운 경제 위기를 예방하기 위한 위험 관리가 어느 때보다 중요하다.

한국 경제는 저성장, 고부채, 저출산, 고령화로 벌써 만성적인 경제 불황을 겪고 있다. 일본은 경제 활력이 떨어지고 수출 경쟁력이 하락했지만, 구조조정을 미루고 임시방편으로 대응하다가 부동산 거품이 붕괴하면서 '잃어버린 20년'을 겪었다. 한국도 이대로 가면 일본의 전철을 밟을 수 있다.

노벨 문학상을 받은 포르투갈의 작가인 주제 사라마구는《눈먼 자들의 도시》에서 사람들이 갑자기 눈이 멀어 아무것도 보지 못하는 세상을 그렸다. 볼 수 있어도 보지 않으려 하는 눈먼 사람들에게 경제 위기는 말뿐이다. 한국 경제의 위기에 눈을 감은 거짓 예언자들이 선거를 앞두고 표를 얻기 위한 대중영합적 공약을 내놓을까 걱정이다. 구조개혁의 쓴 약보다는 달콤한 땜질식 처방이 더 매력적이기 때문이다.

이 장에서는 한국 경제가 겪은 세 번의 위기는 과연 어떻게 시작됐고 한국에 엄청난 충격을 주게 됐는지를 자세히 살펴보려 한다. 세계와 한국은 위기에 어떻게 대응했을까? 과거의 위기를 이해하면 미

---

1 Carmen M. Reinhart, and Kenneth S. Rogoff, *This Time Is Different* (Princeton:Princeton University Press, 2009).

래의 위기에 대비할 수 있다. 세 번의 위기를 하나씩 자세히 살펴보자.

1997년, 동아시아 위기가 한국을 덮치다

고도 성장을 지속해 오던 동아시아 신흥공업국들이 1997년에 외환위기를 맞았다.[2] 1997년 7월, 태국에서 시작된 경제 위기는 동아시아 전역으로 확산됐다. 인도네시아, 말레이시아, 필리핀을 거쳐 한국에도 위기가 닥쳤다. 이 네 나라는 갑작스러운 외환위기를 겪으면서 금융시장이 마비되고 경제성장률이 급락하는 최악의 불황을 경험했다. 위기 발생 전 네 나라의 경제성장률이 평균 7.0%에 달했으나 1998년에 −13.2%(인도네시아), −10.4%(태국), −7.5%(말레이시아), −6.7%(한국)로 급감했다. 실업률도 크게 뛰었다. 과거 완전고용을 유지해 오던 이 국가들은 심각한 사회불안을 겪었다.

40년 가까이 고도 성장을 누리던 동아시아 경제가 갑작스럽게 위기를 겪게 된 원인은 무엇일까? 그동안 고도성장의 본질은 무엇이었고 외환위기와 어떤 관계가 있는가? 동아시아 경제의 구조적 결함

2 동아시아 외환위기는 동아시아 금융위기로도 불린다. 외환위기(balance of payments crisis, currency crisis)는 한 국가의 외환보유고가 급격히 감소하거나 환율이 급격히 상승하는 현상을 말한다. 주로 외환시장의 참가자들이 앞으로 환율이 상승(통화가치가 하락)할 것으로 예상함에 따라 국내 화폐의 보유를 줄이고 외환에 대한 수요를 늘리면서 발생한다. 금융위기(financial crisis)는 금융 자산의 가치가 급격히 하락하는 다양한 상황을 의미한다. 이것은 금융시장 참가자들의 패닉(panic, 갑작스러운 극심한 공포)과 함께 발생한다. 금융위기는 외환위기, 은행위기(banking crisis), 자산 거품(asset bubble) 붕괴 등에 의해 발생한다. 은행 위기는 은행의 지불 불능 사태, 예금 인출 사태, 대규모 부실 채권의 발생, 구제 금융 등의 사태가 발생하는 경우를 말한다. 또는 좁은 의미에서 금융위기를 은행위기로 한정하기도 한다.

은 무엇이었을까?

고도성장은 기적인가, 신화인가

동아시아의 고도 성장의 원인으로 적극적인 정부 개입, 유교 전통, 한국의 박정희, 싱가포르의 리콴유와 같은 지도자의 역할을 강조하는 견해가 있다. 이 견해는 대체로 동아시아의 성장은 다른 서구 국가에서 볼 수 없는 '기적miracle'이었다고 주장한다. 반면, 동아시아 성장은 특별한 요인에 의해서 얻어진 것이 아니며 열심히 일하고 저축·투자한 산물로 얻어진 지극히 당연한 결과에 불과하다는 견해도 있다.

폴 크루그먼Paul Krugman은 1994년 《포린 어페어즈》에 발표한 〈아시아 기적의 신화The myth of Asia's miracle〉라는 기고문에서 동아시아 성장은 기적이 아니고 신화라고 했다. 기적은 실제 일어난 놀라운 사건을 의미한다. 이와는 달리 동아시아 성장은 마치 사람들이 믿고 싶어 하는 내용이 신비스럽게 포장되고 과장된 신화와 같다고 주장했다. 그는 동아시아 고도 성장은 불완전 고용 상태였던 농촌 인력이 제조업에 집중적으로 투입되었으며 높은 저축률에 기반한 높은 투자율을 통해 급속한 자본 축적이 만들어낸 결과이기 때문에 놀랍지 않다고 주장했다. 이러한 주장을 동아시아의 경제성장은 생산성의 향상(기술 진보)으로 설명되기보다는 노동력과 자본의 투입 증가로 설명된다는 영Alwyn Young의 성장 회계를 이용한 연구 결과로 뒷받침했다. 크루그먼은 "아시아의 신흥 산업 국가들은 1950년대 소련과 마찬가지로 놀라운 자원 동원을 통해 급속한 성장의 대부분을 달성했다. 이들 국가의 성장에서 빠르게 증가한 투입물의 역할을 고려하고 나면 따로 설명할 것이 남지 않는다. 고도 성장 시대의 소련처럼 아시아의 성장은 효율성의 향상보다는 노동과 자본과 같은 투입물의 비상한 성장에 의해 이루어진 것으로 보인다"고 주장했다. 동아시아의 경제성장은 생산성(기술 진보)에 의한 것이 아니라 국민들이 땀 흘리고 허리띠를 졸라맨 결과라는 것이다.

크루그먼은 아시아의 성공이 자유로운 시장 기능의 역할보다는 정부의 개입 덕분이라는 견해에도 회의적이다. 정교한 산업 정책과 선택적 보호주의가 경제의 효율성을 높였다면 생산성의 향상이 상당히 높았어야 하는데 그렇지 않았다는 것이다.

크루그먼은 동아시아의 고도 성장이 기술 진보나 생산성의 향상보다 노동이나 자본 등 생산요소의 양적인 투입만으로 이루어져 한계에 부딪힐 수밖에 없다고 주장했다. 그의 견해에 따르면, 노동과 자본의 투입을 계속할 수 없거나 선진국 수준으로 자본의 양이 많아지면서 자본의 수익률이 떨어지게 되면 과거 구舊소련의 경제성장이 그러했듯 결국 동아시아 국가도 위기를 맞게 된다.

물론 동아시아 국가들을 구소련과 비교하는 것은 무리가 있다. 동아시아는 근본적으로 시장경제 체제를 유지했기 때문에 자원 배분을 효율적으로 할 수 있었다. 또한, 적극적인 대외 개방 정책을 통해 서구 자본주의 국가의 우수한 자본과 기술을 도입했다는 점에서 두 경우는 본질적으로 크게 다르다. 그러나 아시아 국가들이 기술 진보보다는 자본 축적 때문에 성장했다는 크루그만의 지적은 꽤 타당하다. 결국, 과잉 투자로 투자 수익률이 하락하게 되어 경제성장률 또한 하락할 것이라는 크루그먼의 예견이 잘 들어맞았다.

특히 1990년대에 동아시아 국가에서 투자율이 급격하게 상승했다. 한국의 경우 투자율(국내총생산 대비 총고정자본형성의 비율)은 1960년의 11%에서 꾸준히 증가하여 1996년에는 39%에 달했다. 태국은 투자율이 1996년에 43%, 인도네시아는 32%였다. 그런데 동아시아 국가에서 투자의 많은 부분이 비효율적인 프로젝트에 치중되어 과잉 투자의 문제가 발생했다. 제조업에서 중복·과잉 투자가 발생하고 상당한 투자자금이 부동산의 취득과 건설 부문으로 몰렸다.

과잉 투자의 누적에는 정부의 과도한 개입이 기여한 바가 크다. 대기업이 부도가 나면 연결된 중소기업을 비롯해 경제 전체에 파급효과가 크다. 그래서 정부는 부실한 대기업을 항상 구제해 주는 경우가 많았다. 이런 관행 때문에 기업은 투자의 효율성을 높이기보다는 투자 규모를 확대했고 내실보다는 규모를 키우기에 급급했다.

동아시아 국가들이 단기의 고도 성장을 위해 정부가 주도하여 부족한 투자 자원을 전략 산업에 집중적으로 투자하는 과정에서 금융 부문의 부실이 누적됐다. 대부분의 민간 금융기관들은 공기업처럼 인식되었고 금융기관의 부도란 생각할 수조차 없었으며, 법적으로 명시된 것은 아니지만 금융기관의 부채는 정부에 의해 암묵적으로 보증된implicit guaranteed 것으로 여겨졌다. 이러한 관행은 안정된 금융시장을 형성해 전례 없이 빠른 성장을 가능케 했지만 도덕적 해이moral hazard를 초래하고 비효율적인 과잉 투자를 조장했다. 금융기관들이 각 프로젝트의 수익률과 위험을 고려하여 신중하게 대출을 결정하지 않고 정치권과 결탁하여 특정 산업에 특혜를 주는 식으로 저금리의 여신을 제공했다. 이러한 관행으로 실물 부문의 부실이 금융 부문의 부실로 이어졌다.

한국 경제는 위기 이전에 거시적 경제지표가 대체로 건실했지만 구조적으로는 많은 문제점을 가지고 있었다. 특히 금융 부문이 매우 부실했다. 고도성장을 위한 정부의 과도한 금융시장 개입, 대기업 위주의 은행 차입과 과잉 중복 투자는 금융기관의 부실을 초래했다. 한국은 내부 자금보다는 금융기관의 신용대출을 통한 자금의 비중이 높아 1996년에는 상장 기업들의 기업 평균 부채-자기자본 비율이 300%에 달했고 특정 재벌 기업은 3,000%에 육박하는 경우도 있었다. 또 기업지배 구조의 후진성도 한국 경제의 부실을 부추겼다. 계열사간의 금융지원 혹은 지급 보증의 관행은 한 자회사의 금융 문제가 그룹 전체로 확산되는 문제를 초래했다. 고도성장기에는 이런 구조적 문제가 높은 저축·투자율과 성장률에 가려져 겉으로 잘 드러나지 않았지만 위기가 닥치자 밖으로 드러났다. 1997년의 일련의 대기업 부도사태들은 직접적으로 우리 경제에 대한 외국투자자들의 비관적 전망을 확산시킨 계기가 되었다. 1997년에 한보, 삼미, 진로, 기아 등의 대기업이 부도를 내면서 한국 금융 부문의 취약함과 대기업, 정부, 그리고 금융기관 간의 불투명한 거래가 외국 투자자에게 드러나는 계기가 되었다.

금융 개방과 금융 부실

금융 부실은 1990년대에 들어와 자본 자유화가 진척되면서 더욱 심각해졌다. 금융기관들이 자본 자유화에 따라 저이자율로 단기 자금을 해외에서 차입해 기업에 대출했고 기업은 차입금을 바탕으로 무모하게 투자를 확대했다. 금융 개방이 이루어진 가운데 적절한 금융기관의 감독과 규제가 부재해 과도한 단기 해외자본 유입이 이루어진 것이다. 성공적인 경제성장으로 인해 동아시아 국가들은 1990년대에 들어 금융시장을 개방하게 됐고 해외로부터 투자 자본이 급속도로 유입됐다. 역설적으로 대규모의 외국자본 유입은 금융기관의 과다 대출과 자산가격의 거품을 발생시켰다. 금융기관은 정부의 통제하에서 자생적인 기능을 갖지 못한 상태였고, 대규모 외국자본의 유입은 도덕적 해이와 과잉 투자를 부추겼다. 금융기관과 기업은 수익과 위험의 상관관계를 고려하지 않고 고수익 사업만을 추구했다. 투자에 실패하더라도 암묵적 관례에 따라 정부가 사후적으로 개입하여 구제해 줄 것이라 믿었다. 물론 관행적인 정부 보증을 믿었기에 외국 채권자들도 이렇다 할 사업평가 한 번 하지 않고 선뜻 국내 금융기관에 자금을 빌려주었다. 그러나 이러한 대규모의 자본 유입에 따른 기업의 무분별한 차입과 투자는 투자 수익성의 하락과 부채의 증가를 초래했다.

은행이 해외 단기부채를 통해 과도하게 차입을 하면 해외 투자자들이 갑작스럽게 자본을 회수할 때 문제가 생긴다. 금융기관이 해외 부채를 갚을 수가 없게 되면 결국 중앙은행에서 외환(미국 달러)을 구매해야 한다. 중앙은행은 처음에는 보유하고 있는 외환을 필요한 국내 금융기관에 매각해 수요를 맞춘다. 하지만, 보유한 외환이 필요한 양보다 부족하면 결국 외환 시장에서 외화가 부족하여 환율이 급상승(국내 통화의 대외가치 하락)한다. 국내 기업이나 금융기관이 달러로 갚아야 할 해외 부채 부담이 더욱 커지는 것이다.

한국 금융 부문의 취약성은 1990년대의 자본시장의 개방과정에서 더욱 심화됐다. 1990년대 이후 국제금리가 낮아지면서 금리 차익 또는 환차익을 좇는 국제 민간자본이 한국으로 대규모 유입됐다. 당시 한국은 OECD 가입과 더불어 자본시장 개방을 진행하던 때였다. 특히 제2금융권은 저금리의 해외 자본을 차입하여 고수익·고위험의 해외 자산에 투자를 많이 했다. 이때 해외 자본 자유화가 장기 자본보다는 단기 자본을 중심으로 이루어졌다. 총 해외 부채 중 단기 부채의 비율은 1994-1995년에는 66%의 높은 수준이었다. 결국 1997년에 외화 유동성이 부족해지고 해외 단기 차입을 상환하기 어려워지자 금융부문의 부실 문제가 국가 위기로까지 발전하게 된 것이다.

태국의 위기가 한국으로 전염되다

동아시아 위기의 원인이 무엇인가에 대해서는 많은 견해가 존재한다.[3] 일부 학자는 위기를 맞게 된 본질적인 요인으로 생산성의 향상을 수반하지 않은 요소 투입의 증가와 과잉 투자를 지목했다. 하지만, 다른 학자들은 이러한 기업과 금융기관의 구조적 문제점들이 경제 위기 이

3 이종화, 《동아시아의 고도성장과 금융위기의 재조명》(고려대학교 아세아문제연구소, 2003).

전에도 항상 있었음을 강조한다. 따라서 이들은 1997년에 갑작스럽게 발생한 동아시아 금융위기는 동아시아 국가 자체의 문제보다는 다른 요인에서 기인했다고 주장한다. 제프리 삭스Jeffrey Sachs, 조지프 스티글리츠Joseph Stiglitz 등의 학자들은 동아시아 외환위기는 태국의 위기가 외국 투자자들의 심리적 공포를 일으켜 여러 국가로 전염됐다고 설명한다. 이러한 이유로 여러 국가에서 투자 자본이 갑작스럽게 회수되면서 경제 위기가 발생한 것이다. 동아시아 국가들이 금융 개방에 제대로 대응하지 못해 단기 외채보다 외환보유고가 부족했고 외국 투자자들의 투기적 공격speculative attack에 취약해 그로 인해 금융위기를 겪었다. 하지만 이것은 구조적 취약성이라기보다는 외국자본의 유출로 인한 단기적인 국제 유동성international liquidity, 즉 보유한 외환의 부족이 위기의 주된 요인이라고 주장했다.

태국의 경우, 1990년대에 매년 100억 달러가 넘는 외국자본이 유입되면서 자본의 대부분이 수출 산업의 투자 설비를 확충하기보다 주택이나 빌딩을 건축하는 데 투입됐다. 이것은 경제의 거품만 키웠다. 이 과정에서 국내 임금과 물가가 상승하여 수출 경쟁력이 하락했다. 경상수지의 적자가 발생했고 적자 규모가 1996년에는 GDP 대비 8%에 달했다. 그러나 태국 정부는 환율을 계속 미국 달러에 고정함으로써 더욱 문제를 악화시켰다. 정부가 환율을 고평가 상태에서 유지하기 위해 외환 시장에서 달러를 매각하면서 보유 외환은 계속 줄어들었다. 바트화의 가치가 결국은 하락할 것을 예상한 외국자본이 환차손을 막기 위해 태국을 떠났다. 1997년 7월 2일 환율이 폭락했고 외환위기가 발생했다.

주변 동아시아 국가의 채무 상환능력을 의심하게 된 외국 채권자들이 일순간 투자자금을 회수해 감으로써 그동안 고도 성장을 구가하던 동아시아에 예기치 못한 외환위기가 발생하게 된 것이다. 위기를 겪은 동아시아 5개국에서는 단기 외국자본의 지속적인 유입으로 총외채 중 단기부채의 비율이 외환위기 이전부터 증가해 왔다. 1997년에 단기 외채를 외환보유액으로 나눈 비율은 태국의 경우 160%였고 한국의 경우 326%에 달했다. 단기 자본의 큰 비중과 단기 해외부채에 대비한 외환보유고의 부족은 해외 투자자가 동아시아 경제의 외채 상환능력에 대해 불안감을 느끼게 했다. 이것은 대규모의 투자자금 인출을 초래하는 시한폭탄이 되었다.

대규모 외화자금의 유출로 환율이 급상승했다. 해외 부채가 많은 기업과 금융기관들은 큰 손실을 입게 되었고, 기업도산과 금융부실을 유발했다. 당시 외환보유액으로는 외국 투자자들의 대규모 예금인출 사태로부터 환율을 방어하기에는 역부족이었다. 동아시아 국가들은 결국 1997년에 국제통화기금IMF에 구제금융을 신청했다.

7월 2일 태국이 IMF에 구제금융을 요청함으로써 아시아 외환위기가 시작됐다. 외환위기는 태국에 인접한 인도네시아, 필리핀, 말레이시아로 전염됐다. 10월 23일에 홍콩의 주가지수인 항셍지수가 전일대비 17%나 폭락하면서 외환위기는 동아시아 전역으로 파급된 것이다. 국제신용평가사가 한국의 국가신용등급을 낮추었고 국채 가격이 하락하고 채권 가산금리가 상승했다. 외환시장에서 외국자본의 대량

인출사태가 발생하면서 원-달러 환율이 치솟았다. 원화 가치 하락은 11월 들어 가속화됐고 정부의 외환시장 개입을 통한 무리한 환율 방어는 외환보유고를 크게 소진시켰다. 결국 11월 21일 한국정부는 IMF에 구제금융을 요청했다.

빠르게 위기를 극복하다

동아시아 위기는 충격의 골이 깊었던 반면 회복의 속도도 빨랐다. 동아시아 위기 국가들은 1999년 이후 모두의 예상을 뛰어넘고 매우 빠른 속도로 회복했다. 가장 눈에 띄는 성과를 보인 한국 경제는 10.7%의 성장률을 기록했으며 다른 국가들도 모두 플러스 성장으로 돌아섰다. 〈그림 1〉은 경제 위기를 경험한 5개국의 경제성장률 추이를 보여준다. 급격한 추락 후에 매우 빠른 회복세를 보이는 V자형 패턴을 보인다.

1998년에 실질 생산이 급격하게 감소한 주원인은 민간 투자의 붕괴에서 찾아볼 수 있다. 위기로 인해 금융 부문의 신용 경색이 발생해 민간 기업으로의 은행 대출 공급이 급격히 감소했고 미래에 대한 불확실성이 커져서 투자 수요도 위축됐다. 이러한 내수 부문의 느린 회복세에도 불구하고 아시아 경제가 1999년부터 빠르게 회복 경로를 밟아갈 수 있었던 것은 여러 요인이 복합적으로 작용한 결과이다.

첫째, 해외 투자자들의 대규모 투자자금 인출 사태 이후 동아시아 경제가 근본적인 구조적 문제가 있지는 않다는 것을 알게 됐다. 그러면서 다시 동아시아 경제에 대한 낙관적인 심리를 갖게 됐다. 동아

그림 1 동아시아 5개국의 위기 전후 경제성장률 변화(%)

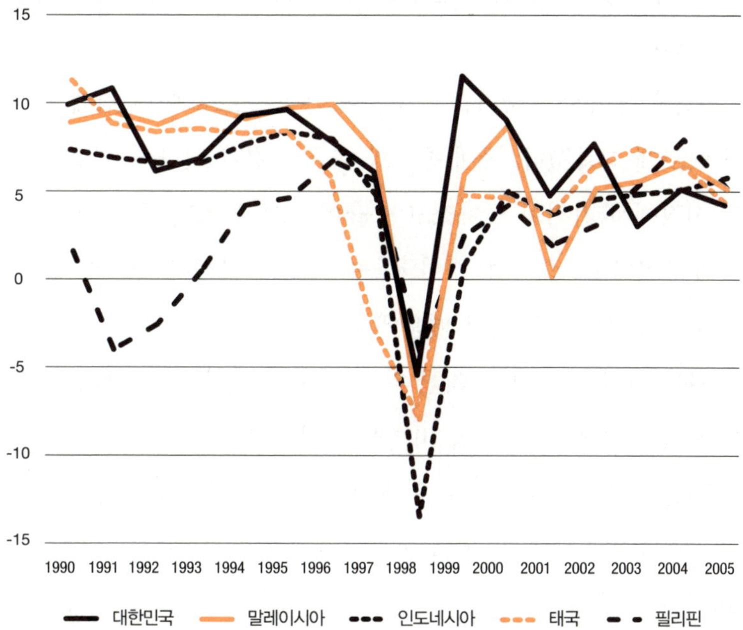

출처: 세계은행, World Development Indicators.

시아는 국제통화기금IMF의 구제금융을 받아 보유 외환을 늘리고 과감한 구조조정을 추진함으로써 해외 투자자의 신뢰 회복이 빨랐다. 동아시아 국가는 위기 발생 직후에 회생 불가능한 금융기관은 폐쇄하고 부실한 금융기관에는 정부가 공적 자금을 투입했다. 부실 여신을 처리했으며 금융기관의 경쟁력을 위해 은행 간 합병을 유도하는 등 금융구조 조정에 힘썼다. 인도네시아의 경우 70개의 금융기관이 폐쇄되고 12개의 부실 은행이 국유화됐다. 한국도 부실한 은행들을 합병하고 종합금융회사를 비롯한 많은 비은행 금융기관들을 폐쇄했다.[4] 이로 인해 외국자본의 유출이 멈추고 다시 자본이 유입되면서 위기에서 빠르게 회복했다.

둘째, 동아시아 국가들은 수출이 큰 폭으로 늘어나 경제 위기로부터 빠르게 회복했다. 국내 통화가 대규모 평가 절하돼 수출 상품이 해외 시장에서 가격이 낮아졌고 수출이 크게 늘었다. 한국의 1999년 실질 수출은 16% 증가했다. 한국을 비롯한 동아시아 국가의 대외 개방도가 상대적으로 높았기 때문에 환율 평가절하는 수출 회복에 더 큰 효과를 미쳤다. 또한, 유리한 외부 환경이 동아시아 경제의 수출 증가에 도움을 주었다. 미국을 비롯한 선진국의 경제가 동아시아가 위기를 겪은 1998-1999년에 매우 호황이었다. 이러한 선진국의 호황은 선진국에 수출 의존도가 높은 동아시아 국가의 경제 회복에 큰 영향을 미쳤다.

마지막으로, 동아시아 경제의 회복 속도가 이전에 위기를 겪은 국가들보다 더 빨랐던 것은 외환위기에 대응해 확장적인 거시 정책을 운용했기 때문이다. 위기 초기에는 IMF 프로그램에 따라 외환시장 안정을 위해 재정적자 축소, 고금리 등의 거시 긴축 정책을 시행했다. IMF는 위기의 원인이 다름에도 불구하고 남미 국가에 사용했던 매우

4 1997년 12월 IMF와 협의한 프로그램에 따라 금융구조 조정이 진행됐다. 부실한 금융기관에 대해서는 퇴출 또는 영업 정지 조치가 내려져 1999년 6월까지 33개의 예금 은행 중 5개, 30개의 종금사 중 16개가 퇴출됐다. 또 130개의 신용협동조합을 비롯한 총 143개의 금융기관들 간의 합병이 이루어졌다. 금융기관이 안고 있는 부실 채권을 없애기 위해 총 64조 원의 공적 자금이 조성됐다. 이 자금으로 예금보험공사(KDIC)와 자산관리공사(KAMCO)를 통해 부실 채권의 매입이 시행됐다.

강도 높은 긴축 정책을 동아시아 국가에도 도입함으로써 실물 경제에 큰 충격을 주었다. 구조조정 과정에서 신용 경색이 발생하고 실업자가 늘어나면서 이후 이를 완화하기 위한 정책 전환이 빠르게 이루어졌다.

2008년 글로벌 금융위기

미국발 글로벌 금융위기

2008년에 미국의 주택 대출 부실은 세계 여러 나라 금융기관들의 연쇄 부도로 이어졌다. 그렇게 시작된 2008년 글로벌 금융위기는 국제 금융시장을 큰 혼란과 불안에 빠뜨렸다. 글로벌 금융 불안으로 신용 경색, 안전 자산에 대한 선호 등 국제금융시장의 행태 변화가 일어났다. 이는 다시 금융기관의 자금중개 기능 약화, 자산 가격 하락, 신흥국으로의 자본 유입 감소 등을 통해 실물 경제로 파급됐다. 금융시장의 불안이 금융 부문에 그치지 않고 실물 부문으로까지 빠르게 전이되면서 세계 경제의 동반 침체를 초래한 것이다.

당시에는 그 누구도 미국에서 발생한 충격으로 전 세계 금융시스템이 무너지고 이로 인해 실물 경제도 엄청난 충격을 받을 것이라고 생각하지 못했다. 세계 경제는 제2차 세계대전 이후 처음으로 마이너스 성장률을 기록했다. 금융위기의 진원지인 미국과 유로 지역의 GDP 성장률이 마이너스로 전환됐다. 신흥경제권도 충격을 벗어날 수 없었다. 금융시스템이 취약하거나 선진국 경기 둔화의 영향을 많이 받는 국가들을 중심으로 국외로의 자본 이탈이 자본조달 여건을 악화시키고 세계 경기 악화로 수출이 둔화하면서 신흥경제권의 성장세가 뚜렷하게 둔화했다.

주택담보대출 부실이 문제를 일으키다

2008-2009년에 전 세계로 확산된 글로벌 금융위기는 미국의 비우량 주택담보(서브프라임 모기지subprime mortgage) 대출과 관련된 신용파생상품의 부실로부터 출발됐다. 비우량 주택담보대출이란 신용등급이 낮아 대출금을 갚기 어려운 사람들에게 주택을 담보로 하는 은행 대출을 의미한다. 그러므로 비우량 주택담보채권은 대출금 회수에 상당한 위험이 있었다. 하지만 미국에서는 금융기관들이 비우량 주택담보대출을 다른 대출이나 금융상품과 합쳐서 신용파생상품으로 만들어 판매했다. 판매하는 금융상품에 포함된 비우량주택 대출을 받은 차입자의 신용을 제대로 평가하지 않았다. 비우량 주택담보대출이 많이 증가해 미국의 가계소득 대비 부채 비율은 2000년대 초반 90%에서 위기 직전에는 130%로 상승했다.

미 연준의 기준금리 인상 등으로 미국 주택 경기가 하락하고 주택담보대출의 연체율이 높아지고 압류되는 주택이 늘기 시작했다. 비우량 주택담보대출과 연관된 금융상품가격이 하락하면서 이 자산에 투자했던 주요국 금융기관들은 큰 손실을 보기 시작했다. 2008년 3월 미국 투자은행 베어스턴스The Bear Stearns Companies가 최종부도 처리됐으며 모기지 대출증권을 보증하는 미국의 정부기관인 페니매Fannie Mae, 프레디맥Freddie Mac의 부실채권 규모가 커졌다. 정부가 금융기관

그림 2 미국의 실질 주택가격(2010=100)

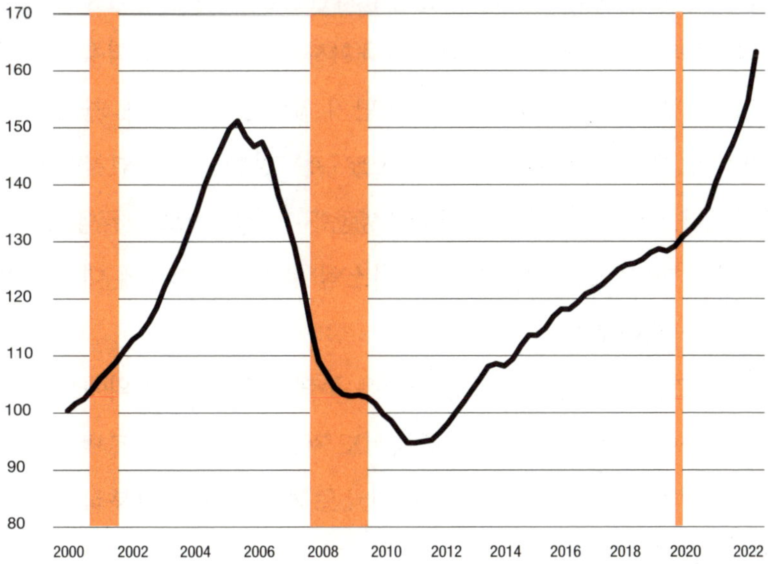

주: 미국 불황기는 막대로 표시;
출처: Federal Reserve Bank of St. Louis (https://fred.stlouisfed.org/series/QUSR628BIS).

에 긴급 유동성을 공급했지만, 자본조달이 어려워진 금융기관들의 도산이 연쇄적으로 이어졌다. 2008년 9월 14일 미국 4대 투자은행의 하나인 리먼 브러더스Lehman Brothers Holdings가 파산 보호를 신청했다. 이 투자은행에 투자했던 전 세계 투자자들의 자산 손실로 이어졌다. 미국의 금융위기는 전 세계로 번졌다.

글로벌 금융위기의 복합 요인

미국발 글로벌 금융위기의 발생은 무엇보다 미국에서 시장기능이 자율적으로 제대로 작동하지 않았고 이를 보완해야 할 정부의 적절한 규제도 작동하지 않았기 때문이다. 금융기관들은 차입자의 신용을 제대로 평가하지 않고 대출을 늘렸다. 금융회사 임직원들은 위험을 과도하게 감수하면서 차입과 대출을 통해 단기 차익을 추구했다. 가계도 주택가격이 계속 상승하리라는 믿음으로 채무상환능력을 넘어선 대출을 받았다. 금융감독 당국은 신용파생상품과 같은 새로운 금융기법의 위험성을 파악하지 못했으며 금융시스템 전체의 건전성에 대한 규제와 감독을 제대로 하지 못했다.

글로벌 금융위기의 발생 원인은 주택 부문의 원인 외에도 복합적 요인들이 함께 작용했다. 그중에서도 저금리 정책과 글로벌 경상수지 불균형이 중요한 요인이 됐다. 미국은 2000년대 초반부터 지속적으로 저금리를 유지했다. 미국 연준의 기준금리는 2001년 1월 6.50%에서 2002년 1월 1.75%로 하락했다. 그러나 2004년 6월 이후로 미국은 달러 가치 하락과 인플레이션 압력에 대한 대응으로 기준금리를 인상하기 시작했다. 기준금리는 2004년 6월 1.0%에서 0.25%씩 17차례 인상되어 5.25%에 이르렀다. 이는 주택담보대출 차입자의 대출 이자 부담의 증가로 이어졌고 금융위기의 원인이 되었다.

미국으로의 자본 유입이 급격하게 이루어진 것 또한 글로벌 금융 위기의 원인으로 꼽힌다. 벤 버냉키Ben Bernanke는 아시아 국가들의 과잉저축과 1990년대 말 발생한 아시아의 금융위기 이후 안정성을 추구한 아시아 국가들의 동기가 맞물려 미국으로 자본이 유입되기 시작했다고 진단한다.[5] 아시아 국가를 포함한 개도국들은 외환을 안전 자산에 투자하고자 했기 때문에 미국에 투자했다. 이러한 자본 유입으로 인해 과도한 유동성이 미국에 공급됐으며, 이는 미국 내 자산 거품이 커지는 결과를 낳았다고 말한다.

미국에서 금융위기가 발생한 중요한 원인으로 소득분배의 악화를 꼽기도 한다.[6] 당시 미국에서는 소득분배의 악화가 문제가 크게 됐고 저소득층에게 주택을 보급하는 정책이 필요했다. 따라서 상환능력이 부족한 저소득층에게 다양한 금융상품들로 주택담보대출을 확대하는 정책들이 생겨났다. 정치적인 의사결정이 금융위기에 영향을 미친 것이다.

글로벌 위기가 한국 경제로 파급되다

글로벌 금융위기는 과거의 경제 위기와 다른 특징들을 보였다. 위기의 진원지와 우리나라 경제에 미친 파급 경로에서 그러하다. 과거 중남미나 아시아, 동유럽에서 시작됐던 경제 위기와는 달리 2008년 금융위기의 시발점은 전 세계에서 시장경제 시스템이 가장 발달한 미국이었다. 이것은 미국식 자본주의의 우월성을 믿어왔던 여러 나라에 큰 충격일 수밖에 없었다. 적절한 규제와 감독이 없다면 미국식 자본주의도 실패할 수 있다는 점을 극명하게 보여줬다.

5 Ben S. Bernanke, “The Global Saving Glut and the U.S. Current Account Deficit,” Board of Governors of the Federal Reserve System (Sandridge Lecture, Virginia Association of Economists, Richmond, Virginia, March 10, 2005).

6 Raghuram G. Rajan, *Fault lines: How Hidden Fractures Still Threaten the World Economy* (Princeton: Princeton University Press, 2011).

글로벌 금융위기가 우리 경제에 충격을 미친 메커니즘과 경로 역시 과거 경제 위기와는 사뭇 달랐다. 1997년 아시아 외환위기는 한국 경제의 구조적 취약성에 의해 발생했다. 기업과 금융기관의 과다한 차입, 과잉 투자로 수익성 하락, 보유 외환의 부족 등이 맞물려 한국 경제에 대한 외국 투자자들의 불안감이 증폭됐고 자본유출이 발생했다. 그러나 2008년의 자본유출은 한국 경제의 건전성과는 아무런 상관없이 해외 금융기관들이 미국과 유럽에서 발생한 투자 손실을 만회하기 위해 우리나라에 투자했던 자산을 매각한 결과였다. 2008년에는 우리나라의 외화보유액이 단기 외채의 1.3배였고 기업과 금융기관의 재무 건전성도 양호했다. 그럼에도 불구하고 한국 경제는 자본시장의 개방도가 높고 자본의 국경 간 거래가 자유로웠기 때문에 외국 투자자들이 자본을 회수한 결과 상당한 충격이 발생했다.

국내 금융시장에서 외국자본이 유출되면서 환율과 주가가 크게 변동했다. 신용 경색이 발생하고 실물 경제도 침체하기 시작했다. 우리 경제의 성장률은 2007년의 5.8%에서 2008년 3.0%, 2009년 0.8%로 급락했다. 정부는 글로벌 위기에 대응하여 추경예산을 편성하여 재정 지출을 확대하고 세금 감면을 통해 경기 활성화를 유도했다. 한국은행은 기준금리를 2008년 10월부터 2009년 2월까지 여섯 차례에 걸쳐 기준금리를 총 3.25%포인트 인하했다.

한국 정부는 대외적으로는 주요국과 통화스와프currency swap 계약을 체결하여 외환 유동성에 대한 불안을 조기에 완화하려고 노력했다. 통화스와프 협정은 자국 통화를 상대국에 맡기고 외국 통화를 필요할 때 차입할 수 있도록 하는 중앙은행 간 신용계약이다. 한국으로서는 통화교환을 하기로 한 액수만큼 사실상 외환 보유액이 늘어나는 효과가 발생한다. 한국은행과 미국 연준은 2008년 10월 30일 300억 달러 규모의 통화 스와프 계약을 체결했다. 한미 간 통화스와프 계약으로 달러 유동성에 대한 불안이 완화되고 급등세를 보였던 원-달러 환율이 빠르게 안정을 되찾았다. 한국은행은 2008년 12월에는 중국 인민은행과 1,800억 위안 규모의 통화 스와프 계약을 체결하고 일본 은행과는 기존 30억 달러 규모의 원-엔 스와프 계약을 200억 달러로 확대했다.

유로존 국가부채위기의 발생

2009년 이후 세계 경제는 각국의 적극적인 경기 부양과 금융시장 안정 노력에 힘입어 미국발 금융위기의 급한 불을 끄는 데는 성공했다. 그러나 유로존Euro zone에 속한 국가는 이 과정에서 발생한 막대한 재정 부담과 유로존이라는 단일 통화권이 갖는 근본적인 한계가 맞물리면서 '국가부채위기sovereign debt crisis'에 직면했다. 여러 국가가 연쇄적으로 국가부도(디폴트default) 위기를 겪게 된 것이다. 특히 포르투갈, 그리스, 아일랜드, 이탈리아, 스페인을 포함한 유로존 5개국이 많은 어려움을 겪었다. 그리스는 재정 통계의 부실이 드러나면서 유로존 국가로는 처음으로 2010년 4월 23일 국제통화기금IMF과 유럽연합EU에 구제금융을 신청했다. 이후에도 그리스 정부가 채무를 상환하는 데 어려움을 겪고 디폴트를 할 것이라는 소문이 많았다. 신용평가회사들은 그

그림 3 그리스 10년 만기 국채수익률(월별 자료, %)

출처: OECD database (https://fred.stlouisfed.org/series/IRLTLT01GRM156N).

리스 국채의 신용등급을 정크본드junk bond(투자 부적격 채권) 수준으로 하향 조정했다. 그리스 국채 가격이 하락하고 수익률이 급상승했다.

2010년 10월에는 아일랜드, 2011년 4월에는 포르투갈이 구제금융을 신청하고 유럽의 국가부채위기가 본격화됐다. 이는 전 세계 금융시장과 실물 경제에 파급되어 큰 충격을 주었다.

그리스, 이탈리아, 포르투갈 등의 남유럽 국가들은 위기 전부터 복지 지출 과다 등 방만한 재정 운영으로 국가 재정이 취약했다. 경제위기 극복과정에서 정부지출 증가와 조세 수입 감소가 겹쳐 재정 상황이 더욱 악화됐다. 또한, 미국발 금융위기로 글로벌 유동성이 줄어들자 금융기관이나 가계 부문이 떠안고 있던 부채의 상당 부분이 부실해졌고, 급증한 민간 부문의 부채를 정부가 인수하면서 국가 부채가 크게 늘었다.

유럽 재정위기는 유로 단일통화 시스템이 갖는 구조적 한계에서 비롯된 결과라는 점에 주목해야 한다. 단일 통화인 유로를 사용하는 유로존의 국가들은 자국 통화가 없고 유럽중앙은행European Central Bank, ECB이 유로존 전체의 경제 상황에 맞추어 통화정책을 사용하기 때문에 독자적인 통화정책을 할 수 없다. 따라서 유로존 국가들은 불황을 벗어나기 위해 재정정책에 의존할 수밖에 없었다. 위기를 극복하는 과정에서 부채가 급증하자 정부 부채의 상환능력에 의구심을 갖는 외국 투자자들이 국채를 매각했고 이들이 부담하는 국채 금리가 더욱 상승하기 시작했다. 국채 금리가 상승하면서 이자 부담이 증가해 부채가 더욱 커지는 악순환이 발생했다. 통화정책을 자유롭게 사용할 수 있는 국가는 정부 채권을 계속 발행해 중앙은행이 그것을 매입하게 하면 기존 부채를 상환할 수 있다. 반면에 유로존 국가들은 국가 채무 상환이 어려워 구제금융을 받는 상황에 이르렀고 부채상환을 위해 긴축재정을 해야 했다. 이로 인해 경기 회복이 더욱 늦어지는 악순환이 발생했다.

유로존에서는 단일 통화를 사용하므로 투자자 입장에서는 환율 변동에 따른 위험이 없고 자본 유출입이 자유로워 자금이 국경을 넘어 쉽게 이동한다. 위기 전부터 국채를 비롯하여 금융과 실물 자산의 수익률이 높은 그리스, 아일랜드, 이탈리아, 스페인 등으로 유로존의 자금이 대거 유입되면서 신용 버블이 생겨났다. 이는 곧 고임금, 고물가를 통해 실질 환율(자국의 평균적인 상품의 가격을 외국 상품 가격과 같은 통화 가치로 비교한 비율)의 상승으로 이어져 독일 등 다른 유럽 국가들에 비해 약했던 수출 경쟁력이 더욱 낮아졌다. 그 결과 경상수지가 크게 악화됐다. 단일통화를 사용하지 않았다면 환율 변동을 통해 경상수지 적자가 줄어들었겠지만, 유로존 체제에서는 이런 조정이 불가능해 무역 불균형이 더욱 확대됐다. 결국, 유로존 국가들은 국외로부터의 자본 유입에 더욱 의존할 수밖에 없었다. 이 상태에서 투자자들이 재정이 취약해진 유로존 국가의 국채 매입을 꺼리게 되면서 자본 유입이 감소하자 재정위기를 겪었다.

그리스가 겪은 국가부도 위기

그리스 신화의 정점은 트로이 전쟁 이야기다. 트로이 전쟁은 그리스 연합군의 아킬레우스, 오디세우스와 같은 용장들이 트로이와 10년 동안 싸워 이긴 전쟁이다. 이야기의 마지막에 그 유명한 트로이 목마로 적을 속이고 성을 함락시킨다.

유럽 국가부채위기는 상당한 기간 그리스의 정치·경제·사회에 영향을 미쳤다. 구제금융을 받으면서 위기를 버텨온 그리스는 '트로이카'(국제통화기금IMF · 유럽중앙은행ECB · 유럽연합EU)로 불리는 채권단과 어려운 긴 싸움을 했다. 2015년 1월 만 40세의 치프라스 총리는 급진좌파연합을 이끌고 집권하면서 채권단과의 재협상을 약속했다. 협상의 최선봉장으로 게임이론을 전공한 학자 출신인 바루파키스 재무장관을 내세웠다.

그러나 트로이카는 완강했다. '철의 여인' 메르켈 독일 총리가 이끄는 EU는 그리스에 부정적인 독일의 국내 여론을 등에 업고 더 이상의 양보는 없다고 했다. 대규모 금융지원을 했지만, 위기를 해결하지 못한 IMF도 라가르드 총재가 재선을 앞두고 더욱 단호한 태도를 택하고 있었다.

그리스는 채권단이 제시한 연금과 공무원 임금 삭감, 세금 인상안을 받아들이지 않고 추가 금융지원과 부채상환 연기를 요구해 협상에 실패했다. 이후 그리스의 혼란이 계속됐다. 은행 예금의 인출은 제한되고 자본통제 조치가 시작됐다. 국채 가격이 하락하고 수익률이 상승했다. 그해 6월 30일에 만기가 된 15억 유로(약 1조 9,000억 원)의 부채를 갚지 못하면서 71년의 IMF 역사상 처음으로 선진국이 IMF 빚을 갚지 못한 사태가 발생했다.

두 열차가 마주 보고 달려오는 '치킨 게임'에서는 충돌하면 양쪽 모두 죽을 수 있지만, 옆으로 피하면 겁쟁이가 된다. 체면을 잃지 않으려면 충돌할 것을 무릅쓰고 달려서 겁을 줘 상대가 피하게 해야 한다. 정면 충돌로 같이 죽자는 식의 그리스의 벼랑 끝 전술이 먹히지 않았다.

다른 유럽 국가들은 그리스가 부도를 내더라도 유럽 전체에 미치는 영향은 최소화되도록 방화벽을 쌓아왔던 터라 그리스의 도발에 자신이 있었다. 사실 그리스는 EU 전체 총생산의 1.3%에 지나지 않아 금융시장의 대혼란만 피하면 유럽 경제가 큰 상처를 입지 않을 수 있었다.

그러나 그리스가 '그렉시트'(그리스의 유로존 탈퇴)를 택할 가능성이 있어서 문제가 복잡했다. 탈퇴 사태가 일어나면 미래에 다른 취약 국가들의 탈퇴를 부추길 수 있다. 영국의 유로존 탈퇴에서 보았듯이 예상하지 못한 혼란이 있을 수 있다.

그리스로서는 고통이 심한 긴축보다는 그렉시트를 통해 자국 통화를 다시 도입해 독자적인 이자율 인하와 환율 절하로 문제를 해결하는 것이 나을 수 있다. 그러나 유로존 탈퇴는 심각한 물가 상승과 금융 시스템의 붕괴를 초래할 가능성이 있어 쉽게 선택할 수 있는 일이 아니었다. 그리스 국민 대다수도 유로존에 머무르길 바라고 있다. 이 때문에 막후 협상을 계속하면서 타협해 '그렉시트'는 결국 피했다.

당시 혼란의 근본적인 문제는 그리스 위기가 추가 구제금융만으로는 해결되지 않는다는 것이었다. 그리스는 인구 1,080만 명의 작은 나라이지만 1인당 소득은 이미 위기 이전인 2007년에 2만 8,000달러를 넘어섰다. 그러나 그리스는 유로존 국가 중에 생산성이 낮다. 그리스의 1인당 생산량은 독일의 절반에도 미치지 못했다. 지나친 복지 지출로 국가 재정이 취약했다. 탈세와 부정부패로 세수 확보에 어려움을 겪었다.

그리스는 우리의 반면교사反面教師다. 서구 문명의 발원지이자 찬란한 문화유산을 가진 국가가 생산성을 높이려는 노력은 하지 않고 부채와 과도한 복지로 소비를 늘리고 정쟁에만 몰두하다가 비참한 종말을 맞았다. 연금 개혁, 노동시장 경직성, 금융의 비효율, 민간 부채 증가, 경쟁력 하락은 그리스 못지않게 한국이 안고 있는 문제다.

중앙은행이 양적 완화로 대응하다

글로벌 금융위기가 시작됐던 2008-2009년에 각국 정부는 통화·금융·재정 정책을 모두 동원해 글로벌 금융위기의 해결에 주력했다. 미국을 비롯한 세계 주요국의 중앙은행은 과감하게 금리를 인하하고 금융시장에서 증권을 사들여 유동성을 계속 공급했다. 금융 당국은 은행 및 기타 금융기관에 대한 감독과 규제를 강화하는 조치를 했다. 정부는 경제 전반에 걸쳐 수요를 자극하고 고용을 지원하기 위해 지출을 늘렸다. 그런데도 미국발 금융위기와 유럽발 재정위기가 겹쳐 세계 경제의 회복이 느렸고 수많은 사람이 오랫동안 직장을 잃고 고통을 겪었다.

2008년에 발생한 글로벌 금융위기는 중앙은행의 통화정책에 큰 영향을 미쳤다. 1980년대 중반 이후 글로벌 금융위기 전까지 미국 경제는 인플레이션율이 낮고 경기변동도 크지 않아 매우 안정적이었다. 2008년 글로벌 금융위기 이후 연준은 기준금리를 신속하게 0 수준에 이르도록 했다. 하지만 통화정책의 효과는 제한적이었다. 중앙은행이 명목이자율을 0보다 더 낮출 수는 없으므로 전통적인 방식으로는 더는 확장적인 통화정책을 집행할 수 없었다. 이러한 문제에 대응하여 연준은 전통적으로 사용하던 이자율 정책 이외에 비전통적unconventional인 양적 완화quantitative easing 정책을 도입하였다. 연준은

그림 4 미국 연준의 총자산 추이(조 달러)

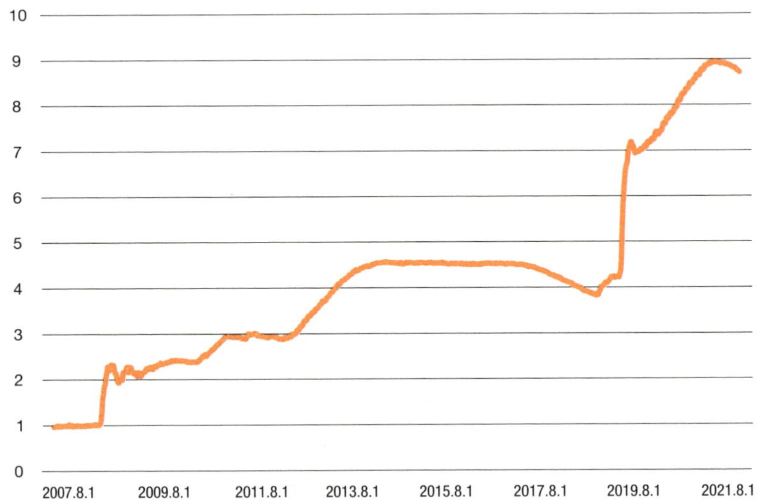

출처: 미국 연준(https://www.federalreserve.gov/monetarypolicy/bst_recenttrends.htm).

국채 매입 규모를 늘렸을 뿐 아니라 유동화자산 증권을 담보로 유동성을 공급했다. 또한 주택저당증권을 구입해 특정 시장에 자금을 공급하는 조처를 했다.

양적 완화 정책이 지속되자 중앙은행의 대차대조표상의 자산규모는 급속하게 팽창했다. 이제 위기가 끝나고 경제가 안정적으로 바뀌면서 중앙은행이 매입했던 자산을 다시 매각하여 과거와 같은 정상적인 대차대조표를 회복하는 과정이 중요해졌다. 이를 출구전략exit strategy이라고 한다. 출구전략의 과정에서 미국의 유동성이 회수되면서 전 세계 금융시장이 흔들리는 일이 발생했다.

미 중앙은행 대차대조표상의 부채는 대부분 본원통화로 이루어져 있다. 즉 중앙은행은 본원통화를 지속적으로 발행해 이를 이용해서 장기 국채와 주택저당채권을 자산으로 사들인 것이다. 따라서 자산 매입이 늘어난 만큼 미 중앙은행이 발행한 본원통화도 늘어났다. 그런데 늘어난 본원통화에도 불구하고 물가상승률은 크게 높아지지 않았다. 이러한 결과는 이후 2020년에 코로나19 팬데믹이 발생했을 때 중앙은행이 주저하지 않고 대규모 양적 완화를 다시 하게 된 배경이라고 할 수 있다. 그러나 2021년에 미국 경제가 회복되면서 인플레이션율이 점차 높아졌다. 2022년부터 연준이 정책 금리를 빠르게 올리고 있다. 연준은 금융시장과 실물 경제에 혼란을 주지 않고 그동안 늘어난 본원통화와 자산을 줄여야 한다. 출구전략은 전 세계에 영향을 미치는 중요한 과제이다.

G20의 글로벌 정책 공조와 한국의 역할

미국발 금융위기의 해결을 위해 국제 금융 공조가 도입됐다. 미국은 과거 G7[7] 으로 대표되는 선진국 모임을 국제 문제를 해결하는 지배구조(거버넌스governance)로 사용했다. 그러나 글로벌 금융위기 이후에는 선진국들끼리의 정책 공조만으로는 문제를 해결하기에 부족하다는 인식을 하게 됐다. 금융위기가 전 세계로 파급되면서 이를 극복하기 위해서는 기존 G7의 공조만으로는 역부족이고, 신흥국들의 적극적인 참여가 필요했다. 또한, 무역 불균형이나 기후 변화 등 전 세계가 당면

7 G7은 미국, 일본, 영국, 독일, 프랑스, 캐나다, 이탈리아의 7개국을 포함한다.

한 과제들은 선진국과 신흥시장국 각각의 입장 사이에서 적절한 균형점을 모색해야 한다. 이를 해결하기 위해서는 새로운 세계 질서와 국제 규범의 제정을 위해 선진국뿐 아니라 신흥국의 협력이 필요했다. 미국의 부시 대통령은 기존의 G7 선진국뿐만 아니라 신흥시장을 포함하는 G20[8] 정상회의를 개최해 문제를 해결하고자 했다.

2008년의 G20 체제의 발족은 신흥국의 성장한 경제력과 정치적 영향력이 새로운 글로벌 지배구조global governance의 형성을 반영한 것이다. 미소 냉전의 종식 이후의 국제사회는 미국이라는 최강대국이 절대적인 영향력을 가진 지배구조였다. 그러나 점차 중국을 중심으로 인도, 브라질 등 신흥경제국의 경제적 비중이 커지면서 지배구조의 전환점을 맞았다. 전 세계 총생산GDP에서 개발도상국이 차지하는 비중은 1990년 15.1%에서 2010년 26.6%로 증가했고, 구매력평가 기준PPP으로는 34.8%에 달했다. 개발도상국의 세계 무역에 대한 비중은 1995년 20%에서 2009년 30%로 증가했다.

2008년 글로벌 금융위기 상황에서 G20 국가들은 공동의 리더십을 발휘했다. 이들은 확대 재정, 보호무역의 저지, 금융규제 개혁 등의 정책 공조로 세계가 글로벌 금융위기를 극복하는 데 기여했다. 모든 국가가 각국 상황에 맞게 차별화된 정책을 실시했지만 '세계 경제의 강하고, 지속가능하며 균형된 성장'이라는 G20의 공동 목표를 위해서 여러 정책을 협력했다. 어느 국가든 자국에 불리한 합의보다는

8 G20은 G7 국가에 중국, 인도, 대한민국, 러시아, 오스트레일리아, 브라질, 멕시코, 인도네시아, 사우디아라비아, 튀르키예, 아르헨티나, 남아프리카공화국, 유럽연합을 포함한다.

유리한 내용에 합의하기를 원한다. 그러나 약간씩 서로 양보해 세계 경제가 살아날 수 있다면 모두가 이익을 볼 수 있다는 믿음으로 협력했다.

한국은 2010년 G20 정상회의의 의장국으로 아시아 최초이자 비非G7 국가로서 최초로 G20 정상회의를 서울에서 개최했다. 서울 G20 정상회의는 우리나라가 세계 강대국들과 어깨를 맞대고 글로벌 경제위기 극복을 위한 협력에 선도적 임무를 수행한 일이다. 이것은 한국의 국제적 위상을 크게 높인 계기가 됐다. 강대국에 둘러싸인 우리나라의 지정학적 특성과 국제 관계에 비춰볼 때, 한국이 G20의 일원인 것은 매우 중요한 의미가 있다. 한국은 2010년 이후에도 G20에서 중요한 역할을 계속해 우리의 국제적 위상을 계속 높일 수 있었다. 아쉽게도 글로벌 위기가 끝나고 미·중 갈등이 심해지면서 국제 협력이 약해졌다. 국제 무대에서 강대국이 세계 공동선보다는 자기 나라의 이익을 우선하게 되면서 G20의 역할이 크게 약화된 상황이다.

서울에 G20 회원국 정상과 각 국가 및 국제기구 대표단을 포함해 총 4,600명이 모인 것이 벌써 오래전의 일인 듯 느껴진다. 그러나 서울 G20 정상회의의 성공적인 개최는 우리 국민의 뛰어난 역량과 저력을 보여준 한국 역사의 큰 이정표였다. G20의 대표성에 대한 비판이 많고 현재는 그 영향력도 줄어들었지만, G20은 우리나라에 여전히 중요하다. 매년 G20에서는 수시로 장·차관급 회의와 실무자 회의를 통해 공동의 세계 경제 문제와 국가별 이해가 걸린 민감한 주제들이 논의된다. 한국은 G20의 의제 설정에 적극적으로 참여하고 발언권을 강화해 나가야 한다.

2009년 청와대와 글로벌 금융위기

2009년 12월 10일 청와대 영빈관에서 '우리 경제 현 좌표 및 향후 과제에 대한 민관토론회'가 열렸다. 당시 이명박 대통령, 국무총리, 경제부처 장관, 연구기관장, 기업인을 포함해 200명이 넘는 사람들이 모였다. 국제기구에서도 참석했다. 당시 필자는 아시아개발은행ADB의 수석경제학자 자격으로 참석해 '2010년 경제전망과 정책과제'에 대해 발표했다. 세계 경제가 글로벌 금융위기의 충격에서 서서히 벗어나고 있던 때였다.

당시 국제무대에서 한국은 위기에 발 빠르게 대응한 성공 사례로 손꼽혔다. 2008년 12월에 미 연준과 200억 달러의 통화 스와프를 체결하고 일본, 중국과도 기존의 통화 스와프 규모를 확대해 위기 확산을 막았다. 2009년에 대통령은 비상경제대책회의를 주 1회씩 총 40차례 개최해 정책을 신속히 결정하고 성과를 점검했다.

이명박 정부는 2009년 최악의 대외여건에서 경제를 안정시켰다. 2010년 경제성장률은 6.8%로 경제협력개발기구OECD 35개 회원국 중에 두 번째로 높았다. 2010년에 32만 명의 일자리가 늘었고 소득분배도 개선됐다. 한국은 2010년 G20 의장국으로 선정돼 국제적 위상이 높았다. 집권 3년 차인 2010년 2분기 이명박 대통령의 지지율(한국갤럽의 직무수행평가)은 49%로 임기 반환점의 지지율로는 역대 정부 중에서 최고였다.

어느 정부에서나 대통령이 국내외 경제 전문가와 만나 의견을 경청하고 경제 상황을 정확하게 이해하며 정책을 고민하는 자리를 자주 만들어야 한다. 역량 있는 전문가를 경제정책 책임자로 두어 국내외에 신뢰감을 주고 과감하게 정책을 추진하는 권한을 주어야 옳다. 거시경제 운용을 잘 알고 구조개혁에 신념을 가진 좋은 경제 참모들을 옆에 두고 수시로 조언을 들어야 한다. 정부뿐 아니라 민간도 미래를 책임질 비전과 전략을 가진 지도자를 중심으로 우수한 전문 인력을 활용해야 한다. 위기를 예방하기 위해 노력하고 위기가 발생하면 최선의 대책으로 대응해야 한다. 대비 없이 위기를 맞고 나서 후회하면 늦는다.

100년 만의 팬데믹

100년 만의 독감과 세계 경제 위기

신종 코로나바이러스 감염증(코로나19) 팬데믹은 백 년 전의 스페인 독감처럼 전 세계에 큰 충격을 줬다. 스페인 독감은 제1차 세계대전이 끝나던 1918년 세계를 강타해 당시 전 세계 18억 인구의 2%가 넘는 4천만 명 이상을 죽음에 이르게 했다.[9] 피해가 가장 심했던 인도는 총인구의 5.2%인 1,600만 명이 사망했다. 상대적으로 피해가 적었던 미국도 인구의 0.5%인 55만 명이 사망한 것으로 추정된다. 당시 조선총

9 Robert J. Barro and José F. Ursúa, and Joanna Weng, "The Coronavirus and the Great Influenza Pandemic: Lessons from the "Spanish flu" for the Coronavirus's Potential Effects on Mortality and Economic Activity," *National Bureau of Economic Research*, No. w26866 (2020). https://www.nber.org/system/files/working_papers/w26866/w26866.pdf.

독부 통계연보에 따르면 무오년에 독감으로 조선인 14만 명이 사망했다는 기록이 남아 있다.

스페인 독감이 경제에 미친 영향을 분석한 로버트 배로 하버드대 교수는 주요 43개 국가의 국내총생산이 평균 6% 하락한 것으로 추정했다.[10] 감염병이 끝나고 나서는 성장률이 빠르게 회복했지만, 생산과 소득은 영구적으로 감소했다. 미국 주별 자료를 분석한 다른 연구에 의하면 제조업 생산이 평균 18% 감소했다. 많은 사람이 죽고 병들어 노동력이 손실됐으며 감염 공포로 소비와 생산이 위축됐다. 그때도 감염을 막기 위한 '사회적 거리두기'와 영업 제한조치를 하면서 경제 활동이 타격을 입었다.

코로나19로 인한 사망률은 스페인 독감보다는 낮다. 그동안 공중보건의료시설이 크게 발전하고 개인 위생관리도 좋아졌기 때문이다. 또한 백신이 개발되면서 사망률을 크게 낮췄다. 그러나 코로나19는 3년이 넘게 지속되면서 세계 경제에 큰 영향을 미치고 있다.

세계 각국은 코로나19가 전 세계로 확산하자 국경 폐쇄, 이동 제한, 자택 대피, 휴교, 영업 제한 및 금지 등의 조치로 감염 확산을 막기 위해 노력했다. 보이지 않는 바이러스와의 전쟁에서 이겨야 하니 이들 조치로 인한 불편은 감수할 수밖에 없다. 소비, 투자, 생산이 급감하면서 경제적 손실이 컸다.

전염병은 인명 손실, 환자의 노동력 감소, 의료비와 같은 직접적인 비용과 더불어 여러 경로로 경제적 손실을 초래한다. 대인 접촉에

10 *Ibid.*

그림 5 세계·미국·한국의 경제성장률 추이(%)

출처: 국제통화기금(IMF), World Economic Outlook. 2022.10(2022년과 2023년은 예측치임).

대한 공포로 여행자 수가 줄고 민간 소비가 감소하며 생산이 위축된다. 관광업, 항공운수업, 음식·숙박업을 비롯한 대면 서비스업이 먼저 타격을 입는다. 불확실성이 높아져 투자심리도 위축된다.

코로나19 팬데믹의 인명 피해는 스페인 독감 때보다 적지만 경제적 충격은 백 년 전의 스페인 독감 때와 비슷하다. 2020년 세계 경제성장률은 −3.1%로 2019년의 2.9%에서 6%포인트가 하락했다. 세계 경제성장률 하락 정도는 2009년의 글로벌 금융위기의 충격보다 더 컸다.

뉴욕에서 겪은 코로나

뉴욕의 2020년 4월은 잔인했다. 코로나19 확진자가 하루 평균 1만 명이 넘었고 사망자는 4월 16일 하루에만 3,215명이었다. 거리는 인적이 끊기고 구급차 소리가 자주 잠을 깨웠다. 필자가 컬럼비아대학교를 방문해서 머물던 아파트에는 영결식 안내문이 붙었다. 뉴욕주는 자택대피와 비필수 사업장의 영업 금지 조치를 내렸다. 마트에는 식료품과 위생용품을 사려는 시민들이 2미터 간격으로 줄을 섰다. 학교는 기숙사를 폐쇄하고 모든 수업을 인터넷으로 진행했다.

뉴욕시는 미국 내에서도 신종 코로나바이러스 감염증(코로나19)으로 가장 심한 피해를 보았다. 공식 확진자가 처음 나온 3월 1일 이후 2개월 만에 감염자가 16만 명이 넘었고 1만 2,000명 이상이 목숨을 잃었다. 뉴욕시 인구는 840만 명으로 미국 전체 인구의 2.5%이지만 미국 전체 코로나19 사망자의 20% 이상을 차지했다. 인구 만 명당 감염자가 188명, 사망자는 14명으로 세계 최고 수준이었다.

미국의 중심인 뉴욕시는 미국 사회의 밝고 어두운 면을 모두 보여준다. 뉴욕은 세계 금융, 통상의 중심지이자 세계 최첨단 도시이다. 가구 중위소득이 6만 4,000달러에 달한다. 그러나 불평등이 심한 미국 내에서도 소득분배가 최악이다. 소득분배 지표인 지니계수가 0.55(0과 1 사이 값으로 1이 가장 불평등하며 한국은 0.35)로 매우 높다. 빈곤율이 17%이고 쉼터나 거리에서 생활하는 노숙자가 8만 명에 달한다. 전체 시민의 절반은 집에서 영어를 쓰지 않고 37%는 외국에서 태어난 이민자이다.

미국식 자본주의는 개인의 자유와 시장의 역할을 존중해 빠른 경제발전과 기술 혁신에 기여하지만, 공공의 문제를 해결하는 데는 미흡하다. 코로나19 대응에서도 공공의료 체계가 잘 정비되지 않아 피해가 컸다. 뉴욕시는 의료 인력과 시설은 부족한데 입원 환자가 갑자기 몰려 의료 시스템이 마비됐다. OECD 통계에 의하면 미국은 인구 1000명당 병상 수가 2.8로 영국, 이탈리아와 함께 선진국 중에서 매우 낮은 수준이다. 반면에 한국은 12.3으로 일본, 독일과 함께 세계 최상위 수준이다.

미국은 의료시설에 대한 접근성도 매우 낮다. 한국과 같은 국민건강보험이 없고 의료비가 비싸 미국인들은 평소 병원에 가기를 꺼린다. 뉴욕시 조사에 의하면 65세 미만 시민의 10%는 의료보험이 없다. 아파도 병원에 가는 것을 꺼려서 미국 국민이 1년간 의사를 만난 평균 횟수는 4회로 한국의 16.5회와 격차가 크다. 기저질환(당뇨, 고혈압, 암, 심장병, 폐 질환, 비만 등)이 있는 고령층도 평소에 건강을 돌보기가 힘들어 이번 코로나19처럼 감염이 빠르고 치사율이 높은 호흡기 질환에 매우 취약했다. 뉴욕시 코로나19 사망자의 75%가 65세 이상이고 대부분은 기저 질환자였다. 저소득 유색인종일수록 의료혜택을 잘 받지 못해 코로나19에 더 심한 피해를 보았다.

코로나 팬데믹 처음 1년 동안 한국은 코로나19 대응에 성공했다는 평을 전 세계로부터 받았다. 공공의료 체계를 다른 나라보다 잘 구축했다. 과거 메르스 사태의 경험으로 이번에는 공격적인 감염자 동선 추적과 자가 격리로 초기 방역에 성공했다. 우수한 의료 인력이 헌신적으로 봉사했다. 시민들이 마스크 착용과 사회적 격리에 적극적으로 동참한 것도 큰 역할을 했다.

우리 국민은 누구나 국민건강보험을 갖고 있고, 아플 때 병원에 가는 데 어려움이 없다. 미국은 의료보험이 없는 시민이 많고 보험이 있어도 본인 부담이 커서 병원 가기를 꺼린다. 미국에서 코로나19에 걸리면 입원 및 치료 비용이 평균 6만 달러(약 6,700만 원) 정도이고 이 중에 절반가량을 본인이 부담한다. 한국은 국민건강보험으로 본인 부담이 거의 없다.

백신과 정부 정책으로 위기를 극복하다

2021년에 백신이 선진국을 중심으로 빠르게 보급되면서 감염자와 사망자 수가 급속히 줄기 시작했다. 많은 국가에서 집단 면역이 가능해지고 위기 전의 '정상' 생활로 돌아갈 수 있을 것이라는 희망이 보였다. 이와 함께 세계 경제가 빠르게 회복하기 시작했다. 백신 접종과 경기부양 정책에 힘입어 2021년 세계 경제성장률이 6.1%로 반등했다. 한국 경제도 수출이 늘고 내수가 회복되면서 경제성장률이 2020년의 −1%에서 4%로 반등했다.

질병과 같은 천재지변은 일시적으로 수요와 생산을 위축시키지만, 근본적인 성장 잠재력에는 영향을 미치지 않는다. 그렇기 때문에

그림 6 전 세계와 지역별 코로나19 확진자 수의 추이(명)

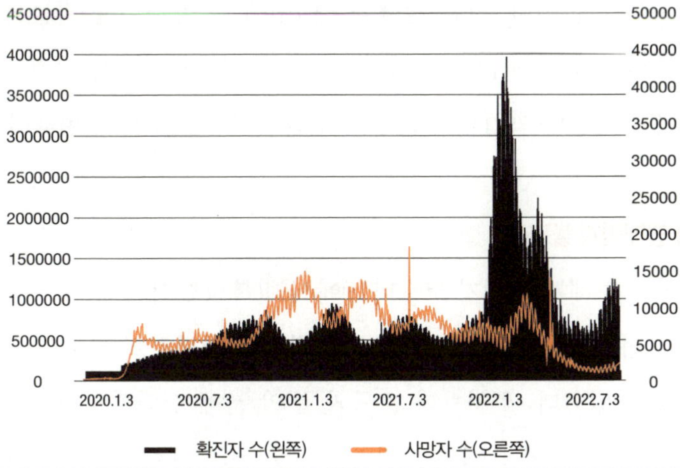

출처: 세계보건기구(https://covid19.who.int/).

경제는 원래의 성장 추세로 돌아가려는 힘이 작용한다. 사태가 안정되면 연기됐던 소비와 투자가 빠르게 회복할 수 있다. 정부가 재정, 금융 지원을 확대하면 경기 회복이 더 빨라진다.

국가는 위기 중에 국민이 겪는 경제적 어려움을 최대한 덜어주면서, 감염병 확산이 멈출 때 경제가 빠르게 회복할 수 있도록 준비해야 한다. 미국은 연준의 무제한 국채 매입과 대규모 신용시장 지원을 통해 GDP의 10%인 2조 달러의 대규모 재정지원을 시작했다. 한국도 과감한 재정·금융 정책으로 위기에 대응했다.

위기 중에도 경제성장의 원동력인 사람과 기업을 잘 보호하는 경제정책이 중요하다. 기업이 고용을 유지하도록 임금을 지원하고, 실업 보험을 확충하고, 피해가 심한 기업, 소상공인과 자영업자가 파산하지 않도록 대출을 보증하고, 임대료, 이자, 세금을 감면하는 재정, 금융 정책이 기본이다. 자금 경색을 해소하고 금융위기를 막는 중앙은행의 통화정책도 필수이다. 어려움을 겪는 가구에 생계 지원도 필요하다. 청소년층의 학업과 기술습득이 단절되지 않도록 지원해야 한다.

코로나 팬데믹과 불평등

올해 한국과 세계 경제가 코로나19에서 회복되겠지만, 경제 위기가 끝난 것은 아니다. 세계 경제는 이번 팬데믹이 발생하기 전부터 많은 문제를 겪고 있었다. 무엇보다 소득과 부의 분배가 악화하고 양극화가 심해지는 구조적인 문제가 심각했다. 프랑스 경제학자 토마 피케티는 방대한 자료를 이용해 선진국을 포함한 많은 국가에서 1980년대부터 노동소득 분배율(전체 소득에서 노동자가 차지하는 몫)이 계속 감소하고 소득과 부의 분배 불평등이 커지고 있음을 보였다. 분배 불평등이 심해진 주된 원인은 생산방법의 변화 때문이다. 자본 축적과 신기술 발전이 빨라지면서 기업이 노동을 자본으로 대체하는 현상이 활발하게 일어나 노동소득 분배율이 하락했다. 정보통신기술ICT산업을 중심으로 한 신기술은 숙련 노동자를 미숙련 노동자보다 더 많이 사용하도록 하면서 숙련과 미숙련 노동자 간의 임금 격차가 커졌고 소득분배가 악화됐다. 이에 더해 부의 대물림으로 부의 분배 불평등이 커졌다.

코로나19 이전에도 이미 경제 불평등과 양극화가 심각했지만, 이번 코로나19가 그것을 더욱 악화시켰다. 코로나19의 영향이 업종 간, 기업 간, 가계 간에 서로 상이하게 작용했기 때문이다. 비대면 경제의 디지털 수요 증가로 거대 기술기업은 호황을 누렸다. 하지만 대부분의 영세 업종 종사자와 자영업자들은 일자리를 잃거나 소득이 감소하는 피해를 보았다. 중앙은행이 저금리로 돈을 풀면서 실물과 금융자산 가격이 급상승해 자산 보유 여부에 따라 계층 간 격차가 더 심해졌다. 코로나19 위기로부터 회복되는 속도가 가계, 기업, 업종마다 격차가 심해 앞으로도 양극화가 심해질 것이라는 우려가 커졌다.

국제구호단체인 옥스팜Oxfam은 보고서에서 코로나19로 많은 사람이 일자리를 잃으면서 빈곤층이 크게 늘었지만, 세계 억만장자들의 자산은 오히려 급격히 증가했다고 밝혔다.[11] 세계은행은 하루 1.9달러, 우리 돈 2,100원 이하로 생활하는 빈곤 인구가 코로나19로 이후 1억 명가량 증가한 것으로 추정했다. 세계은행은 향후 10년 이상 빈곤 인구가 위기 이전 수준을 회복하지 못할 수 있다고 경고했다.

한국도 코로나19를 겪으면서 경제 불평등이 더 심해졌다. 특히 저소득층이 더 큰 피해를 보았다. 정부가 공적이전소득(연금, 실업급여, 아동수당, 정부의 재난지원금 등)을 늘렸지만, 소득분배의 악화를 막지 못했다. 재난지원금이 피해를 본 취약 계층에 선별 지원되지 않고 모두에게 보편적으로 지원돼 상대적 불평등을 감소시키지 못했다. 정부지원과 통화팽창에 맞물린 부동산 가격 폭등으로 부의 분배는 더욱 악화됐다.

---

11 Esmé Berkhout et al., *The Inequality Virus: Bringing Together a World Torn Apart by Coronavirus through a Fair, Just and Sustainable Economy* (Oxford: Oxfam, 2021).

팬데믹과 디지털 세상

코로나19 위기가 새로운 기회가 될 수 있을까? 대유행병으로 엄청난 인명 피해와 경제적 손실이 발생했지만, 위기에 적응하고 이후를 대비하는 움직임도 활발하다. 무엇보다 디지털 경제로의 빠른 전환이 주목을 받고 있다. 가계·기업의 비대면 활동 증가가 재택근무와 온라인 교육, 비대면 산업의 발전을 촉진했다. 세계적 컨설팅회사 맥킨지의 조사에 따르면 기업의 디지털화는 과거 3-7년에 걸쳐 일어난 변화가 팬데믹 이후 한 해에 이루어졌을 정도로 그 속도가 빨랐다.[12] 디지털 산업이 위기 극복과 미래 성장의 원동력이 될 것이라는 전망이 힘을 얻고 있다.

디지털의 잠재력은 무궁무진하다. 디지털 전환은 비대면 시대에 사람들이 더 건강하고, 새로운 방식으로 일하고, 삶의 질을 높이도록 도와준다. 디지털 기술은 우리가 홀로 격리되어도 초연결사회에 살 수 있도록 한다. 아마존, 구글, 애플, 페이스북 등이 제공하는 '디지털 플랫폼'은 전 세계 시민이 일하고, 즐기고, 경제적 가치를 창출하는 방식을 변화시키고 있다.

우리는 사실 정보통신기술ICT의 발전으로 오래전부터 '디지털 혁명'을 경험해 왔다. MIT 미디어랩의 니콜라스 네그로폰테 교수는 세상이 아날로그에서 디지털로 바뀌게 될 것을 1990년대에 이미 예언했다. 기업은 컴퓨터, 통신 장비 및 소프트웨어를 포함한 디지털 자산

12 "The New Digital Edge: Rethinking Strategy for the Postpandemic Era," *McKinsey*, May 26, 2021. https://www.mckinsey.com/capabilities/mckinsey-digital/our-insights/the-new-digital-edge-rethinking-strategy-for-the-postpandemic-era.

축적을 통해 생산 비용을 낮추고 효율을 높여왔다. 우리는 인터넷과 휴대폰이 제공하는 디지털 공간에서 많은 시간을 보낸다. 이제는 4차 산업혁명의 핵심인 5G, 인공지능, 사물인터넷 등 첨단기술의 융합과 빅데이터의 활용으로 디지털 전환이 가속화될 것이다. 디지털 전환이 돌이킬 수 없는 '티핑 포인트tipping point'에 이르렀다는 전망이 나온다.

그러나 ICT가 발전하고 디지털 플랫폼이 세상을 지배하면 모두가 행복할까? 답은 아직 확실하지 않다. 우선 디지털 전환으로 모두가 경제적 혜택을 누릴 수 있을지가 불확실하다. 로버트 솔로Robert Solow MIT대 교수는 ICT가 많이 증가했지만 경제 전체로는 생산성 향상이 크지 않았다는 '생산성 역설productivity paradox'을 언급했다. 그 배경에는 여러 장애 요소들이 있다. 중소기업의 경우 신기술을 채택하여 비즈니스에 활용하기가 쉽지 않고, 근로자는 신기술을 익히는 데에 어려움을 겪는다. 디지털 플랫폼을 독점한 대기업이 신규 혁신 기업의 진입을 막고 경쟁을 제한할 수도 있다. 기술혁신은 조지프 슘페터Joseph Schumpter가 말한 '창조적 파괴creative destruction'의 과정이기도 하다. 신기술과 새로운 산업이 오래된 기술과 산업을 쓸모없게 만든다. 예를 들어, 전자상거래의 성장으로 많은 소매업체가 피해를 볼 수 있다. 기존 기술에 의존하는 근로자의 일자리가 줄고 임금 격차가 커질 수 있다.

디지털 정보를 수집하고 관리하는 정부와 대기업을 얼마나 신뢰할 수 있는지도 중요한 문제다. 정부가 디지털 기술을 이용해 시민을 감시하고, 개인행동을 과도하게 규제할 우려가 크다. 유발 하라리Yuval

Harari 히브리대 교수는 《파이낸셜타임스FT》 기고문에서 중국 정부가 감염병 확산을 막는다는 명분으로 스마트폰과 안면인식 카메라로 개인을 밀착 감시하고 있다며 '빅브라더' 사회의 출현을 경고했다.[13] 하라리 교수는 중국식 전체주의 방식보다는 공권력에 대한 신뢰와 시민의 협력을 바탕으로 공중 보건과 사생활 보호의 균형을 추구해야 한다고 했다. 그는 한국, 대만, 싱가포르를 성공적인 예시로 들었다.

그러나 팬데믹으로 동아시아 국가가 '중국의 아류China-lite'가 되어간다는 지적이 나온다.[14] 교육 수준이 높고 중앙집권적 체제에 익숙한 동아시아 국가의 시민은 정부의 과도한 통제에도 잘 협조한다. 국가가 이를 이용해 바이러스 확산을 막는다는 명분으로 사생활을 과도하게 감시하고 시민의 기본권을 침해한다는 비판을 받고 있다. 한국은 이제 어디서나 휴대폰으로 행선지를 추적당하는 사회가 되었다. 외국 언론은 한국 정부가 과도한 개인정보 공개로 시민의 사생활과 인권을 침해했다고 지적했다.

'디지털 플랫폼'을 장악한 공룡들이 개인정보를 어떻게 사용하는지도 우려스럽다. 한국은 개인정보 보호에 특별히 취약하다. 개인정보 유출로 사생활 침해와 사이버 범죄가 자주 발생한다. 온라인 상거래와 검색정보를 장악한 대기업이 정보를 왜곡하고 부당한 이익을 추

---

13 Yuval Noah Harari, "The World After Coronavirus," *Financial Times*, March 20, 2020. https://www.ft.com/content/19d90308-6858-11ea-a3c9-1fe6fedcca75.

14 Jong-Wha Lee, "The Perils of Big COVID Government in Asia," *Project Syndicate*, October 1, 2020. https://asialink.unimelb.edu.au/insights/the-perils-of-big-covid-government-in-asia.

구한다는 비판도 받는다.

디지털 혁신이 경제 전체로 혜택을 가져올 수 있도록 하고 개인 정보와 시민의 기본권 보호를 강화해야 한다.

2

일본의 장기 침체

일본 경제의 추락

경제 발전 모범 국가의 추락

일본의 '잃어버린 20년'은 제2차 세계대전 이후 급성장했던 일본 경제가 1990년대 초부터 지속된 불황을 겪으며 생긴 말이다. 즉, 20년간 이어진 일본 경제 장기 불황을 뜻한다. 제2차 세계대전 이후 인류 역사상 유례가 없이 빠르게 성장했던 일본 경제는 1980년대에 와서 추락의 기미를 보이기 시작했다. 1950-1973년 사이 일본의 일인당 GDP는 연평균 8.0%씩 성장했다. 그러나 1980년대에 연평균 4%대로 성장률이 하락했고, 1990년대 초 주식 및 부동산 시장의 거품이 붕괴하면서 성장세가 더욱 빠르게 둔화해 1990년대의 평균 성장률은 1%대의 침체를 벗어나지 못했다. 2000년대에도 평균 경제성장률이 1%를 벗어나지 못했다. 1990년대부터 물가상승률이 0%대이거나 마이너스인

연도가 대부분이었다.

경제 발전의 성공 사례로 일컬어지던 '일본식 경제 발전 모델'이 붕괴됐다. 과거 일본 모델의 성공 요인으로 꼽히던 정부 주도형 산업 정책, 장기 고용 관행, 선단식 금융 시스템 운영, 계열 기업 간의 높은 결속력 등은 모두 일본 경제의 생산성을 높이는 데는 오히려 좋지 않았다. 또한, 인구가 고령화되면서 경제의 활력이 급격히 떨어졌다. 부양 비율(65세 이상 인구의 15-64세 생산인구 비중)은 1960년대의 9%에서 2000년에는 25%로 대폭 상승했다.

일본 경제가 장기 침체를 벗어나지 못한 원인은 무엇보다 자산시장의 버블 붕괴 이후 금융 부실이 계속된 것과 미흡했던 정책 대응을 들 수 있다.[15] 주식과 부동산 거품이 붕괴하고 경제가 장기 침체하면서 금융기관들의 부실 채권이 증가해 금융 불안이 지속되었다. 물가 수준이 하락하는 디플레이션으로 기업의 투자는 침체되고 서비스산업 등 내수 산업의 생산성이 매우 낮아 경제 전체의 효율성이 떨어졌다. 금융 정상화와 생산성 제고를 위한 구조 개혁 조치들은 매우 미흡했다.

일본의 복합불황이 예상보다 길어지고 고통이 컸던 또 다른 이유는 거시경제 정책의 잘못된 운용에 있었다. 장기 침체의 직접적 도화선이 된 부동산과 주식 가격의 급격한 붕괴는 과도한 긴축 금융에 기인했다. 일본 정부는 버블이 붕괴하자 확대 금융과 확대 재정 정책

---

15 Tim Callen and Jonathan D. Ostry, eds., *Japan's Lost Decade: Policies For Economic Revival* (Washington D.C.: International Monetary Fund, 2003).

그림 7 일본의 경제성장률과 인플레이션(%)

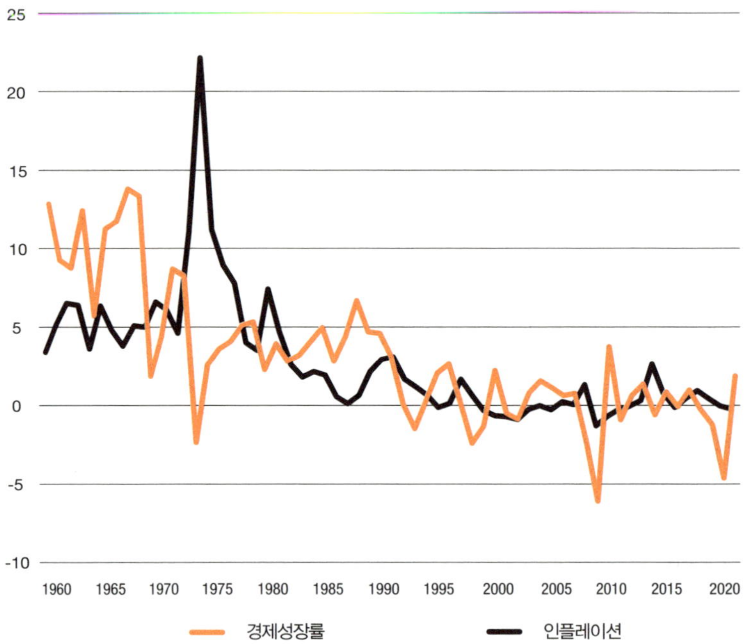

출처: World Bank, World Development Database.

을 했지만, 정책 대응이 늦거나 소극적이었다는 평가를 받는다. 사실 일본 경제는 1992년-1993년에는 성장률이 0%대였으나 금리 인하와 정부 지출 등 경기 부양책을 쓰면서 1994-1996년에는 경기가 상당히 회복되었다. 그러나 1997년에 들어와서 공공투자를 줄이고 소비세율을 인상하는 긴축 재정정책을 사용하면서 경기가 다시 위축되었다. 여기에 1997년 동아시아 외환위기가 발생하고 일본 경제로 파급되면서 장기 침체의 골이 깊어졌다.

한국은 일본과 다른가

한국이 일본의 '잃어버린 20년' 발자취를 따라가는 것은 아닌지 우려의 목소리가 높아지고 있다. 이러한 우려가 설득력을 가지고 있는 이유는 우선, 한국과 일본의 성장 패턴이 비슷하기 때문이다. 한국의 경제성장이 일정한 시차를 두고 일본의 경험을 따라가고 있다. 두 국가 모두 높은 투자율을 기반으로 노동자 일인당 자본량을 빠르게 축적하는 성장 전략으로 선진국을 '따라잡기' 하면서 발전해 왔다. 1부에서 설명한 '수렴convergence' 이론에 따르면 후진국이 부족한 자본량과 기술 수준을 높여서 선진국과의 소득 격차를 줄이는 과정에서 후발국의 성장률이 더 높다. 이는 다른 여건이 비슷하다면 일인당 자본량이 적을수록 같은 자본 투입을 했을 때 산출량이 더 크기 때문이다. 또한, 선진 기술을 갖춘 국가와 기술 격차가 크면 선진 기술을 모방하면서 성장하기가 더 쉽기 때문이다. 그러나 소득 수준이 높아지면서 기술 진보와 같은 총요소생산성의 증가 없이는 같은 자본 투입에 대한 생산량 증가가 점점 줄어든다. 따라서 자본축적률이 줄어들고 노동자 일인당 GDP 증가율이 줄어든다. 여기에 노동력 증가율도 점차 줄어들면서 경제성장률이 낮아진다.

일본과 한국의 성장률을 비교해 보면 경제 발전 초기에는 두 국가 모두 성장률이 매우 높았다. 그러나 일본과 한국의 1인당 국민소득이 약 8,000달러(구매력 조정 환율)를 초과하면서 성장률이 낮아지기 시작했다. 일본의 연간 1인당 GDP 성장률은 1960년대 8.6%에서 1970년대와 1980년대에 3-4%로 급격히 떨어졌다. 마찬가지로 한국의 연간 1인당 GDP 성장률은 1970년대와 1980년대 7-8%에서 2000년대 3-4%로 떨어졌다. 한국 경제의 성장 잠재력은 계속 하락했다.

아래 그림은 한국과 일본의 일인당 GDP가 변화하면서 5년 단위로 일인당 GDP의 성장률이 어떻게 변화했는지를 비교하고 있다. 같은 일인당 소득 수준에서 한국이 일본보다 일인당 GDP의 성장률이 더 높았다. 그러나 한국의 경제성장률은 비슷한 패턴을 보이면서 일본을 닮아가고 있다.

두 번째로, 일본의 경제 침체를 일으켰던 중요한 구조적인 요인인 인구 고령화와 노동력 감소를 한국도 겪고 있다. 고령화는 지속적

그림 8 한국과 일본의 경제성장률 추이

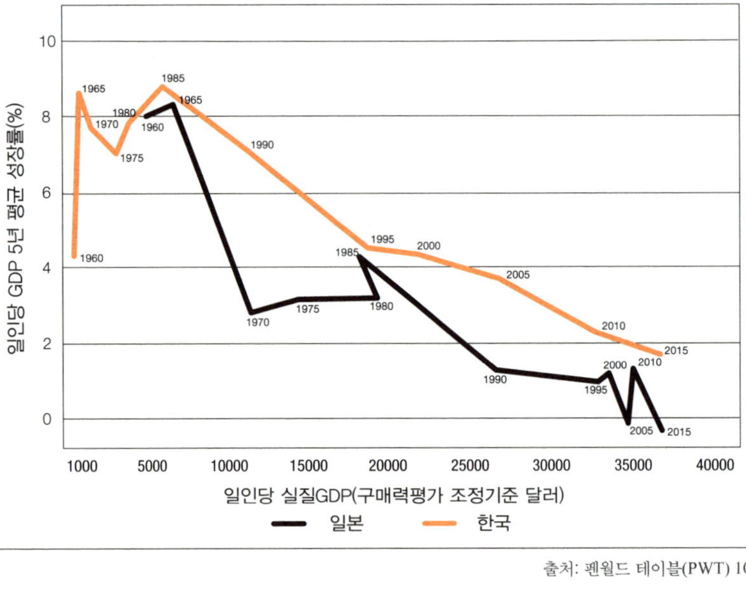

출처: 펜월드 테이블(PWT) 10.0.

으로 저축과 투자를 감소시키는 요인이다. 한국은 과거 일본의 고령화 추세를 대략 20년의 시차를 두고 따라가고 있다. 일본의 65세 이상 인구 비율은 2000년 17%에서 2021년 29%를 기록했는데, 한국의 현재 고령 인구 비율이 17%이다. 한국의 고령화 속도는 앞으로 더욱 빨라질 것으로 예상돼 2035년에 고령 인구 비율이 30%에 이를 것이다. 이대로라면 한국도 일본처럼 생산가능인구 수의 감소로 경제가 직접적인 타격을 받게 될 가능성이 크다.

세 번째로, 한국은 수출 중심의 경제 구조를 유지하고 있는데, 과거 일본이 그랬던 것처럼 수출 제조업과 비교해 서비스업의 생산성이 낮다. 수출 산업은 중국이 부상하면서 국제 무대에서 경쟁이 치열하다. 한국은 수출 제조업의 성장이 둔화되고 내수와 서비스 산업의 생산성 증가가 낮아지고 있다. 한국 경제가 생산성을 높이지 못하고 결국 일본 경제의 성장률 하락 패턴을 닮아갈 것이다.

네 번째로, 한국은 일본이 겪었던 정책의 실패를 답습하고 있다. 저출산 문제에 정부 예산을 쏟아부었지만, 효과가 없다. 기업 투자와 생산성을 높이기 위한 규제 완화와 제도 개혁은 일본처럼 느리다. 최근에는 정부가 재정 지출을 사회복지 분야에 치중하고 경제 전체의 생산성을 높일 수 있는 신기술 개발과 첨단 산업 육성을 위한 투자는 등한시했다. 또한, 지난 1990년대 일본의 경험을 보면 의원들의 압력으로 선심성 공공 건설사업들에 정부 예산이 주로 사용되었는데 한국도 이런 경향이 커지고 있다.

물론, 한국은 일본 경제가 겪었던 1980년대 말 주식 및 부동산

시장의 거품을 직면하고 있지는 않다는 점에서 일본과 매우 다르다고 할 수 있다. 수출 비중이 높고 반도체 산업을 중심으로 수출 경쟁력을 유지하고 있어 과거 일본보다 우리가 상황이 낫다고 할 수 있다. 일본의 디플레이션을 우리는 겪지 않고 있다. 한국은 일본에 비하면 정부부채도 적고 재정이 건실하다. 그러나 일본은 한국보다 내수 시장과 경제 규모가 커서 해외 충격에 대해 훨씬 안정적이다. 일본은 국제결제통화를 가지고 있어서 재정 적자와 정부부채가 쌓여도 외환위기나 국가부도위기를 겪지 않고 경제를 운용할 수 있지만, 한국은 위기를 겪을 가능성이 훨씬 크다.

일본과 한국 경제가 얼마나 닮아 있는지를 분석하는 것도 중요하지만, 일본의 '잃어버린 20년'으로부터 한국이 어떠한 교훈을 얻을 수 있는지가 더 중요하다. 일본이 '잃어버린 20년'에서 빠져나오기 위해 겪은 어려움은 우리에게 반면교사反面教師이다. 한국은 일본의 경험을 통해 배우고 앞으로 같은 실수를 반복하지 않도록 해야 한다.

일본의 잃어버린 20년의 원인과 대응

일본의 장기 침체의 시작

본래 경기는 주기적인 개선과 악화를 반복하지만, '잃어버린 20년' 동안의 일본 경제는 이러한 틀을 벗어나 이례적으로 불황이 지속됐다. 전후 오랜 기간 호황을 누리며 1990년대 초반에는 4%에 달했던 경제성장률은 '잃어버린 20년'이 시작된 후 평균 1%를 기록했고, 실업률이 급상승했으며 디플레이션으로 물가 수준이 계속 하락했다.

'잃어버린 20년'의 배경이 되었던 사건을 추적해 본다면, 대표적으로 1985년에 있었던 '플라자 합의Plaza Accord'가 있다. 플라자 합의는 1985년 9월, 미국 뉴욕의 플라자호텔에서 미국, 영국, 프랑스, 독일, 일본으로 구성된 G5의 재무장관들이 결의한 조치를 지칭한다. 이것은 외환시장에 개입하여 인위적으로 달러의 가치를 떨어뜨리고 다른 나라 화폐들(특히 일본 엔과 독일의 마르크)의 가치를 올리기로 결정한 환율 조정 합의이다.

1980년대 초 미국은 폴 볼커 연준 의장이 긴축 통화 정책을 했고 레이건 정부는 확장 재정 정책을 실행했다. 그 결과 이자율이 상승하고 자본이 국내로 유입해 달러 가치가 절상됐다. 1980년부터 1985년까지 달러는 일본 엔, 독일 마르크, 프랑스 프랑, 영국 파운드에 대해 약 50% 절상됐다. 미국 달러 가치 상승은 수입재화의 가격을 낮추어 인플레이션을 안정시키는 데는 도움이 됐지만, 미국 수출 상품의 가격이 상대적으로 비싸져서 미국의 수출을 줄이고 무역적자를 늘리는 효과가 발생했다. 플라자 합의는 환율을 조정해 미국의 무역적자와 일본과 독일의 무역흑자가 계속 누적되면서 발생한 국제수지 불균형을 해소하려는 조치였다.

플라자 합의로 엔화 환율이 1985년 252엔/달러에서 1986년 153엔/달러로, 1988년에는 120엔/달러로 크게 변화했다. 엔화 가치가 미국 달러에 대해 절상되면서 일본상품의 달러 표시 가격이 높아져 일본의 대미 수출은 감소했다. 엔화가 평가절상됨에 따라 일본 기업들

그림 9 일본의 주가와 부동산 가격 지수(1985=100)

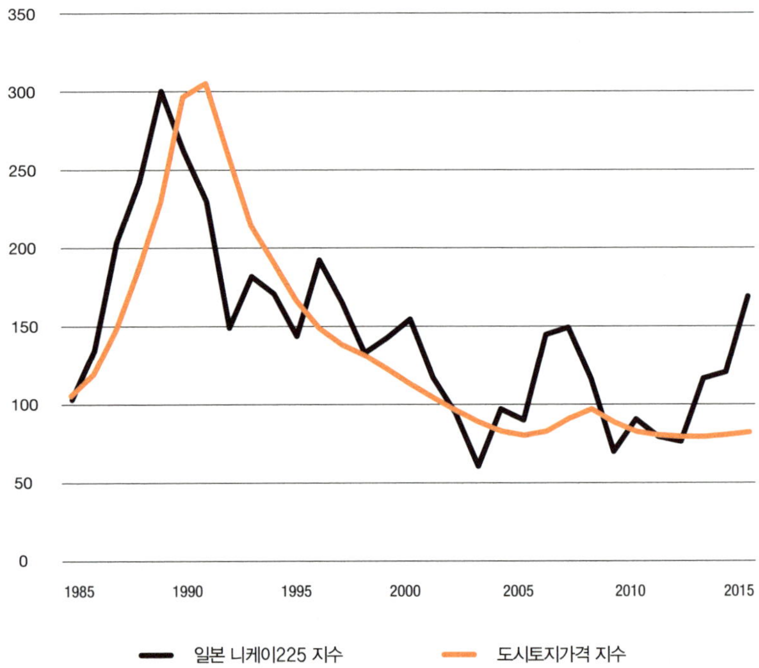

출처: CEIC data; Statistics Bureau of Japan; Japan Statistical Yearbook 2016.

은 해외로 생산 기지를 옮기고 실적 악화를 우려해 적극적으로 부동산, 주식 등의 자산 투자를 늘렸다. 그리고 일본 정부는 수출 부진으로 경제가 침체되는 것을 막기 위해 확장적 통화정책과 재정정책을 펼쳤다. 확장적 재정, 통화정책의 시행은 당시 이뤄졌던 대출 규제 완화와 맞물려 부동산 및 주식 시장을 활성화했다. 저금리의 여파로 싼 자금이 넘쳤고, 이들 중 대부분이 부동산과 주식시장에 유입됐다. 자산 시장은 활기를 띠었고, 일본 경제는 회복세를 보이는 듯했다.

하지만 1989년 5월 일본 당국이 지나친 버블 형성을 우려해 금융 긴축 정책을 단행하고 여러 부동산 규제 정책을 펴면서 상황이 급변하기 시작했다. 일본 당국의 정책 방향 전환에 따라 부동산, 주식 시장에 형성되었던 버블이 붕괴했다. 일본 주식 가격의 거품은 1990년에 터졌고 1992년 중반까지 주식 가격은 약 60% 하락했다. 부동산 가격은 주가가 하락한 지 1년 후에 하락하기 시작했다. 자산 가격의 내림세는 2000년대 초반까지 거침없이 계속됐다.

버블이 붕괴하면서 일본 기업과 금융기관의 문제점들이 드러났다. 당시 일본 기업들은 활황을 오판하여 과도한 부채를 축적하고 설비 투자를 늘렸다. 거품이 꺼지자 부채 상환이 어려워졌다. 자산 가격 붕괴는 대출 담보물의 가치를 손상하고 은행 자본을 잠식함으로써 은행 시스템에 문제를 일으켰다. 자본이 부족한 은행이 자본적정성 기준을 유지하기 위해 대출을 억제하면서 신용 긴축현상이 나타나기 시작했다. 신규 투자는 줄고 가계 소비는 위축돼 일본의 내수 전반이 둔화됐다.

일본 경제의 생산성이 낮아진 것도 일본 경제의 장기 침체의 중요한 요인이다.[16] 일본의 1990년에서 2007년 사이에 연평균 '총요소생산성total factor productivity' 증가율이 0.5%에 불과해서 보통 선진국의 평균치인 2%에 미치지 못했다. 투자 생산성도 1970-1990년에 비해 크

16 Kyoji Fukao, "Explaining Japan's Unproductive Two Decades," *Asian Economic Policy Review* 8, no.2 (2013): 193-213. 10.1111/aepr.12020.

게 낮아졌다. 일본 경제가 이렇게 낮은 생산성 증가를 기록한 이유는 제조업과 비교하면 서비스업의 생산성이 낮고 대기업에 비해 중소기업의 생산성이 낮았기 때문이다. 그리고 정보통신기술ICT 부문의 발전이 더뎠기 때문이라는 지적도 있다. 일본은 미국과 유럽의 선진국들이나 한국과 비교하면 GDP 대비 정보통신기술 부문의 투자액이 적었다.

일본이 경기 침체에서 빨리 벗어나지 못하고 상황을 악화시킨 것은 여러 정책이 효과적으로 작동할 수 없었기 때문이었다. 금리가 거의 0%에 수렴하면서 전통적인 통화 정책 수단이었던 금리 조정이 무의미했고, 정부부채가 많아 적극적인 확대 재정정책을 펼치기에도 어려움이 있었다. 당시 상황에서 일본 정부가 금융구조 조정과 더불어 확대 재정과 통화 정책으로 더욱 적극적으로 대응했어야 한다는 지적이 많았다. 버냉키Bernanke, 크루그먼Krugman은 일본 중앙은행이 적극적으로 유동성을 확대했어야 했다고 주장했다.[17] 포젠Posen 등은 일본 정부가 재정확대를 더 많이 해야 했다고 주장했다.[18]

일본 정부의 미흡한 정책 대응

일본의 잃어버린 20년은 고도성장의 결과인 투자 생산성 하락과 만성

17 Ben S. Bernanke, "Japanese Monetary Policy: A Case of Self-Induced Paralysis? Japan's Financial Crisis and its Parallels to US Experience," 149-166. https://www.princeton.edu/~pkrugman/bernanke_paralysis.pdf.; Paul Krugman, "It's Baaack: Japan's Slump and the Return of the Liquidity Trap" *Brookings Papers on Economic Activity* 2, (1998): 137-205. https://www.brookings.edu/bpea-articles/its-baaack-japans-slump-and-the-return-of-the-liquidity-trap/.

18 Kenneth N. Kuttner, and Adam S. Posen, "Fiscal Policy Effectiveness in Japan," *Journal of the Japanese and International Economies* 16, no.4 (2002): 536-558.

적인 수요 부족이라는 구조적인 관점에서 바라볼 필요가 있다. 일본은 경제 전반의 구조적인 문제를 해결하지 못했기 때문에 장기 침체를 겪었다고 할 수 있다. 그러나 1990년이라는 특정한 시점에서 "잃어버린 20년"이라는 돌이킬 수 없는 사태가 초래된 직접적 원인은 버블이 붕괴했을 때 일본 정부가 정책 대응을 효과적으로 하지 못했기 때문이라고 볼 수 있다.

1990년대와 2000년대에 걸친 일본 정부의 정책적 대응은 크게 보면 재정 정책, 통화 정책, 금융 정책의 세 부문에서 이루어졌다.

재정 정책이 효과적이었는지에 관해서는 부정적인 평가가 많다. 재정 정책이 경기 부양에 효과적이었다고 보기 어려울 뿐 아니라 재정 적자로 이어졌기 때문이다. 일본은 1993년과 2000년 사이에 세수는 줄고 지출은 계속 늘어나서 매년 재정 적자가 GDP의 5%라는 큰 수치를 기록했다. 정부의 총부채가 GDP에서 차지하는 비율은 1990년 GDP의 63%에서 2000년 136%로 두 배 이상 증가했다. 2010년에는 200%를 넘었다.

1990년대 일본 정부는 대규모의 재정 부양책을 시행했다. 정부 지출 측면에서 공공 투자, 중소기업 지원, 고용 지원을 목표로 예산을 배정했다. 가장 큰 부분을 차지했던 것은 공공 사업 부문으로, 주로 도로, 다리 등을 건설하는 사업에 투자하는 형태였다. 중소기업 지원도 당국의 예산에 큰 비중을 차지했는데, 중소기업을 위한 신용 보증 프로그램 등을 골자로 했다. 더불어 여러 고용지원 프로그램, 유동성 제약에 직면한 가계를 위한 현금 쿠폰 지급 정책 등이 시행됐다.

그림 10 일본의 재정수지와 정부부채 추이(GDP 대비 비율, %)

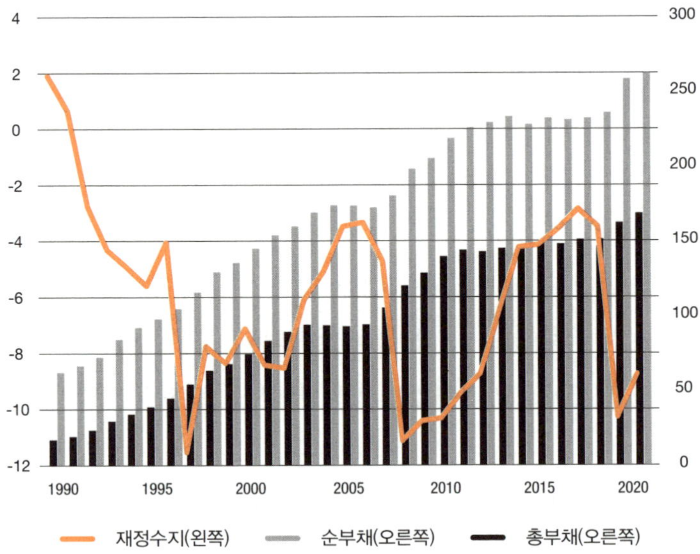

출처: International Monetary Fund, World Economic Outlook Database, April 2022.

정부는 감세 정책을 통해서도 경기 활성화를 도모했다. 1994년에는 GDP의 1%에 달하는 금액에 대한 감세 정책이 시행됐다. 하지만 1997년에 와서는 소폭으로 경제가 개선됐지만 늘어나는 정부 부채로 인한 재정 부담 때문에 정부가 정책 방향을 반대로 선회했다. 소비세 증세, 감세 정책 범위 축소 등의 정책이 시행됐다. 이로 인해 가계의 세금 부담이 가중되고 경제가 위축됐다. 이에 일본 정부는 또다시 정책 방향을 바꾸어 감세 정책을 시행했다.

일본의 재정 적자가 큰 폭으로 증가했음에도 불구하고, 재정 정책의 효과는 그다지 크지 않았다는 의견이 지배적이다. 이것은 여러 가지 이유가 있는데, 첫 번째로 공공 투자의 규모가 알려진 것에 비해 실질적으로는 크지 않았기 때문이다. 실제 수치를 살펴보면 1990년 중반 이후 정부의 공공 투자 부문 예산이 많이 증가하지 않았다는 것을 알 수 있다. 두 번째로, 정부가 정책의 방향을 바꾸었다. 정부가 지출 증가와 감세로 재정 확대를 하다가 다시 증세하는 등 일관적이지 못한 대응을 했기 때문에 재정 정책은 경기 개선에 큰 영향력을 발휘하지 못했다. 마지막으로, 재정 승수가 낮아 재정 정책의 효과가 크지 않았다. 재정 승수란 정부가 재정지출을 1단위 늘리면 GDP가 얼마나 늘어나는지를 나타내는 수치다. 정확한 수치에 대해서는 의견이 갈리지만, 재정 승수는 일본의 장기 침체 기간에 별로 높지 않은 것으로 추산된다.[19] 정부 지출이 민간 소비와 투자를 유발하는 효과가 작았다. 이는 금융 시스템이 회복되지 않아 은행 대출이 제대로 이루어지지 않았고 미래에 대한 불확실이 커서 민간 수요가 쉽게 활성화되지 못했기 때문이다.

일본은행은 버블이 붕괴되고 경기가 침체하자 완화적인 통화 정책을 시행했다. 처음에는 기준금리 인하라는 전통적인 통화 정책으로 경기 부양을 시도했다. 1991년부터 1995년까지 기준금리를 계속 낮추었다. 1998년에 기준금리는 0.25%로 낮아졌다. 그러나 금융 시스템이 부실한 상황에서 금리를 낮추어도 은행 대출이 늘어나지 않아 경기 부양 효과는 미약했다. 버블 붕괴로 부실채권이 증가한 데다 1997

19 International Monetary Fund, *Regional Economic Outlook Asia and Pacific* (Washington D.C.: International Monetary Fund 2009).

그림 11 일본의 주요 금리 추이(%)

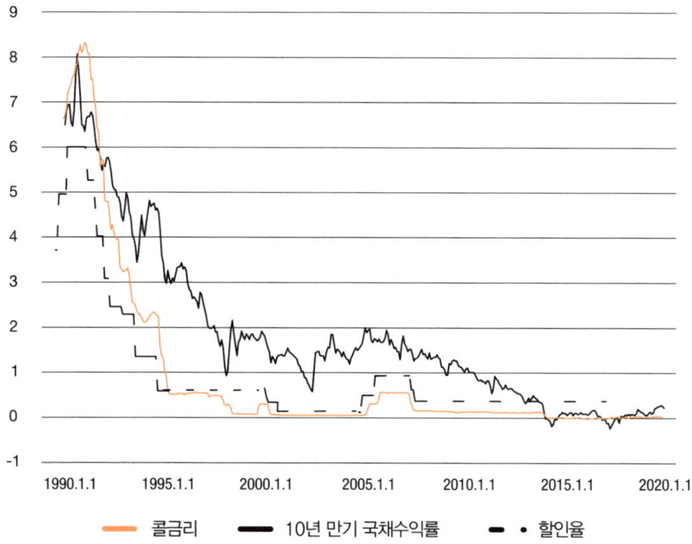

출처: Federal Reserve Bank of St. Louis.

년 동아시아 경제 위기의 파급효과로 일본 금융기관들은 대출을 늘리지 않았다.

1999년에는 기준금리를 완전히 0%로 낮추어 더는 금리 인하로 경기 부양을 할 수가 없었다. 중앙은행은 당시로는 새로운 방식의 통화정책인 양적 완화 정책을 도입했다. 중앙은행이 직접 자산을 매입하여 시장에 유동성을 공급했고, 그 효과를 공고히 하고자 디플레이션 문제가 해결되기 전까지 양적 완화를 지속할 것을 공언했다. 매입하는 자산도 국채와 같은 안전 자산뿐 아니라 만기가 더 길고 신용 위험이 큰 자산을 포함했다.

이러한 양적 완화의 효과에 대한 평가는 엇갈린다. 비전통적인 정책의 효과가 금융 시스템이 부실한 상황에서 제한적이었으며 재정 정책과의 협조가 부족했다는 비판이 있다. 더 과감하게 확장적인 양적 완화를 했었더라면 효과가 컸을 것이라는 견해도 있다.

1990년대에 이르기까지 고도성장 과정에서 일본은 금융기관이 대출을 받은 기업을 적절히 감시하지 못했고, 정부도 금융기관을 제대로 감독하지 못했다. 금융기관의 NPL(Non Performing Loan, 무수익여신)이 많아졌지만, 처리가 늦어지면서 부실기업이 많아지고 전체 금융 시스템이 제대로 작동하지 못했다. 장기 불황이 금융 부문의 구조적인 문제에서 일정 부분 비롯되었다는 사실을 인지하게 된 일본 정부는 금융 구조조정 및 여러 가지 감독과 규제 조치들을 실행했다.

가장 먼저 부실해진 주택담보대출 기관을 청산하고 회수 불가능한 불량 채권을 처리하기 위해 공공자산관리 회사를 설립했다. 중앙은행은 파산 위기의 은행들을 위해 유동성을 공급하고 1997년 11월에는 금융 시스템 보호를 위해 모든 예금과 은행 간 거래에 대해 보증하겠다고 선언했다.

당시 금융기관들은 충분한 자기자본을 가지고 있지 못했기 때문에, 기업이나 가계에 신용을 공급하기에 어려움이 있어 신용 경색에 대한 우려가 있었다. 이에 따라 정부는 금융기관이 보유한 부실 채권을 평가해 신속하게 매각했다. 또한 주요 은행들과 지역 은행들에 대한 공적 자금을 투입해 이들의 자본 상태를 개선하는 조치를 했다. 지원을 받는 대가로 적극적으로 은행 내부에서 취약점을 개선하고 바젤 은행감독위원회Basel Committee on Banking Supervison의 가이드라인을 지킬 것을 요구했다. 그리고 금융청Financial Supervisory Agency, FSA을 설립하고 금융 시장과 금융기관에 대한 감독을 강화했다.

일본은 이 기간에 초기 대처가 안일했던 탓에 장기 불황이 발생했다고 볼 수 있다. 금융 취약성이 오래 계속되면서 실물경기의 회복에도 영향을 미쳤다. 그러나 궁극적으로 2000년대에 와서 기업 부채와 금융권의 부실 채권이 점차 해결돼 마침내 경제가 회복할 수 있는 기반이 잡힐 수 있었다.

아베노믹스의 성과

2012년 아베 신조 내각이 구성된 이후 일명 '아베노믹스Abenomics'라 불리는 정책이 시행됐다. 이는 과거 15년에 걸친 물가하락과 경기 침체를 타개하기 위했던 것으로 일명 '세 개의 화살'로 불리는 적극적인 통화정책, 유연한 재정정책, 구조개혁에 초점을 둔 신성장정책이다. 아베노믹스의 궁극적 목표는 물가상승률을 높여 디플레이션에서 벗어나고 내수 수요를 진작시키며 구조 개혁으로 평균 경제성장률을 2%로 끌어올리는 것이었다.

먼저, 2%라는 물가상승 목표치를 달성하기 위한 적극적인 통화정책이 시행됐다. 앞서 언급됐듯이 당시 전통적인 통화 정책으로는 목표를 달성할 수 없었기 때문에 일본은행BOJ에 의한 적극적 양적 완화 정책이 시행됐다. 즉, BOJ는 직접 자산을 매입해 시장에 유동성을 공급하는 방식으로 아베노믹스의 목표를 달성하고자 했다. 두 번째, 당국은 재정 정책 측면에서 부양책을 시행했다. 주로 다리, 터널, 도로 등 인프라 구축을 위한 정부 지출로 경기 부양을 도모했다. 마지막으로, 구조 개혁으로 성장을 촉진하는 정책을 폈다. 기업 관련 규제들을 재정비하고 노동 시장 규제를 완화하며 법인세를 인하하는 등의 정책을 펼쳤다. 또한, 여성의 적극적인 사회 진출을 장려하는 정책을 실행했다.

아베 총리의 집권 이후 2년간 주가는 2배로 뛰었고, 소비자물가도 1%대로 상승했다. 환율은 1달러당 78엔에서 118엔까지 상승했다. 엔화 약세로 인해 수출과 해외 투자에서 벌어들인 외화의 엔화 가치가 높아지고 기업 실적도 크게 개선됐다. 고용환경이 나아지고 2년간 여성 고용이 82만 명 늘어나는 등의 효과가 있었다.

2014년 4월에는 소비세율을 5%에서 8%로 올렸다가 민간 소비가 감소하고 2분기 연속으로 경제성장률이 마이너스가 되면서 '아베노믹스'가 난관에 부딪혔다. 지지율이 하락했지만 아베 총리는 자민당 총재 재선에 성공해 기존의 세 개의 화살(양적 완화 통화정책, 재정 확대, 구조개혁)에 '강한 경제' '육아지원' '사회보장'을 추가하는 '아베노믹스 2.0'을 발표했다. 6개의 화살로 경기를 살리고 구조 개혁도 본격화하겠다고 했다.

하지만 일본은행의 적극적이고 대담한 양적 완화 정책에도 불구하고 아베노믹스는 첫 번째 목표인 2%의 물가상승률을 달성하지 못했다. 그리고 재정지출이 늘어나면서 정부부채가 더욱 증가했다. 구조

개혁은 여성의 경제활동 참가율을 높이는 등 효과가 있었으나 노동시장과 생산물 시장의 개혁 조치는 미흡했다. 제2차 아베노믹스의 핵심인 출산율 회복은 큰 성과가 없었다. 외국인 이민을 적극적으로 늘리지 않아서 노동력 감소를 피할 수 없었다.

엔저에도 불구하고 수출은 기대만큼 늘어나지 않았다. 제조업의 경쟁력이 과거보다 약화됐고 해외생산이 확대돼 엔저가 현지의 생산비용과 수출가격에 크게 영향을 주지 못했기 때문이다. 당시에 일본 전체 수출의 15%를 차지하는 자동차의 해외생산 비중은 도요타의 경우 62%, 닛산은 81%에 달했다.

결과적으로 아베노믹스는 의도했던 모든 목표를 달성하지는 못했다. 그러나 비전을 줄 수 있는 장기 경제 목표를 세우고 지속 성장을 할 수 있는 여러 경제 정책 간의 공조를 통해 경제를 활성화하려 했던 노력은 높이 평가할 수 있다. 이를 계기로 일본 경제가 디플레이션에서 마침내 벗어나게 되었고, 2%의 경제성장률을 달성하는 효과를 거두었다.

3

포퓰리즘의 경제 위기

포퓰리즘의 발생 원인과 영향

전 세계의 포퓰리스트의 선동

세계는 지금 포퓰리즘(대중영합주의)의 시대다. 경제적·사회적 불평등에 불만이 쌓이고 부패한 기득권에 실망한 국민은 포퓰리즘을 원한다. 이념과 상관없이 좌우에서 포퓰리스트들은 대중의 인기를 얻기 위해 기득권층과 엘리트를 비판하고 선심성 정책들을 쏟아낸다. 베네수엘라의 극좌 포퓰리즘 정부는 무상 교육, 무상 의료, 저가 주택 등 선심성 복지정책을 실시했다.

전 세계의 많은 정치인이 대중의 불만과 증오에 호소하는 포퓰리즘으로 지지 세력을 확대해 왔다. 포퓰리스트는 기존 정치에 실망하고 경제, 사회의 불공정에 불만을 가진 계층을 선동하는 수사와 선심성 정책을 내세워 지지를 얻는다. 최근에는 포퓰리스트는 경제, 정치적 불만 외에도 급격한 세계화로 인한 소외감과 이국 문화와 종교에 대한 위화감을 느끼고, 개인의 자유와 인권을 중시하는 시류에 반감을 품은 대중을 선동하면서 세력을 확장하고 있다. 미국의 트럼프 정부는 극우적인 이민 배척과 보호무역주의로 대중에 영합했다. 유럽에서도 폴란드, 헝가리, 터키 등 곳곳에서 포퓰리스트들이 권력을 잡았다.

포퓰리스트들은 '국민에게 더 가까이 다가가는' 감성을 자극하는 연출로 인기를 얻는다. 베네수엘라의 전 대통령 우고 차베스Hugo Rafael Chavez Frias는 서민의 걱정거리를 들어주는 방송 프로그램 '안녕, 대통령!'을 매주 직접 진행했다. 미국 트럼프 대통령은 주류 언론을 비판하고 트위터를 통해 대중과 직접 소통했다. 과거 오스트리아의 극우 정치인 외르크 하이더는 길거리에서 지지자들에게 돈을 직접 나눠줬다.

얀-베르너 뮐러Jan-Werner Müller 프린스턴대 교수는 저서 《누가 포퓰리스트인가》에서 포퓰리스트들은 오로지 자기들만이 정당한 국민의 대표라고 주장하기 때문에 민주주의를 위협한다고 했다. 책에 따르면 포퓰리스트들은 집권 전에는 기득권층을 부패하고 부도덕하다고 비난하고 '국민'(대중)은 이들과 반대되는 동질적인 선량한 집단으로 설정한다. 그러나 집권 후에는 국민의 목소리를 대변할 사람은 오직 자신뿐이고 정치적 경쟁자는 본질적으로 정당성이 없다고 주장한다. 또한 자신을 지지하지 않는 자는 진정한 국민이 아니라고 강변하면서 그 존재조차 인정하지 않는 반反민주적 태도를 보인다고 지적했다. 포퓰리스트들은 자신은 항상 정당하다고 생각해 부정부패를 저지

르고도 당당하고 법과 규범을 무시한다고 했다. 언론인과 학자를 투옥하고 자신을 비판하는 세력을 가혹하게 탄압하는 에르도안 터키 대통령은 "우리가 국민이다. 당신은 누구냐?"라고 외쳤다.

포퓰리즘은 사회 구성원을 '순수한 대중pure people'과 '부패한 기득권층corrupt elite'으로 나눈다. 포퓰리스트들은 정치가 대중의 '진정한 의사'를 대변해야 한다고 주장한다. 대중의 환심을 사기 위해 소득 재분배, 복지지출 확대, 보호무역과 같은 경제정책을 채택한다.

최근 들어 포퓰리즘은 자국에서 출생한 국적자의 권리를 이민자보다 더 중요시하고 외래적인 것을 배척하는 '토착주의nativism' 경향을 보인다. '토착주의 포퓰리스트'는 이민자, 소수 인종과 종교인, 범죄자, 세계주의자 등을 공격해 다수의 환심을 사려 한다. 2010년 총리로 재집권한 이후 독재자의 성향을 보이고 있는 오르반 빅토르 헝가리 수상은 "이민자들이 우리의 안보와 생활방식, 기독교 문화를 위협하고 있다"고 하면서 난민·이민자를 배척했다. 브라질 자이르 보우소나루 대통령은 여성을 비하하고 인종차별적 언행을 했다. 터키의 에르도안 대통령은 이슬람 국가를 만들겠다는 목표로 반대세력을 탄압했다. 필리핀의 로드리고 두테르테 전임 대통령은 법질서를 내세우면서 '마약과의 전쟁'에서 용의자를 재판 없이 처형하고 반외국 정서에 호소했다.

트럼프 미국 전 대통령도 주류정치에 대한 비판, 보호무역주의와 반이민 정책으로 인기를 얻은 포퓰리스트로 분류된다. 트럼프는 선동적인 정치적 수사와 선심성 정책으로 대중의 지지를 호소하고 포퓰리즘 정책으로 지지층을 결속시켰다. 보수와 진보의 대립이 첨예한 미국 사회에서 급진적인 변화를 싫어하는 보수층뿐 아니라, 기존 정치인과 정당이 자신의 경제적 어려움을 해결해 주지 않는다고 생각하는 많은 저학력 백인의 지지를 받았다. 트럼프가 코로나19에 잘 대응하기만 했다면 재선에 성공했을 것이다.

미국의 바이든 정부는 소득과 부의 불평등, 사회 양극화, 인종 갈등에 대한 불만을 해소하기 위해 진보적인 정책을 실행하고 있다. 그럼에도 불구하고 미국 사회의 불안정은 앞으로 더 커질 수 있다. 계층과 인종 간 갈등을 해결하기가 쉽지 않기 때문이다. 대중의 엘리트에 대한 불만과 정치 혼란은 새로운 포퓰리스트가 등장하기 쉬운 환경을 조성한다. 2024년 미국 대선에 트럼프가 다시 나오거나 제2의 트럼프가 등장해도 놀라운 일이 아니다.

포퓰리즘의 폐해

포퓰리즘 경제정책은 단기 이익에 초점을 두고 장기에 발생할 폐해를 무시하는 '단기주의short-termism'의 특징을 갖는다. 재정과 통화 팽창으로 경제성장률을 높이지만, 국가부채 증가와 인플레이션으로 심한 경제 불안정을 초래한 경우가 많았다. 특히 좌파 포퓰리즘은 급진적인 재분배 정책, 과도한 기업 규제, 노동 시장의 유연성을 저해하는 정책으로 장기적으로 생산성을 하락시켰다.

중남미 포퓰리즘을 대표하는 베네수엘라의 우고 차베스와 니콜라스 마두로는 부유층과 엘리트에 대한 적대감을 부추겨 대통령에 당선됐다. 그들은 사회복지 지출을 늘리고 사기업의 국유화, 가격 통제,

최저임금 인상으로 시장에 무차별적으로 개입했다. 중남미 포퓰리즘의 대변자 차베스는 14년간 집권하면서 세계 최대 석유 매장국인 베네수엘라의 석유 사업을 국유화하고 그 수입으로 무상 복지정책을 펼쳤다. 운 좋게 1999년 취임할 때 배럴당 13달러였던 국제원유가격이 2012년에는 140달러까지 계속 올라서 퍼주기식 선심 정책을 할 수 있었다. 그러나 지지층의 환심을 사기 위해 석유 수입을 모두 나누어줘 버리고 신산업과 성장동력 개발에는 투자하지 않았다. 마두로 또한 차베스식 포퓰리즘 정책을 하다가 원유가격이 내려가자 위기를 맞았다. 재정적자가 불어났고 적자를 충당하기 위해 화폐를 마구 발행했다. 화폐가치는 하락하고 물가가 계속 상승했다. 베네수엘라의 경제 위기로 모든 국민이 지금도 고통을 당하고 있다.

포퓰리스트는 대의 민주주의의 유용성을 믿지 않는 경향이 있다. 포퓰리스트는 기존의 정치제도와 싸울 수 있는 권한을 자신이 대중으로부터 직접 받았다고 생각한다. 따라서 의회, 관료 조직, 사법부 등 민주주의 기구의 권위와 법치를 종종 훼손한다. 트럼프 역시 미국 사회의 분열과 갈등을 악화시키고 민주주의를 후퇴시켰다. 미국은 민주주의 제도가 정착돼 있어 포퓰리즘의 피해가 적었다. 그러나 민주주의가 안정적이지 못한 국가는 포퓰리즘으로 민주주의가 크게 후퇴할 수 있다. 중남미의 포퓰리스트 대통령들은 삼권분립의 민주주의 기구를 약화하고 야당, 언론 등 비판 세력을 가혹하게 탄압했다. 심지어 편법으로 임기를 연장하여 대통령직을 연임했다.

우파와 좌파를 가릴 것 없이 모든 정치인에게 포퓰리즘은 유리한 정치 상황을 만들 수 있는 매력적인 정치 수단이다. 포퓰리스트는 국민을 앞세워 자기 자신과 정파의 이익을 챙긴다. 시간이 지나서 포퓰리스트의 달콤한 말에 속았다고 깨달았을 때는 이미 돌이킬 수 없는 피해를 본 경우가 많다. 포퓰리즘 정권을 견제하는 언론과 사법부, 정당이 무력해지면 대의 민주주의와 법질서가 후퇴한다. 보호무역, 외국자본 배척, 정부의 과도한 시장 개입과 같은 포퓰리즘 경제정책은 경쟁, 투자와 기술발전을 저해해 성장뿐 아니라 분배에도 나쁜 영향을 미친다.

한국도 포퓰리즘 가능성 크다

한국에서도 제2의 트럼프나 중남미형 좌파 포퓰리스트가 나올 수 있을까? '아시안 바로미터 서베이Asian barometer survey'에 따르면 한국은 기존 정치에 대한 불신과 소득 불평등에 불만이 높아서 포퓰리스트가 나오기 좋은 환경이라고 한다. 일부 정치인들은 자신만이 국민을 대표하고, 도덕적으로 우월하다고 생각하는 포퓰리즘의 성향을 종종 보였다. 편 가르기와 선동이 한국 정치에서도 일상이 됐다. 과도한 선심성 지출과 국가부채의 급격한 증가도 우려스럽다. 과거 정부에서 장기적인 효과에 대한 엄밀한 검증 없이 정부 예산으로 복지지출을 급격히 늘리는 포퓰리즘 정책들이 많았다.

경제 침체, 소득 불평등, 집값 상승에 대한 대중의 불만이 높아지고 있다. 한국은 젊은 고학력자가 많지만, 좋은 일자리는 부족하다. 상속 없이 노력만으로는 계층 상승이 어렵다. 이들은 부와 권력을 가진 기득권 엘리트층이 계급 질서를 공고히 하는 데 분노한다. 한국에도 기득권을 공격하고 포퓰리즘 정책을 내세우는 포퓰리스트가 등장할 가능성이 크다.

식민지 역사, 분단과 지역감정이 큰 영향을 미치는 한국은 토착주의nativism 포퓰리스트가 나오기 좋은 환경이다. 한일 갈등이 격화될 때마다 일본과 한국의 정치인들은 '토착주의 포퓰리즘'을 부추긴다. 일본 정부가 핵심 소재 3개 품목에 대한 수출규제 조치를 단행한 이후, 두 나라 지도층이 직접 나서서 강경한 발언을 쏟아냈다. 한국의 고위 정부 인사는 '죽창가'를 언급하고 일본과 경제 전쟁에서는 "애국 아니면 이적"이라고 결사 항전을 외쳤다.

삼권분립의 민주주의 기구와 법질서, 언론, 시민단체의 비판 기능이 제대로 작동해 포퓰리즘을 견제하고 통제해야 한다. 꾸준한 경제성장과 소득분배 개선으로 대중의 경제 불만을 해소해 포퓰리즘에 쉽게 현혹되지 않도록 해야 한다.

중남미 포퓰리즘의 특징

중남미 포퓰리즘의 오랜 전통

포퓰리즘은 중남미 국가에서 매우 오랜 역사를 갖고 있다. 중남미는 천연자원이 풍부하고 자원을 둘러싼 식민지 쟁탈이 심했다. 오랜 식민지 지배를 겪으면서 착취적 제도가 발전해 계층 간 부와 소득분배의 불평등이 심했다. 중남미 국가들은 대공황 이후 지나친 보호무역과 규제 정책, 비효율적인 관료주의 때문에 오랜 기간 저성장을 벗어나지 못하고 빈곤율이 높았다.

따라서 중남미는 포퓰리스트가 나오기 좋은 환경이었다. 포퓰리스트는 기득권층의 특권을 비판하고 소득 재분배를 강조하면서 대중에 직접 지지를 호소했다. 1940년대 이후 경기 침체기를 겪으면서 1980년대까지 포퓰리즘 정부들이 많이 등장했다. 브라질의 제툴리오 바르가스, 아르헨티나의 후안 도밍고 페론, 칠레의 살바도르 아옌데, 니카라과의 다니엘 오르테가와 산디니스타 민족해방전선 등이 대표적인 포퓰리스트 정권에 속한다.[20]

이들 정부는 재정 확대, 통화 팽창, 보호무역주의, 정부의 과도한 시장 개입과 같은 포퓰리즘 정책들을 시행했다. 자신들의 정책이 대중을 잘살게 한다고 선전했지만, 포퓰리즘의 실험은 실패로 끝났다. 높은 인플레이션과 실업률을 초래하고 많은 국가가 외환 위기나 금융 위기를 겪었다. 1980년대 후반에 대부분 중남미 국가들의 경제 지표는 좋지 못했다. 흔히 '잃어버린 10년'이라 불리는 10년간 일인당 GDP는 마이너스 성장을 기록했고 연간 인플레이션율이 세 자릿수에 달하는 국가도 많았다. 빈곤율도 높았고 소득분배 불평등도 세계적으로 가장 높은 수준이었다.

1990년대에 중남미에서 새로 출범한 정부들은 경제 침체와 외환 위기를 극복하기 위해 신자유주의 시장개혁을 시행했다. 재정적

20 Sebastian Edwards, *Left Behind: Latin America and the False Promise of Populism* (Chicago: Chicago University Press, 2010).

자를 줄이고, 관세를 낮췄으며 금융시장을 개방했다. 또한, 기업 규제를 줄이고 국영기업을 민영화했다. 그러나 이들 대부분 국가가 구조개혁에 실패해 경제 부실을 실질적으로 개선하지 못했다. 이런 상황에서 세계 경제의 충격이 파급되면서 1990년대에 다시 금융 위기를 경험했다. 실업률이 증가하고 물가가 상승하고 통화의 대외 가치는 폭락했다.

결국, 1990년대 중남미 국가의 정치 경제적 여건은 포퓰리스트가 다시 성장하기 좋은 환경을 제공했다. 베네수엘라의 우고 차베스Hugo Chavez, 아르헨티나의 네스토로 키르치네르Néstor Kirchner와 크리스티나 페르난데스 데 키르치네르Cristina Fernandez de Kirchner, 브라질의 룰라Lula, 볼리비아의 에보 모랄레스Evo Morales, 페루의 알란 가르시아Alan Garcia, 에콰도르의 라파엘 코레아Rafael Correa와 같은 인물들이 집권했다. 당시는 중남미뿐 아니라 전 세계적으로 포퓰리즘이 세력을 확대했다.

1990년대 중남미 네오포퓰리즘의 등장

1990년대 이후 남미에서 나타난 포퓰리즘 정부들은 과거 포퓰리즘 정부들과 달랐다. 일부 학자들은 이 시기 중남미 포퓰리즘을 네오포퓰리즘neopopulism이라 부르며 이전의 포퓰리즘과 구분한다. 이 시기 중남미 포퓰리즘은 정치 방식과 경제정책에서 과거 전통적인 포퓰리즘과는 상당한 차이가 있기 때문이다. 네오포퓰리스트 정치인도 카리스마적이고 기득권과 특권층의 부패를 공격하며 지지를 얻기 위해 일반

대중에게 직접 호소한다는 점에서는 전통적인 포퓰리스트와 같다. 더불어 소득분배 불평등과 같은 경제 사회적 문제가 기득권층, 자유로운 시장, 외국자본과 국제기구 탓이라고 비난한다는 점에서 같다.

그러나 네오포퓰리즘과 전통적인 포퓰리즘 사이에는 몇 가지 차이가 있다.[21] 첫 번째, 권력을 획득하는 방법의 차이이다. 전통적인 중남미 포퓰리스트들은 비민주적인 방법으로 권력을 잡거나 유지하는 경우가 많았다. 브라질의 제툴리오 바르가스, 아르헨티나의 후안 도밍고 페론, 페루의 후안 벨라스코 알바라도, 니카라과의 다니엘 오르테가의 경우가 그랬다. 그러나 네오포퓰리스트 정치지도자들은 과거와는 달리 무력 투쟁이 아닌 민주적인 선거를 통해 권력을 잡았다. 네오포퓰리스트들은 직접 시민이 참여하는 민주주의를 강조한다. 베네수엘라의 차베스와 볼리비아의 에보 모랄레스는 소외된 대중들의 정치 참여를 높이고 그들의 권리를 강화하는 것을 강조했다.

두 번째, 세계화를 대하는 태도에서 차이가 있다. 전통적인 포퓰리즘은 특정 외국계 회사나 은행을 비판하는 민족주의 지도자의 성격을 가졌다면 네오포퓰리스트들은 세계화 자체에 대해 반대했다. 세계화는 국경을 넘어 상품, 금융자본, 문화, 사람을 대량으로 거래하는 시스템이라고 매도했다. 이들의 반세계화 발언은 2008년에 세계 금융 위기가 미국과 유럽의 선진국에서 발생하면서 더 강해졌다. 초기의 중남미 포퓰리즘은 민족주의와 관련이 있었지만, 현대의 중남미 포

21 Sebastian Edwards, *op. cit.*; Carlos Torre and Cynthia J. Arnson, eds., *Latin American Populism in the Twenty-First Century* (Baltimore: Johns Hopkins University Press, 2013).

퓰리스트들은 반세계화, 반신자유주의, 반미를 외교정책의 핵심으로 내세운다.

세 번째, 포퓰리스트들은 소득 재분배를 위해 전통적인 포퓰리즘처럼 재정적자를 늘리는 방식에만 의존하지 않고 정부의 직접적인 통제와 규제 정책을 사용했다. 일례로 베네수엘라에서는 상품 가격을 직접 통제하고 근로자의 봉급을 인상했다. 아르헨티나에서는 전기와 가스 요금을 낮추고 저소득층과 중산층의 지지를 얻기 위해 외국 투자기업들과의 계약을 파기했다.

중남미 포퓰리즘은 왜 반복되는가

중남미에서는 포퓰리즘 정책들이 의도했던 성과를 가져오기도 했지만, 장기적으로 경제 실패를 가져오는 경우가 대부분이었다. 그런데도 포퓰리즘이 다시 반복되고 있다. 그 이유는 대중들이 이번 포퓰리즘 정치지도자는 과거와 다르고, 지금의 경제 상황은 과거와는 다르며, 이번에는 전과는 달리 실패하지 않을 것이라고 믿기 때문이다. 정보가 완전하지 않은 상황에서 개인들은 모든 정당의 포퓰리즘 경제정책의 내용과 장기적 효과에 관해 잘 알지 못한다. 카리스마가 있는 현란한 말솜씨를 갖춘 새로운 포퓰리스트가 나타나 기득권을 공격하면서 다수에게 혜택이 돌아가는 공약을 제시하면서 대중의 지지를 호소하면 대중은 선거에서 포퓰리스트를 지지한다.

중남미 국가에서는 대부분 경기가 침체했거나 위기일 때 포퓰리즘이 등장했다. 포퓰리스트는 생활 수준 악화와 빈부 격차의 원인을 기존 정부와 외국인과 국제기구에서 찾았다. 자유무역과 세계화를 반대했다. 자유무역은 경제 전체로는 이득을 가져오지만, 이익을 보는 집단과 손해를 보는 집단이 모두 발생한다. 손해를 본 집단에 대한 보상이 이루어지지 않을 때 이 집단에 속한 국민은 세계화에 불만을 품게 된다. 이런 상황에서 재정 확대, 임금 상승, 환율과 물가 통제, 반세계화 정책들을 구호로 내세운 포퓰리즘 정치인들이 국민의 지지를 받아 당선됐다.

학자들은 중남미 국가의 부실한 정치, 경제 제도와 포퓰리즘 정책이 연관되어 있다고 주장한다. 여러 중남미 국가에서 권력층이 기득권을 보호하고 패권을 영구히 하려는 약탈적 제도가 정착되고 경제 불평등이 심해졌다. 이런 환경에서 반부패와 소득 재분배를 강조하면서 대중의 지지를 호소하는 포퓰리즘 정부가 다수 표를 얻어 정권을 잡을 수 있었다. 대런 에스모글루 MIT대학 교수는 중남미 국가는 사유재산권의 보호가 미흡하여 포퓰리즘 정부가 과도한 재분배 정책을 실행할 수 있다고 했다.

베네수엘라의 경제 위기

1993년에 베네수엘라에서 라파엘 칼데라가 시장개혁과 세계화에 반대하는 포퓰리즘을 내세우면서 당선됐다. 그러나 경제가 나빠지면서 1996년 IMF에서 구제금융을 받고 IMF 프로그램에 따라 경제정책을 시행했다. 그 뒤를 이어 1998년에 우고 차베스가 빈민층의 지지에 힘입어 베네수엘라의 대통령이 됐다. 2013년까지 4번의 임기를 지냈다.

차베스는 부유층과 엘리트층을 공격해 대중의 환심을 샀던, 중남미 포퓰리즘을 대표하는 정치지도자였다. 세계 최대 석유 매장국인 베네수엘라는 차베스가 취임했을 당시는 배럴당 13달러였던 국제원유가격이 2012년에는 140달러까지 올라 석유 수입으로 여러 복지정책의 자금을 조달할 수 있었다. 빈민층에게 의료서비스를 제공하고 문맹 퇴치 운동을 진행했다. 빈민층에게 식량도 저렴하게 공급했다.

차베스는 집권 기간인 1998년부터 2012년에 중요한 기업을 국유화하고 복지 사업을 통해 분배를 개선하려 했다. 석유 사업을 국유화하고 그 수입으로 무상 복지정책을 펼쳤다. 차베스 집권 기간에 일인당 국내총생산은 증가하고, 실업률은 감소했으며 소득분배는 개선됐다. 그러나 차베스 정부의 경제성장과 소득분배의 성과는 차베스의 정책에 의한 것이라기보다는 국제 유가의 상승에 기인한다. 석유 수입을 신산업과 성장동력 개발에 투자하지 않고 지지층의 환심을 사기 위해 모두 나누어주었기 때문에 성장 잠재력은 점차 줄었다.

차베스의 왜곡된 정책들로 인해 점차 부작용이 발생했다. 차베스 정권에서 공공지출이 급증하고 화폐 발행이 늘면서 인플레이션 문제가 심각해졌다. 이 시기에 인플레이션율과 정부부채는 중남미 국가의 평균보다 훨씬 높았다.

차베스 정권이 석유자본을 이용하여 퍼주기식 선심 정책을 했지만, 복지정책의 결과는 그리 좋지 않았다. 복지 사업도 정치적 계산으로 차베스 정부를 지지하는 계층에만 선별적으로 행해졌기 때문이다. 차베스 재임 동안 베네수엘라의 문맹률은 거의 감소하지 않았고,

유아 사망률 그리고 전염병 사망률과 같은 공공보건지수는 오히려 악화됐다.[22]

차베스의 뒤를 이은 니콜라스 마두로는 차베스식 강력한 국유화 정책, 사회복지 정책, 반미 정책을 유지했다. 사기업의 국유화, 세무조사, 가격 직접 통제, 최저임금 인상 등으로 시장에 무차별적으로 개입했다. 2014년부터 베네수엘라의 국내총생산은 급락했고 실업률이 폭등했다. IMF 추계에 의하면 경제성장률이 2015년부터 2020년에 걸쳐 −6%, −17%, −16%, −20%, −35%, −30%로 끊임없이 추락했다. 일인당 GDP가 2015년의 10,568달러에서 2021년에는 1,685달러로 감소했다.

재정적자가 늘어났고 적자를 충당하기 위해 화폐를 마구 발행했다. 물가가 계속 오르자 생산물 가격을 통제하고 생필품을 배급했으며 최저임금을 올렸다. 재정적자가 2014년에 국내총생산GDP의 15%를 넘었고 2018년에는 31%에 달했다. 재정적자를 충당하기 위해 화폐를 마구 발행해 물가가 계속 상승했다. 2020년 물가상승률은 무려 897억%였다. 매주 물가가 평균 50%씩 상승했다.

마두로 정부는 2016년에 P&G, 클로락스Clorox, 킴벌리 클라크 등 외국 투자기업의 자산을 몰수하고 국영기업으로 전환했다. 지속적인 인플레이션 상황에 경제의 불확실성이 높아지자 생활용품업체인 이 기업들이 공장 가동을 멈춘 것에 대해 의도적으로 생산을 중단한 것으로 몰아서 기업을 몰수했다. 2017년에는 베네수엘라 전체 자동차

22 Sebastian Edwards, *op. cit.*

그림 12 베네수엘라의 경제성장률(%)

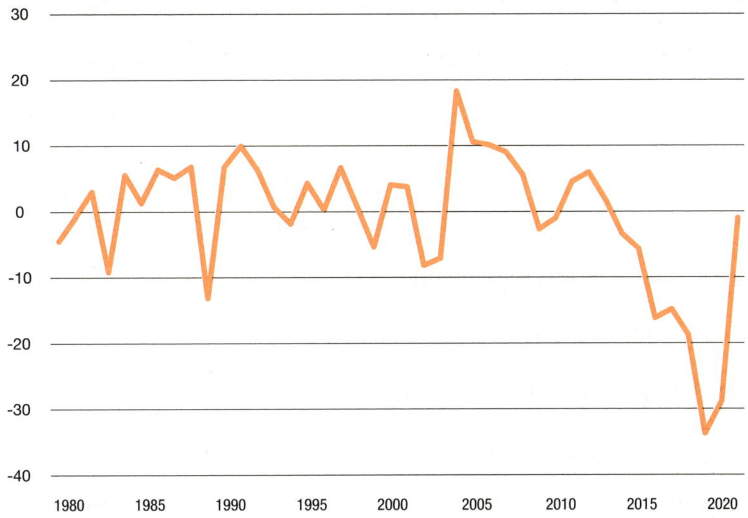

출처: IMF, World Economic Outlook Database.

생산의 55%를 차지하던 GM 공장을 몰수했다.

아르헨티나의 포퓰리즘

탱고는 열정적이고 낭만적이다. 그러나 부에노스아이레스의 탱고는 '춤추는 슬픈 감정'이다. 왕가위 감독의 〈해피 투게더〉에서 탱고는 그런 기억으로 남는다. 탱고의 나라 아르헨티나가 경제 위기에서 벗어나지 못하고 있다. 아르헨티나는 2005년 외채를 갚지 못해 국가부도사태를 겪었고 이후에도 여러 번 경제 위기를 겪고 국제통화기금IMF에서 구제금융을 받았다.

2015년 집권한 마우리시오 마크리 대통령은 재정지출 삭감, 연금개혁, 보조금 축소, 수입개방, 노동시장 개선 등 경제개혁을 추진했다. 그러나 긴축 정책에 반대하는 노동단체의 시위가 격렬했다. 원유가 인상으로 수입 비용이 상승하고, 미국 금리 인상으로 외국 자본이 떠나면서 위기를 맞았다. 전 정부의 포퓰리즘(대중영합주의) 적폐 때문에 개혁을 추진하고 성과를 내기가 힘들었다. 구조개혁을 소홀히 해 경제가 외부 충격에 너무 취약했다.

아르헨티나는 네스토르 키르치네르 대통령(2003-2007년)과 부인 크리스티나 페르난데스 대통령(2007-2015년)이 연이어 12년을 집권했다. 2007년 퇴임 시 네스토르는 지지율이 높았지만, 대선에 출마하지 않았다. 연임하면 다시 출마하지 못하므로 부부가 번갈아 가면서 집권하려 한다는 이야기가 많았다. 퇴임 후 네스토르는 집권당 대표를 지내면서 국정을 배후에서 조종하는 실권자가 됐다.

네스토르가 집권한 2003년부터 세계 식량 가격이 계속 올라 곡물 수출국이었던 아르헨티나는 호황을 맞았다. 네스토르는 최저임금을 올리고 연금 지급을 확대하며 전기, 가스, 교통 보조금을 올렸다. 부인 크리스티나도 집권 후에 복지지출을 계속 늘렸다. 공공 일자리를 대폭 늘리고 민간 기업들을 국유화하는 등 국가가 시장에 심하게 개입했다.

크리스티나는 베네수엘라의 우고 차베스·니콜라스 마두로, 브라질의 지우마 호세프와 함께 남미의 포퓰리즘을 대표하는 정치지도자였다. 그녀는 기득권을 비판하고 선심성 지출을 늘렸다. 배타적 민족주의 성향이 강해 미국 등 서구 국가들과 외교 마찰이 심했다. 국민에게 직접 호소하며 서민들을 위한 지도자를 자처했다. 그러나 키르치네르 부부는 재임 동안 광범위하게 기업들로부터 뇌물을 받은 혐의를 받아왔다.

키르치네르 부부의 12년 장기집권은 아르헨티나 탱고의 마지막처럼 슬픈 여운을 남겼다. 국민은 오랜 기간 선심성 정책에 익숙해져 고통스러운 개혁을 원하지 않았다. 재정과 통화 남발로 물가가 계속 상승했다. 풍부한 자원에만 의존한 채 새로운 산업의 발전을 등한시하고 경제 체질을 개선하지 않아 아르헨티나 경제는 외부 충격에 매우 취약해졌다. 세계 곡물 가격이 2014년부터 급락하면서 무역적자가 늘고 경제성장률이 하락했다. 창고가 거덜 난 경제에 외국 자본마저 빠져나가면서 국가가 부도를 맞았다.

3부

한국 경제의 미래

1 어떻게 더 나은 미래를 만들 것인가

2 모두가 행복한 국가를 향하여

Prospects

1

어떻게 더 나은 미래를 만들 것인가

한국 경제, 이대로 주저앉을 수는 없다

미래를 대비해야 한다

한국 경제가 불안하다. 지금 경제가 나쁜 것도 문제지만 미래가 더욱 불안하다. 세계 경제가 어려운 상황에서 한국 정부가 여러 정책을 동원해도 대응하기가 쉽지 않다. 한국의 합계출산율은 세계 최하위이고 65세 이상 고령 인구 비율은 세계에서 가장 빠르게 늘고 있다. 노동력 감소와 생산성 증가율 둔화로 잠재 성장률은 계속 하락하는 반면, 정부 부채는 계속 늘고 있다. 의료보험과 국민연금 제도를 지금처럼 유지하기가 쉽지 않다. 정부 부채가 계속 많아지면 다음 위기에 재정이 제대로 역할을 하기도 어렵다.

불안과 위기는 국민의 몫이다. 국민은 앞으로 생활 수준이 지금보다 나아지기는커녕 더 나빠질까 불안하고, 노후와 자식 세대의 앞날이 걱정이다. 그러나 국민 세금으로 월급을 받는 공직자들은 얼마나 위기의식을 가지고 노력하고 있는지 알 수 없다. 성장률을 높이고 청년들에게 좋은 일자리를 만들어주고 복지를 확대하려는 노력은 미흡하다. 부실기업의 구조조정은 느리기만 하고 노동·교육·공공 부문 개혁의 성과는 만족스럽지 않다. 항상 선거를 앞두고 사탕발림 공약이 쏟아져 나오지만 선거가 끝나고 나면 과연 무엇이 달라지는지, 제대로 개혁을 할 수 있을지 의문이다.

예측하기 어려운 국가적 대재난이나 경제 위기는 개인이 대비할 수 없다. 국민은 유능한 정치인, 관료에게 권력을 위임하고 신뢰한다. 모든 국민은 더 안전하고 경제적으로 풍요하고 존중받는 삶을 누리길 원한다. 퍼펙트 스톰과 중장기 구조적 문제가 중첩된 현재 상황에서 정부가 해야 할 일이 많다.

한국은 지난 경제 위기를 국민과 정부가 힘을 합쳐 다른 어느 국가보다 잘 대처하고 빠르게 극복했다. 정부가 국내 위험 요인을 미리 제거하고 효과적인 재정·통화·금융·산업의 정책 조합policy mix으로 외부 충격에 대응하면서 중장기 구조개혁을 잘한다면, 폭풍우가 와도 한국 경제가 순탄하게 운항할 수 있다. 우리가 겪은 과거의 위기를 다시 겪지 않고 또 다른 일본의 장기 침체나 중남미 포퓰리즘의 국가부도 위기를 피할 수 있어야 한다.

한국은 몇 번의 위기를 누구보다 빨리 극복하고 새롭게 도약한 일류 국가였다. 변화에 대한 빠른 적응력이 우리 경제의 최고 강점이었다. 이제 위기가 온지도 모르고 현실에 안주하면 삼류 국가로 추락한다. 지속적인 성장을 기반으로 공정한 분배와 건실한 복지를 함께 갖춘 선진국으로 나아가야 한다.

복합 대책으로 위기에 대응해야

국가 경제의 중요한 세 가지 목표는 경제성장, 물가 안정, 분배 평등이다. 경제성장, 물가 안정, 분배 평등은 트릴레마, 또는 '3중 딜레마'에 해당한다. 세 가지 선택이 서로 상충하는 상황을 3중 딜레마라고 한다. 한두 가지의 대책으로는 이 목표들을 동시에 달성하기가 힘들다. 3중 딜레마는 하나의 정책만으로는 풀 수 없다. 앞으로 한국 경제가 세 마리 토끼를 동시에 잡으려면 그물을 촘촘히 짜야 한다.

한국 사회는 위기에 대응해 복합적인 대책을 수립하고 실행해야 한다. 위험에 대응할 수 있는 역량을 키워야 하며 종합적이고 효과적인 정책이 필요하다. 다음 10개의 복합 전략을 민간과 정부가 합심하여 실행해야 한다.

첫째, 위험을 관리하고 올바른 지식을 쌓아야 한다.
둘째, 기술혁신 역량을 키워야 한다.
셋째, 저출산·고령화 종합대책 세우고 실행한다.
넷째, 인적 자본에 투자한다.
다섯째, 제도 개선과 구조 개혁을 꾸준히 추진한다.
여섯째, 분배 개선과 양극화 해소에 노력한다.
일곱째, 거시경제 안정정책을 효율적으로 운용한다.

여덟째, 재정의 효과적 운용과 중장기 건전성을 도모한다.

아홉째, 포퓰리즘을 막아야 한다.

열째, 신중하고 효과적인 대외경제전략으로 외부 위험에 대응하고 대한민국의 국제적 위상을 높여야 한다.

공급 정책(노동, 기술, 제도 개선, 구조 개혁), 수요 정책(통화, 재정, 금융 정책), 대외 경제전략을 잘 결합하고 정책들이 시너지를 낼 수 있어야 안정적인 지속 성장을 달성하고 소득분배도 개선할 수 있다.

그에 못지않게 장기에 걸쳐 성장 잠재력을 어떻게 높일 것인가 하는 것이 중요하다. 금융 및 재정 완화정책에 의존하는 경기 활성화는 그 효과가 단기적이고 제한적이다. 지속적인 성장을 위해서는 인적자원, 기술, 제도, 정책의 네 가지 중요한 장기 성장 요인을 개선해야 한다. 이를 통해 꾸준한 생산성 향상과 기술 발전이 가능하다.

새로운 기술의 개발은 우리 경제에 활력을 불어넣는다. 대학과 정부출연연구소의 연구 능력을 증진해 원천기술 개발에 박차를 가해야 한다. 생명공학·인공지능·친환경에너지 등 4차 산업혁명의 신산업들과 의료·관광·금융·문화 등 고부가가치 서비스업이 클 수 있는 법과 제도적 환경을 조성해야 한다.

인재 양성으로 잠재성장률을 높여야 한다. 모든 개인이 잠재력을 발휘할 수 있도록 어릴 때부터 제대로 된 교육 환경을 제공하고 정규교육의 질을 높여야 한다. 과학과 기술 분야에서의 창의적인 인재가 클 수 있도록 해야 한다. 적절한 직업훈련과 평생교육을 통해 새로운

지속적인 장기 성장을 위한 네 가지 요인

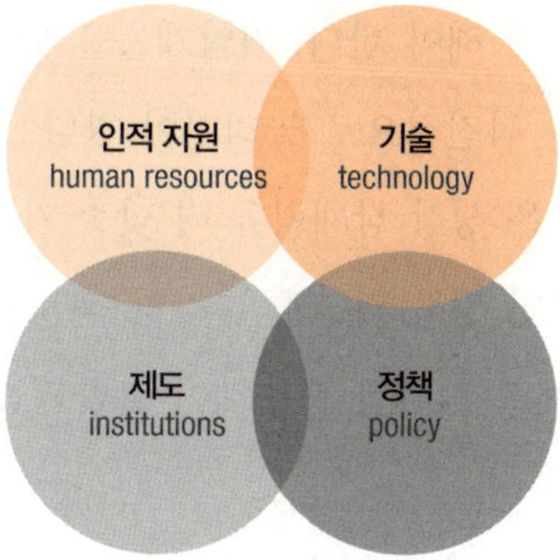

기술 발전에 맞추어 근로자가 능력을 꾸준히 개발할 수 있어야 한다. 노동시장의 유연성을 높여 인력 자원이 효율적으로 배분될 수 있도록 해야 한다. 저출산·고령화에 효과적으로 대응하는 종합대책을 세우고 꾸준히 추진해야 한다.

낙후된 제도와 규제를 개혁해 경쟁을 촉진하고 창업을 활성화하며, 노동 및 금융시장의 효율성을 높여야 한다. 혁신 중소기업과 고급 부가가치의 서비스업을 육성해 좋은 일자리를 만들고 내수도 튼튼히 해야 할 것이다. 기술혁신을 촉진하면서 혁신이 경제 전체에 혜택을 주고 모두에게 이득을 가져올 수 있도록 기업과 개인 간에 존재하는 정보 접근과 활용능력의 격차를 줄여야 한다. 디지털 세상에서 정부와 디지털 플랫폼이 기술을 남용하지 못하도록 하는 견제와 균형이 필요하다. 개인정보와 시민의 기본권 보호를 강화하고 우리 사회가 디지털 권력을 감시하고 감독해야 한다.

성장 잠재력을 올리면서 동시에 소득 불평등을 해소해야 하는 것은 시대적 임무다. 교육과 창업을 통한 성공 기회를 확대해 계층 간 상향 이동을 활발하게 해야 한다. 취약계층을 위한 사회안전망을 확대하고 복지 지출을 점진적으로 늘려가야 한다. 그러나 분배를 우선하는 포퓰리즘 정책은 성장 잠재력을 더 낮출 가능성이 있다. 포퓰리즘 정책은 비생산적인 정부 지출을 늘리며, 과도한 규제로 경제적 자유를 제한한다. 경제적 격차를 해소해야 포퓰리즘에 대한 국민의 욕구를 낮출 수 있다.

글로벌 격랑이 우리 수출과 금융·외환 시장에 미치는 악영향을 최소화해야 한다. 세계 금융시장의 변화에 따라 통화·금융·외환 정책을 신축적으로 운용하고 우리 경제의 취약 요인을 개선해 글로벌 금융 충격의 국내 파급효과를 줄여야 한다. 가계부채 관리와 부실기업 구조조정에 힘쓰고 부동산과 금융 시장 안정에 더욱 주의해야 한다. 중앙은행은 물가를 안정적으로 관리하는 '인플레이션 파이터'로서 국민에게 신뢰를 주어야 한다.

한국의 경우 아직 재정 여건이 나쁘지 않아 부채가 좀더 늘더라도 재정지출을 추가로 할 수 있는 여력이 있다. 그러나 단기 경기부양을 위해 재정지출을 늘린다면 그것을 고용과 소득 창출 효과가 큰 부문에 제대로 사용하는 것이 중요하다. 재정지출이 민간의 소비와 투자를 촉진하고 소득을 늘리게 되면 세수도 늘어나 재정 건전성을 유지할 수 있다. 지속 성장에 도움이 되는 인프라 투자를 늘리고 무엇보다 양질의 민간 일자리를 계속 만들 수 있는 좋은 정책들이 무엇인지 고민해야 할 것이다. 예산 낭비를 없애고 재정 개혁을 추진해 중기에는 정부 빚이 너무 늘어나지 않도록 하는 재정 건전성을 확보하는 노력을 같이해야 한다.

대외 경제전략이 중요하다. 미중 갈등, 반세계화, 보호무역주의 흐름에 대응하기 위해 통상 외교의 역량을 높여야 한다. 중국에 대한 수출 의존도를 낮추면서 새로운 신흥국과의 교역을 확대해 다양한 수출시장 확보에 힘써야 한다. 첨단기술 개발과 수출 경쟁력 향상에 힘써 세계 시장의 우위를 계속 확보해 나가야 한다. 아시아와 글로벌 무대에서 만들어지는 새로운 경제 협력과 세계화의 모델에 한국도 동참해야 한다. 우리 내부에서도 폐쇄적인 고립주의, 국수주의 세력이 커지지 않도록 해야 한다.

위험 관리와 올바른 지식 쌓기

검증된 정책을 해야 한다

바다에서 심한 풍랑을 만난 어부가 간절하게 기도했더니 풍랑이 잠잠해지고 살아난 이야기가 많이 있다. 그러나 이것이 신에게 기도하면 고난에서 벗어날 수 있다는 증거는 아니다. 프랜시스 베이컨이 지적한 것처럼 간절히 기도하고도 풍랑으로 죽은 많은 어부는 아예 증언할 수 없기 때문이다.

빨간 양말을 신고 골프를 친 날 홀인원을 했으면 '우연의 법칙'이 작용한 것이지 빨간 양말 때문에 홀인원을 한 것은 아니다. 그러나 인간은 자신이 믿고 싶은 것에 유리한 증거만을 선택하는 성향이 있다. 통계학자 데이비드 핸드는 《신은 주사위 놀이를 하지 않는다》라는 저서에서 기업의 최고경영자들에게 주가가 오르면 성과급을 지급하는 스톡옵션을 도입했더니 주가가 급격하게 올랐다고 하는 신문 기사를 이런 성향의 예로 들었다. 이런 선택된 증거는 스톡옵션이 기업 성과와 주가를 올린다는 '인과관계'를 보여주지 못한다. 기자가 그 상황에 해당하는 경우만 뽑아 소개했을 가능성이 있고, 특정 기업들에서 스톡옵션 도입과는 상관없는 다른 중요한 요인으로 인해 주가가 올랐을 수 있다. 또 경영자들이 주가가 오를 것을 미리 알고 스톡옵션을 도입했을 수 있다.

과학자들은 인과관계를 입증하기 위해 엄밀한 실험을 한다. 신약의 치료 효과를 보기 위해 무작위로 환자들을 두 집단으로 뽑아 각각 신약과 가짜 약을 투입해 효과를 비교하는 '무작위 대조실험'을 한다. 그러나 사회과학에서는 어떤 정책과 결과 사이의 인과관계를 실험으로 증명하기가 쉽지 않다. 그런 한계를 극복하기 위해 사회과학자들은 가능한 한 많은 자료를 가지고 다양한 통계기법으로 왜곡되지 않은 결과를 얻기 위해 노력한다. 중요한 학설들은 학자들의 엄밀한 평가를 거친 후 학술지에 실린다. 다시 후속 연구자들에 의해 결과가 입증된 뒤 교과서에 소개되는 것이 일반적이다. 그러나 한국 사회에서 많은 주장은 객관적 검증을 거치지 않고 여과 없이 중요한 정책으로 이어지는 경우가 종종 있다.

임금을 인상하면 경제성장률이 높아질 수 있다는 '소득주도성장'의 주장은 이론적으로는 근거가 있다. 가계소득에서 가장 큰 비중을 차지하는 임금을 높이면 가계소비가 늘고, 그로 인해 수요가 촉진돼 생산을 유발하고 다시 소득이 늘어나는 선순환으로 이어질 수 있다. 그러나 이 주장에 대한 반론이 훨씬 많다. 임금은 가계소득이지만 동시에 기업의 비용이다. 비용 상승은 기업 투자와 수출에 악영향을 미친다. 영세업자들에게 과도한 임금 인상은 소득 감소를 의미하고 이는 곧 고용 감소로 이어질 수도 있다. 기업이 일자리를 줄이면 전체 노동소득이 늘어난다는 보장이 없다. 실제로 '소득주도성장'의 효과를 뒷받침하는 증거는 부족하다.

가계소비를 늘리는 것으로 현실에서 효과가 입증된 정책은 영세가구에 생필품 구매 쿠폰을 지급하거나, 육아 및 교육비를 직접 보조하거나, 내구소비재에 일시적으로 세금 감면을 하는 것이 있다. 이는 수요 촉진을 위해 다양한 정책을 쓸 수 있다는 것을 의미한다. 여기에 좋은 일자리를 늘리고 생산성을 높이는 공급정책이 합해져야 지속적인 성장이 가능하다.

정책을 선택할 때 많은 자료를 보고 객관적으로 판단해야 한다. 그러나 인간은 자기의 신념과 일치하는 것만 받아들이는 경향이 있다. 믿고 싶은 정보만 믿는 '확증편향'이다. 인간의 직관적 사고는 잘못된 판단을 할 가능성이 크지만 자기가 틀렸다는 사실을 입증하는 증거는 잘 인정하지 않으려 한다. 워런 버핏은 투자자들이 유리한 정보만을 믿는 확증 편향 때문에 실패한다고 지적했다.

정부에 같은 생각을 하는 사람들만 모이면 잘못된 판단과 정책 실수를 할 가능성이 커진다. 중요한 정책을 결정할 때는 의도적으로 반대의견을 제시하는 '악마의 대변인devil's advocate'이 필요하다. 언론과 소셜네트워크서비스SNS에서 자기와 비슷한 견해의 글들만 골라 읽으면 확증 편향에 빠지기 쉽다. 전문가들의 건전한 비판을 귀담아듣고 객관적으로 검증된 정책들을 검토해 그중 최선책을 선택해야 한다. 국민을 더 잘살게 할 수 있는 정책이라면 대통령과 정부의 입맛에 맞지 않더라도 과감히 선택해 실행할 수 있어야 한다.

예측하기 힘든 세상에서 경제 생활하기

지금부터 1년 앞의 세상을 누가 정확히 예측할 수 있을까? 경기가 나아질까? 주가는 어떻게 될까? 집값은 내려갈까? 불확실성이 너무 커서 경제 전문가도 경제 예측이 어렵다. 사이비 전문가의 거짓 정보가 넘치는 세상에 개인의 비판적 사고와 위험 관리가 중요하다.

경제학자 존 케네스 갤브레이스는 1977년 발간된 《불확실성의 시대》에서 당시를 과거와는 달리 확신에 찬 경제학자도, 자본가도, 사회주의자도 존재하지 않고 사회를 주도하는 원리도 없어 어디로 가야 할지 모르는 혼란스러운 시대라고 했다. 배리 아이켄그린 미국 버클리대학 교수는 2017년 '프로젝트 신디케이트' 기고문에서 우리는 '초불확실성hyper-uncertainty의 시대'를 살고 있다고 했다. 당시 미국의 자국 우선주의, 브렉시트, 중국의 부상 등으로 국제 지배질서가 붕괴하면서 미래를 예측하기 힘든 시대라고 했다. 현재의 세계 정치경제 상황은 더욱 불확실하다. 러시아가 우크라이나를 침공하고 미·중 간 대립은 더욱 격화됐으며 국제 통상, 기후 위기, 비핵화 등 전 세계적 문제를 해결해야 할 국가 간 협력체계는 제 기능을 못 하고 있다. 100년 만의 팬데믹에 대응하기 위해 전 세계는 유례없는 규모로 유동성과 정부 부채를 증가시켰다. 이제 이를 다시 정상 수준으로 돌리기 위해 노력하고 있지만, 정상화 과정에서 상당한 혼란과 경제적 충격이 발생하고 있다.

초불확실성의 시대에 미래 예측은 경제 전문가도 쉽지 않다. 사실 경제학자들은 미래를 예측하는 능력이 부족하다. 스탠퍼드대학의 경제학 교수였던 에즈라 솔로몬Ezra Solomon은 "경제 예측의 유일한 기능은 점성술을 존경스러워 보이게 만드는 것"이라고 말했다.[1] 경제학자의 예측 능력이 별을 보고 운명을 점치는 점성술사보다도 못하다는 뜻이다. 경제를 예측하는 데에는 대표적으로 두 가지 접근 방식이 있다. 하나는 경제이론에 기초하여 가계, 기업, 정부 등 경제 주체들이 어떻게 행동하는지를 모형으로 분석하는 방법이다. 이 방식은 비합리적, 비이성적으로 행동하는 경제 주체의 행동을 정확하게 모형화하기가 어렵다는 문제가 있다. 다른 예측 방식은 과거에 경제가 어떻게 행동했는지에 대한 자료를 기반으로 한다. 그러나 수백 개의 경제 변수 간의 인과 관계를 분석해 미래를 예상하기란 쉽지 않다. 중앙은행이나 국제기구 등의 경제 기관은 두 가지 방식을 합쳐서 미래를 예측하고자 한다. 그러나 코로나 변이처럼 전혀 예견하지 못한 충격이 발생하면 예측은 매우 어려워진다. 미리 알지만, 정확히 얼마의 확률로 어

1 "The only function of economic forecasting is to make astrology look respectable," in *Reader's Digest* 1985.

떤 결과를 가져올지 모르는 변화도 자주 발생한다.

인터넷, 소셜네트워크서비스SNS, 유튜브에서 온갖 정보가 쏟아진다. 많은 곳에서 경제를 해설하고 투자 정보를 알려준다. 사람들은 인기 방송인들의 독특한 경력에 넘어가고 말재주에 귀를 기울인다. 그러나 모든 것을 알고, 앞날을 내다보는 것처럼 말하는 '경제 전문가'에게 현혹돼서는 안 된다. 이들은 '사이비似而非'일 수 있기 때문이다. 겉으로 보기에는 비슷한 듯하지만, 근본적으로는 다른 것이 사이비다. 공자孔子는 "사이비들은 꼬집어 비난할 구석이 없으며 언뜻 보기에는 청렴결백한 군자와 같으나, 실인즉 오직 세속에 빌붙어서 사람들을 감복하게 하고, 칭찬을 받으며, 자신도 만족한 삶을 누리는 것뿐 결코 성인의 도를 행할 수 있는 인물이 아니다"라고 했다.[2] 공자는 "실상을 헷갈리게 하므로 사이비를 미워한다"라고 했다. 말재주와 겉치레만 번듯한 사람들이 신의 있는 사람을 알아보기 힘들게 만든다는 것이다. 가짜 뉴스가 많아지면 진짜 뉴스도 믿기 힘들다.

넷플릭스의 인기 드라마였던 〈지옥〉에서는 신의 계시를 해석하는 사이비 종교단체가 등장한다. 맹목적으로 따르는 사람들이 늘어나고 세상은 혼란에 빠진다. 불확실하고 거짓 정보가 넘치는 이 시대에 온전한 경제생활을 하기 위해서는 스스로 주의해야 한다. 정보의 진원지가 믿을 만한지 확인하고 가짜 뉴스에 속지 말아야 한다. 평소에 꾸준히 옳은 지식을 쌓고 비판적인 사고능력을 키워 정보의 신뢰성을 판단할 수 있는 능력을 키워야 한다.

2 '사이비'는 《맹자(孟子)》 〈진심장구하(盡心章句下)〉 편에 공자가 한 말로 인용되어 나온다.

경제 변동이 심한 시기에는 개인, 기업, 정부 모두 더욱 신중하게 의사결정을 해야 한다. 낙관과 비관, 다양한 견해가 엇갈리는 상황에서 믿고 싶은 정보만 골라서 듣는 확증편향confirmation bias은 위험하다. 상황을 제대로 판단해야 하며 과도한 자신감은 억누르는 자기 절제가 필요하다. 불확실성이 클 때는 위험 관리에 힘써야 한다. 어려운 시기일수록 살아남아 다시 도약할 수 있는 회복력resilience이 무엇보다 중요하다.

제갈량의 비단 주머니와 우리 시대의 지식

《삼국지연의》에 제갈량의 '금낭묘계錦囊妙計'가 나온다. 유비가 손권의 여동생을 아내로 맞으러 오나라로 갈 때 화를 당할까 두려워했다. 제갈량이 조자룡에게 비단 주머니 세 개를 주고 난관에 부딪힐 때마다 하나씩 열어 보라고 했다. 조자룡은 금낭의 계책으로 어려움을 무사히 해결한다. 이 시대도 금낭묘계를 찾는다. 그런데 금낭묘계는《삼국지연의》 작가가 허구로 만든 이야기라고 한다. 아무리 제갈공명이지만, 만물이 변화하는 이치를 꿰뚫고 미래를 정확히 예측할 수는 없었을 것이다.

만일, 지금 제갈공명과 같은 현자가 있다면 우리에게 많은 도움이 될 것이다. 그런데 이 시대의 현자는 묘책을 비단 주머니에 넣어주지는 않고 휴대폰이나 SNS로 할 것이다. 디지털 시대는 지식을 쌓고 전달하는 방법이 과거와 다르다. 사실 우리는 제갈량보다 몇백 배 뛰어난 휴대폰의 인공지능에서 수시로 필요한 지식을 얻는다.

우리는 하고 싶은 일, 해야 할 일을 더 잘하기 위해 지식이 필요하다. 지식은 개인의 소득과 삶의 질을 높이고 국가를 발전시키는 힘이다. 경제학의 내생적 성장이론은 지식의 축적을 장기 경제 성장률을 높이는 가장 중요한 요인으로 본다. 지식은 기술 진보와 '인적 자본'을 확대해 생산성을 높인다.

지식이 중요하다면 우리는 어떤 지식을, 어떻게 쌓아야 할까? 이 시대의 지식 쌓기는 새로운 방식을 요구한다. 첫째, 필요한 지식을 찾아 활용할 수 있는 능력을 키워야 한다. 디지털 시대는 많은 지식을 외워 머리에 넣어둘 필요가 없다. 네이버와 유튜브에 언어, 요리, 법률, 의학, 운동 등 다양한 정보와 지식이 넘쳐난다. 디지털 정보와 기기를 활용하는 능력과 과학 지식을 익혀 디지털 지식의 보물 창고를 열 수 있어야 한다. 더불어, 어떤 지식이 필요하고 유익한 지식인지를 인식하고 정보의 신뢰성을 판단하는 '상위 인지meta cognition' 능력이 중요하다. 비판적인 사고와 문제 해결 능력, 변화하는 환경에 적응할 수 있는 능력을 키우는 교육과 직무훈련이 필요하다.

둘째, 낡고 불필요한 지식을 파괴하고 새로운 지식을 받아들여야 한다. 디지털 전환과 산업구조의 재편으로 세상이 빠르게 바뀌면서 개인과 사회가 축적한 삶의 지식과 경험의 가치는 줄어든다. 부모와 직장 선배의 오랜 경험에서 우러난 충고가 젊은 세대에게는 잔소리인 경우가 많다. 삼강오륜에 얽매여 '장유유서', '부부유별'을 고집하는 사람은 세상의 변화에 뒤처진다. 실력보다 나이, 성별, 출신에 따른 질서를 우선으로 하는 사회에서 창조적인 지식이 나오기 힘들다.

경제학자 조지프 슘페터는 기술혁신으로 낡은 것을 파괴하고 새로운 것을 만드는 '창조적 파괴'가 자본주의 경제의 역동성이라고 했다. 권력을 독점하는 지배 계층과 시장을 지배하고 신규 진입을 막는 대기업과 노동조합의 힘을 줄이고 '공정한 경쟁' 사회를 만들어야 젊은 세대와 혁신 기업이 클 수 있다.

셋째, 지혜를 갖추고 참된 지식을 쌓아야 한다. 디지털 시대는 인터넷 검색만으로도 누구나 손쉽게 지식을 쌓을 수 있다. 그러나 아는 것이 많다고 지혜를 갖춘 사람은 아니다. 지식知識knowledge은 어떤 내용이나 사물을 인식하고 이해하는 것이고, 지혜智慧wisdom는 사물의 이치와 인간 존재의 목적을 깨닫고 선악을 분별하는 지적 능력이다. 인간을 경외하고 다른 사람을 이해하려는 선한 마음을 지니고 남에게 신뢰감을 줄 수 있어야 지혜로운 사람이다. 남보다 높은 지위나 학벌이 있어도 자기 생각이 무조건 옳다고 고집하는 오만한 사람은 지혜롭지 못하다. 목적이 공명정대하지 못하고 잘못된 수단으로 쓰이는 지식을 참지식이라고 할 수 없다. 차가운 바다와 위험한 사고 현장에서 생존자 구조에 목숨을 걸었던 의인의 헌신은 어떤 현란한 지식도 비할 수 없는 참지식이고 지혜다.

지도자는 특히나 사람의 마음을 움직이는 지혜를 갖추고 국가와 국민을 위해 헌신해야 한다. 많은 한국 정치지도자들이 민생은 뒷전이고, 국민을 편 가른다. 자기편에는 한없이 관용을 베풀고 상대편에는 이중 잣대를 들이대면서 국민의 존경을 받지 못하고 있다. 넬슨 만델라 전 남아프리카공화국 대통령이 전 세계인의 존경을 받은 이유는 뛰어난 지식이나 목숨 걸고 백인 정권에 저항한 투쟁이 아니라 국가를 위한 용서와 화해, 통합의 리더십 때문이었다.

미국에는 퇴임하는 대통령이 집무실에 손편지를 남기는 전통이 있다. 전임자로서 후임자에게 덕담과 국가를 위한 당부를 남긴다. 어떤 시대에도 다른 사람을 배려하고 격려하기 위해 직접 쓴 손편지는 사람의 마음을 움직인다. 제갈량의 비단 주머니가 실제 있었다면 아마도 조자룡에 대한 믿음과 격려가 담긴 손편지였을 것이다. 4차 산업혁명의 기술진보, 백 년 만의 대유행병, 세계경제 변동으로 전 세계가 많은 변화를 겪고 있다. 한국 사회가 혁신과 참지식으로 거듭나고, 국민을 진정으로 생각하는 지혜롭고 헌신하는 지도자가 많이 나오길 기대한다.

탐욕과 과신 피해야

인간의 욕망desire은 자본주의 경제의 원동력이다. 현대 경제학의 창시자인 애덤 스미스Adam Smith는 '인간의 이기적 욕망'을 옹호했다. 1776년에 발간한《국부론》에서 우리가 매일 식사를 마련할 수 있는 것은 빵집 주인의 자비심이 아닌 그의 이익 추구 때문이라고 했다. 개인이 사적 이익을 추구하는 과정에서 사회적 이익이 증진될 수 있다고 보았다. 21세기인 지금도 마찬가지이다. 우리의 생활을 바꾸어놓은 개인 컴퓨터, 인터넷, 스마트폰, 전자 상거래 등 신기술의 발전은 빌 게이츠, 스티브 잡스, 제프 베이조스와 그들 회사의 직원이 개인의 이익과 성공을 위해 노력한 결과이지 자비심이나 공적 의무감 때문은 아니다.

그러나 개인의 탐욕greed이 넘치면 경제가 불안정해지고 많은 사람이 피해를 보는 일이 발생할 수 있다. 올리버 스톤 감독의 1987년작 영화 〈월스트리트〉에서 주인공 고든 게코(마이클 더글러스)는 "탐욕은 좋다. 탐욕은 정당하다. 탐욕이 일을 해결한다"고 외친다. 1980년대뿐만이 아니라, 미국 주식 브로커들이 뉴욕에 모여 '버튼 우드 협정'을 맺었던 1792년부터 지금까지 뉴욕 월가와 전 세계 금융시장에는 게코 같은 부도덕한 사기꾼의 탐욕이 넘쳤다. 수많은 금융 사고와 금융 위기가 발생했고 피해가 컸다. 정보가 완전하지 않고 불투명한 시장에서는 투자자가 손해를 보기 쉽다. 1995년 캐나다 광산개발회사 '브리엑스'는 인도네시아 보르네오에서 세계 최대 금광을 발견했다고 발표했다. 투자금이 몰려 회사 시장가치가 3년 만에 무려 10만 %가 올랐다. 그러나 결국 일반 광석에 금 성분을 추가해 광물 분석가들까지 속인 사기극으로 들통이 났다.

불확실한 미래에 과거의 성공 비결이 여전히 유효할 것이라고 믿고 자신감이 넘쳐 자신의 예견 능력을 과신overconfidence하는 투자자는 손실을 볼 가능성이 크다. 인간은 어떤 사건이나 일에 대해 결과를 보고 난 후, 자기는 진작부터 그렇게 될 줄 알고 있었던 것처럼 생각하는 '사후 확신 편향'을 갖고 있다. "내가 그럴 줄 알았어!" "그 주식은 결국은 오른다고 했잖아"라고 말한다. 이런 편향이 미래를 예측할 수 있다는 착각으로 이어져 크게 실수할 수 있다. 군중심리에 휩쓸려 남들이 이익을 봤다는 자산이나 가상자산(암호화폐)에 덩달아 투자를 해 낭패를 볼 수도 있다. 어떤 자산의 적정한 가치가 얼마인지, 가격이 어느 정도 오르며 앞으로 얼마나 떨어질지 일반 투자자가 판단하기 쉽지 않다. 개인 투자자들은 거대한 자금력, 조직력, 정보력 등을 전문지식을 갖춘 기관투자자에 비교하면 자금도 적고 잘못된 정보에 쉽게 휩쓸린다.

경제 변동이 심한 시기에는 객관적으로 상황을 보고 과도한 욕망과 자신감을 억누르는 자기 절제가 모두에게 필요하다. 투자든 사업이든 성공하려면 욕망과 자신감만으로는 부족하다. 실력을 갖추고 행운도 함께 해야 한다. 빌 게이츠, 스티브 잡스는 마이크로소프트, 애플이라는 세계적인 회사를 만든 똑똑하고 자신감이 넘친 인물들이지만, 사실 운도 좋았다. 두 사람은 1955년 같은 해에 태어나 각각 20세, 21세에 창업했다. 이들은 정보통신기술 혁명의 초창기인 1970년대에 중등학교, 대학교를 거쳤고 누구보다 앞서서 컴퓨터를 시작했기에 성공하기 쉬웠다. 실력과 운이 따르지 않는데 막연하게 결과가 좋을 것으로 생각하고 무리하게 행동하지 않아야 한다.[3]

기술혁신 역량

기술혁명에 제대로 대비하자

새로운 기술 발전에 미리 대비해야 한다. 큰 기술의 발전은 종종 과거의 기술을 쓸모없게 하고 기존 산업을 파괴한다. 온라인을 통한 소

3 Malcolm Gladwell, *Outliers: The Story of Success* (Boston: Little Brown & Company, 2011).

매업과 핀테크FinTech의 발전은 오프라인의 대량유통 기업과 은행들에 많은 영향을 미쳤다. 로봇과 사물인터넷은 생산방식을 크게 바꾸고 인간의 소비와 여가활동에도 많은 영향을 미칠 것이다.

노동시장에서도 많은 변화가 따른다. 자동차와 컴퓨터의 발명은 많은 일자리를 없애기도 하고 새로 만들기도 했다. 로봇과 인공지능이 향후 많은 반복적routine인 일자리를 없앨 것이다. 그러나 산업 간에 파급효과를 일으키고 신규 수요를 창출하여 새로운 비반복적non-routine인 일자리를 만들 것이라는 전망이 나온다. 미래의 신기술이 인간의 일자리와 업무에 미칠 영향은 불확실하다. 그러나 기술을 이용할 수 있는 사람과 그렇지 못한 사람 간에 소득 격차가 커질 것은 분명하다.

신기술이 가져올 기회를 냉철히 분석해 신중하게 대응할 필요도 있다. 4차 산업혁명은 3차 산업혁명의 연속일 뿐 새로운 것이 아니라는 비판도 있다. 증기기관, 전기, 자동차, 컴퓨터, 인터넷, 휴대전화와 견줄 정도의 큰 기술은 아직 없다는 것이다. 4차 산업혁명이 장기적으로 투자 기업들의 이윤과 세계 경제의 생산성을 얼마나 올릴지 불확실하다는 의견도 있다. 과거 경험을 보면 신기술이 상용화돼 이윤을 창출하기까지 많은 시간이 걸렸다. 최초의 전자식 컴퓨터 ENIAC은 1946년에 나왔지만, 애플사가 개인용 컴퓨터를 내놓은 것은 1977년이었다. 성공한 기업도 많지만, 중간에 너무 빨리 투자했다가 망한 컴퓨터 회사도 많았다. 기업이 잘할 수 있는 것을 너무 빨리 버리거나 준비 없이 신산업에 뛰어들면 위험하다. 과감한 모험정신과 더불어 전략적인 사고도 중요하다. 정부도 제대로 된 전략 없이 개입하면 오히려 경제 전체의 투자 배분이 왜곡되고 부작용이 클 수 있다.

에디슨은 서른두 살의 나이에 전구를 발명해 세상을 바꾸었다. 여러 국적을 지닌 10여 명의 기계 기술자, 수학자, 화학자가 한 팀이 돼 수많은 실패 끝에 성공했다. 한 명의 천재가 '1%의 영감'으로 이룩한 일이 아니다. 당시 미국 전역에서 수십 명의 발명가가 전구를 만들기 위해 경쟁하면서 기술혁신이 계속 축적된 결과였다.

한국은 다른 신진국과 비교하면 기업가의 도전 정신과 혁신 능력이 부족하고 기술혁신을 뒷받침하는 노동·금융시장과 정부 정책의 효율성은 낮은 것으로 평가된다. 모험정신의 기업가, 유능한 엔지니어, 모험자본 투자자들, 위험부담에 대한 보상체계, 효율적인 경쟁 시스템, 우수한 교육연구기관, 법·제도적 환경, 정부의 적절한 지원을 제대로 갖추어 혁신 기업이 더 많이 나오고 성공할 수 있는 생태계 ecosystem를 조성해야 한다.

혁신 성장을 위한 아이디어, 지식, 제도

많은 정부가 경제성장을 위해 혁신 성장을 강조했다. 그러나 구체적인 전략들은 명확하지 않았다. 정부가 중장기적인 관점에서 혁신 성장의 기반을 마련하기보다 특정 기업이나 산업을 지원해 일자리를 얼마나 더 만들어내느냐 하는 단기 성과에 치중했다.

혁신革新 innovation은 오래된 낡은 틀을 버리고 새롭게 더 나은 것을 도입하는 것이다. 혁신 성장이 효과가 있으려면 잘못된 것들을 버리고 새로운 기술, 지식, 제도를 도입해 경제 전체의 생산성을 지속적으로 높여야 한다.

경제학자 조지프 슘페터는 '창조적 파괴creative destruction'를 통한 혁신이 자본주의의 본질이라고 했다. 창조적 파괴는 새로운 기술이 도입되면서 기존의 기술이 그 중요성을 잃고 버려지는 현상을 말한다. 슘페터는 자본주의의 역동성은 창조적 파괴를 가져오는 기업가의 기술혁신에서 온다고 했다.

창조적 파괴는 작은 신기술보다는 '범용기술general purpose technology'을 통해 이뤄진다. 범용기술은 기업의 생산방법뿐 아니라 개인의 삶과 사회의 운영방식에 변화를 가져오는 근본적인 기술을 의미한다. 증기기관, 전기, 대량생산 방식, 컴퓨터, 인터넷 등이 대표적인 예다. 유행어가 된 '4차 산업혁명'은 인공지능, 로봇 등의 새로운 범용기술이 인류의 삶을 변화시키는 새로운 성장동력이 될 것으로 전망하는 것이다.

경제학의 성장이론에서는 지속적인 성장 동력으로 노동·자본과 같은 유형有形의 생산요소보다 무형無形의 아이디어나 지식을 더 중요하게 생각한다. 아이디어나 지식은 모두가 동시에 사용할 수 있어 경제 전체에 미치는 파급효과가 크기 때문이다. 좋은 아이디어와 지식이 쌓이면 경제 전체의 생산성이 높아진다. 혁신적인 기술뿐 아니라 생산에 영향을 미치는 경제·정치·사회 제도들도 중요한 아이디어에 포함된다. 대런 애스모글루와 제임스 로빈슨은 저서《국가는 왜 실패하는가》에서 역사적으로 성공한 국가들은 공통으로 사유재산권과 공정한 경쟁을 보장하는 '포용적 경제제도inclusive economic institution'

를 갖추어 많은 사람이 자신의 재능을 발휘하고 부를 추구할 수 있었다고 했다.

혁신 성장을 추진하려면 단기 전략보다는 좋은 아이디어와 지식을 쌓고 비효율적인 제도를 개선해야 한다. 생산성을 지속적으로 높이는 제대로 된 중장기 혁신 성장 전략을 세워 꾸준히 추진해야 한다.

경제적 자유와 혁신

한국의 경제적 자유도는 선진국과 비교하면 낮은 편이다. 윤석열 대통령은 취임사에서 "자유민주주의와 시장경제 체제를 기반으로 국민이 진정한 주인인 나라"를 재건하겠다고 했다. '자유'를 수십 차례 반복하면서 자유로운 국가를 만들겠다는 의지를 보였다. 모두가 존중해야 하는 보편적인 가치로서 자유의 중요성은 더 말할 나위가 없다. 억압과 통제가 심하고 시민적 권리·정치적 자유가 침해되는 사회에서 국민이 행복할 수 없다.

경제적 자유는 정치적 자유와 함께 보편적인 가치이다. 경제적 자유가 없는 시민이 진정으로 자유로울 수 없다. 경제적 자유는 자본주의 경제 제도의 초석이다. 자본주의 경제는 자유로운 시장에서의 교환과 배분, 거래 계약의 집행, 사유재산권의 보호를 통해 발전했다. 역사적으로 많은 국가가 경제적 자유가 높아질 때 번영했고, 민주주의도 따라서 발전했다.

노벨경제학상을 받은 밀턴 프리드먼Milton. Friedman은 경제적 자유의 본질을 세 가지로 나누었다.[4] 첫째는 소득을 어디에 얼마나 사용할지를 선택할 수 있는 자유이다. 국가가 개인의 소비와 교환을 규제하고 세금을 늘리면 이 자유가 침해된다. 둘째는 소유한 물적·인적 자원을 자신의 가치에 따라 처분할 수 있는 자유이다. 직업을 선택하거나 기업 활동을 하는데 제약이 없어야 한다. 셋째는 자산을 소유할 수 있는 자유로, 사유재산권을 침해받지 않아야 한다. 프리드먼은 정부가 시장 개입을 최소화하고 개인과 기업의 경제적 자유가 늘어나면 경제가 번영한다고 했다.

헌법 119조 1항은 '대한민국의 경제질서는 개인과 기업의 경제상의 자유와 창의를 존중함을 기본으로 한다'고 규정하고 있다. 그러나 한국의 경제 활동의 자유에 대한 국제 평가는 그다지 높지 않다. 프레이저 연구소는 각국의 경제적 자유도를 정부 규모, 법 시스템과 재산권, 건전한 화폐, 대외 거래, 규제의 다섯 항목으로 나누어 평가한 후 종합 점수를 매겨서 해마다 발표한다.[5] 최근 자료에서 한국의 경제적 자유도는 세계 47위였다. 특히 정부 규모(99위)와 규제(70위) 부문에서 평가가 매우 낮았다. 이는 정부 소비지출이 많고 소득세 최고세율이 높고, 기업·노동시장·신용시장의 정부 규제가 심하기 때문이다.

정부는 개입과 규제를 줄여 경제적 자유를 신장해야 한다. 그럼에도 불구하고 작은 정부가 무조건 바람직한 것은 아니다. 국가는 적절한 정책과 제도로 시장의 효율성과 공정성을 높여야 한다. 경쟁을

4 Milton Friedman and Rose Friedman, *Free to Choose: A Personal Statement* (Boston: Harcourt, 1980).

5 James Gwartney et al., *Economic Freedom of the World: 2021 Annual Report* (Vancouver: Fraser Institute, 2021).

그림 1 국가의 경제적 자유와 기술혁신의 정도

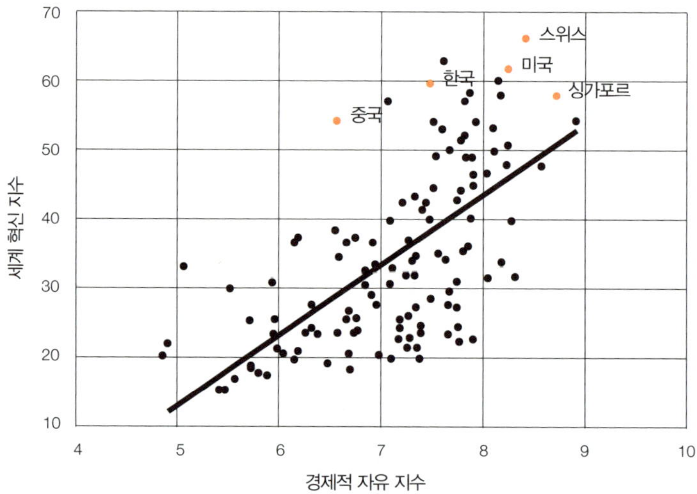

촉진하고 법질서를 유지하며 공공 인프라를 건설하여 경제가 안정적으로 성장하도록 해야 한다. 모든 국민이 자신의 능력과 기술을 최대한 개발하고 발휘할 수 있도록 평등한 기회를 제공해야 한다. 이때 평등, 특히 결과의 평등을 추구하는 정부 개입이 경제적 자유와 시장경제의 효율성을 저해하지 않도록 주의해야 한다.

경제의 지속적 발전은 경제적 자유가 혁신으로 이어질 때 가능하다. 혁신은 새로운 아이디어, 새로운 제품, 새로운 생산 방법이 나타나 가치를 창출할 때 일어난다. 혁신이 활발하려면 과학기술 혁신 역량과 기업 활력이 높아야 한다. 미래를 위해 당장의 위험을 감수하는 기업가 정신을 북돋아 주어야 한다. 신기업의 시장 진입을 막는 과

자유와 혁신의 선순환

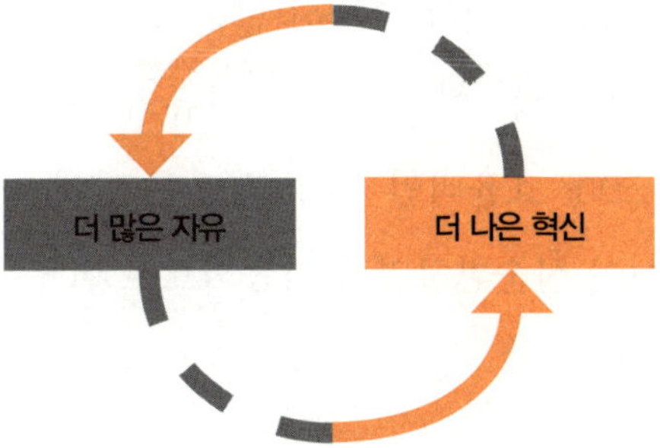

도한 규제를 없애 혁신 기업가와 벤처기업이 성장할 수 있도록 해야 한다.

국가별 자료를 보면, 경제적 자유와 혁신 사이에는 앞의 그림에서 보듯이 상당한 양의 관계가 성립한다.[6] 경제적 자유와 창의를 북돋아서 혁신을 촉진하고, 혁신이 다시 더 많은 경제적 자유를 가져오는 '자유와 혁신의 선순환'이 이루어지는 생태계를 기업과 정부가 함께 만들어가야 한다. 예를 들면 코로나 팬데믹 기간에 규제가 한시적으로 완화돼 비대면 진료가 가능해지고 경제적 자유가 신장됐다. 앞으로 이러한 현상이 제도화돼 보건의료 전체의 혁신으로 이어지도록 해야 한다. 경제적 자유와 혁신 모두에서 최강국인 스위스, 미국, 싱가포르를 한국 경제의 본보기로 삼아서 미흡한 정책과 제도를 보완해야 한다.

6 세계혁신자료의 출처는 World Intellectual Property Organization, *Global Innovation Index 2021* (Switzerland: World Intellectual Property Organization, 2021); 경제적 자유 지수의 출처는 James Gwartney et al., *Economic Freedom of the World: 2021 Annual Report* (Vancouver: Fraser Institute, 2021).

코로나 팬데믹으로 전 세계에서 정부의 시장 개입, 정보의 통제와 조작, 시민의 자유에 대한 구속이 많아졌다. 한국의 새 정부가 포스트 코로나 시대를 맞는 이 시점에서 자유의 가치를 전면에 등장시킨 것은 의미가 크다. 효율적인 시장, 적절한 정책, 올바른 제도를 결합해 자유와 혁신이 선순환하면서 역동적으로 발전하는 경제 생태계를 만들어가야 한다.

저출산·고령화 종합 대책

아이가 없는 초고령사회의 비극 막아야 한다

저출산·고령화는 한국이 당면한 큰 위험이다. 정부가 2006년부터 저출산 대책을 세우고 많은 재원을 투입했지만, 구체적인 성과가 없었다. 지금까지의 정책들이 실패한 원인을 재검토하고 대책을 새로 세워야 한다. 젊은 부모들의 출산과 보육 부담을 덜어주고 노인들의 삶의 질을 높일 수 있는 효과적인 정책들을 찾아야 한다.

미혼부모, 입양가족, 이민가정에 대한 출산, 보육 지원과 한국에 오래 체류한 외국인의 이중국적 허용, 외국인 보모와 간병인력의 이민 확대 등 과감한 대책들도 검토해야 한다. 다른 선진국에서 성공한 정책을 면밀히 분석해 도입해야 한다.

일본은 꾸준히 저출산·고령화 대책에 힘썼다. 출산과 보육을 지원하고 일과 가정이 양립할 수 있도록 노동시장과 기업문화를 바꿨다. 인구가 1억 명 이하로 떨어지지 않도록 총괄하는 장관까지 뒀다. 일

그림 2 합계출산율 일본·한국 비교(명)

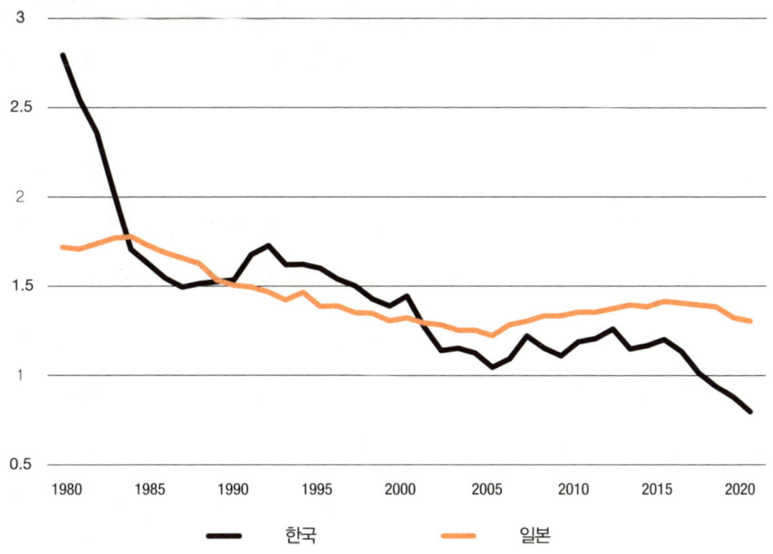

출처: World Bank, World Development Indicators.

본의 출산율은 2005년에 1.26으로 최저치였으나 이후 1.3-1.4 수준을 유지하고 있다. 노인간병시설을 계속 늘렸고 동남아시아 출신 간병사들에게 문호를 확대했다.

한국 사회에서 출산율을 올리기가 쉽지 않다. 청년들은 경제적 어려움, 미래에 대한 불안으로 결혼과 출산을 꺼리고 있다. 출산율은 미래의 경제상황을 낙관할 때 올라간다. 정부의 단기적 지원 못지않게 청년들을 위한 좋은 일자리가 많이 만들어지고 한국 경제가 앞으로 계속 번영할 수 있다는 믿음을 줘야 한다. 출산과 양육, 일과 가정 양립이 가능하도록 근로환경과 기업문화를 꾸준히 개선하고 가정과 사회에서 양성평등이 이뤄지도록 해야 한다. 경제형편과 주거 환경이 나아지면 출산율이 점차 상승할 것이다. 2020년에 젊은 공무원이 많고 보육 여건이 좋은 세종시의 출산율은 1.28로 전국 평균합계출산율 0.84보다 높았다.[7]

일본을 타산지석他山之石으로 삼아 개인과 국가가 충분한 준비를 하고 고령사회를 맞도록 힘써야 한다. 노인 빈곤 문제가 더 심각해지지 않도록 개인 차원에서 노후 소득 대비를 하도록 유도하고, 빈곤층에 대한 정부 지원도 확대해야 한다. 고령자들의 건강 수명은 늘어났고, 일하고 싶은 의욕도 높다. 더 많은 노인이 건강하게 사회에 기여하면서 삶의 보람을 찾도록 도와야 한다. 은퇴 연령을 점차 늦추고 노인 연령도 70세 이상으로 높여가야 한다. 신기술 발전에 맞춰 노인이 일하기 좋은 다양한 일자리를 만들어야 한다.

아이는 없고 노인은 넘쳐나는 인구 위기가 닥쳤을 때 대책을 세우려 하면 너무 늦다. 지금 출산율을 높여도 20년 후에나 더 많은 청년을 볼 수 있다. 아이를 낳고 싶은 나라, 노인들이 건강하게 살면서 사회에 기여하는 나라를 만드는 정책들이 지금 필요하다.

저출산 종합대책 필요하다

한국은 초저출산 국가다. 합계출산율이 2021년에 0.81로 전 세계 최저 수준이다. 통계청이 2021년에 발표한 '장래인구추계'에 따르면 낮은 출산율로 생산가능인구가 지금의 3,655만 명에서 2030년에는 290

7 통계청 국가통계포털(KOSIS) 자료.

만 명이 줄고 2050년에는 1,235만 명이 감소할 것으로 추정된다. 반면에 고령화로 65세 이상 인구는 지금과 비교해 2030년까지 400만 명, 2050년까지 1,000만 명이 넘게 늘어난다. 전체 인구에서 차지하는 노인인구 비율이 현재의 17%에서 2030년에 26%, 2050년에 40%로 높아진다. 노동력 감소로 경제 규모가 축소하고 고령화로 경제 활력이 떨어질 것이다.

정부가 저출산 대책으로 많은 예산을 투입해 왔지만, 크게 효과가 없었다. 오히려 출산율이 계속 하락했다. 1990년에 약 40만 건이었던 결혼 건수는 계속 하락해서 지난해 19만 건으로 떨어졌다. 결혼하는 젊은이도 적고 결혼해도 자녀를 적게 낳으려 한다. 일본에는 결혼을 "배우자, 자식, 주택융자금의 3대 불량 채무를 평생 떠안는 제도"라고 부정적으로 생각하는 '혐혼嫌婚파'가 많다. 45-54세 인구 중 태어나서 한 번도 결혼하지 않은 사람의 비율인 '생애 미혼율'이 2020년 남성은 26%, 여성은 16%에 달했다. 한국도 미혼으로 평생을 사는 인구가 많아졌다. 생애 미혼율이 2000년 남녀 각각 1.6%, 1.3%였지만, 20220년 16.8%, 7.6%로 폭증했다.[8]

19세기 이후 서구의 역사를 보면 경제성장으로 소득이 상승하면서 출산율이 처음에는 높아졌다가 이후 계속 낮아졌다. 가구 소득이 증가하면 자녀를 많이 갖고 싶어 하지만, 자녀를 양육하는 비용과 시간의 기회비용이 커진다. 그래서 자녀 수를 줄이고 적은 수의 자녀를

8 〈중년의 '폐쇄은둔족' 양산 구조 바꾸려면…〉, 《한국일보》, 2022년 6월 14일, https://www.hankookilbo.com/News/Read/A2022061311420001814?did=NA

낳아 잘 키우려고 한다. 특히 여성의 노동시장 참여가 늘어나고 임금 소득이 높아지자 출산율은 더욱 낮아졌다.

우리도 한국전쟁 후에는 출산율이 높았다. 1955년부터 1963년 사이에 태어난 베이비붐 세대로 인해 노동인구가 70년부터 2014년 사이에 2,000만 명 넘게 증가했다. 베이비붐 세대는 소득이 늘어나도 그 전 세대보다 자녀의 수를 줄이고 자녀를 잘 키우는 데 투자를 더 많이 했다. 출산율이 낮아지고 자녀의 상급 학교 진학률은 매우 높아졌다. 2009년부터 여성의 대학 진학률은 남성을 처음으로 앞서기 시작했고 지금은 77%로 남성의 70%보다 높다.[9]

낮은 출산율은 소득 증가와 여성의 교육과 경제 참여가 활발해지면서 발생하는 불가피한 변화의 결과다. 경제성장을 위해 여성의 고용률을 높이고 출산율도 높이는 종합적인 대책이 필요하다. 출산율을 무리하게 올리려는 정책이 여성 고용률과 성장률을 낮출 수 있다.

한국 여성의 사회 진출은 선진국과 비교하면 아직도 미흡하다. 2022면 6월 현재 여성의 경제활동참가율은 56%로 남성의 79%에 비해 매우 낮다.[10] 특히 20대 후반에 73%인 여성의 참가율이 30대 후반에는 출산과 육아 부담으로 57%로 떨어진다. 출산휴가와 유급 육아휴직 확대, 보육시설 확충과 양육비 지원, 방과후 학교 프로그램 확대와 같은 정책들을 꾸준하게 시행해서 기혼여성이 가정과 직장을 병행

9 교육통계서비스(https://kess.kedi.re.kr/index) 자료임.

10 경제활동참가율은 생산가능인구(만 15-64세) 중에서 경제활동에 참가하는 인구의 비율임. 고용률은생산가능인구 중 취업한 사람들의 비율로 계산하며 2022년 6월 남자 72.4%, 여자 53.8%였다.

그림 3 비혼 출산율(%)

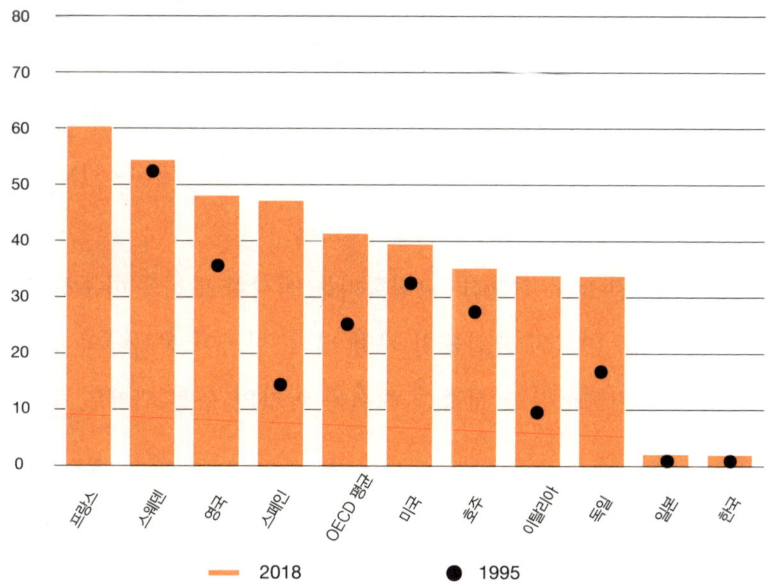

출처: OECD(경제협력개발기구).

하기 쉽도록 지원해야 한다. 직장의 근무 여건을 유연하게 하고 출산으로 경력이 단절되지 않도록 하고 휴직이나 이직 후에 쉽게 재취업할 수 있는 노동시장의 변화가 필요하다. 남성의 육아휴직을 확대하고 남성이 가사와 자녀 양육에 참여하는 시간을 늘리는 것도 방법이다.

청년들을 위한 고소득의 좋은 일자리들을 많이 만드는 것이 성장 친화적인 출산 정책이다. 특히 기혼여성을 위한 근무 환경이 좋은 고급 서비스업 일자리가 많이 늘어야 한다. 기존 저출산 대책만으로 미흡하다면 국제결혼과 이민을 늘리는 정책도 검토해야 할 것이다. 한국은 OECD 국가 중에서 비혼 출산birth outside marriage이 가장 낮다. 유럽 국가들의 출산율이 상대적으로 높은 데는 비혼 출산이 큰 역할을 하고 있다. 한국와 일본은 비혼 출산 비율이 2%대로 매우 낮다. 정부가 비혼 출산을 장려하기는 어렵겠지만, 법적 부부에게만 한정된 출산·육아 제도가 좀더 넓은 의미의 가족에게도 적용될 수 있도록 해야 한다.

한·중·일 모두 저출산·고령화라는 심각한 도전을 마주하고 있다. 그중에서도 한국의 출산율이 가장 낮다. 한국이 동북아의 경쟁에서 살아남기 위해서라도 저출산 해결은 국가의 우선 과제일 수밖에 없다.

인적 자본 투자

사람에 대한 투자가 번영의 근간

생산가능인구의 감소와 고령화로 한국 경제의 성장 잠재력이 빠르게 하락하고 있다. 노동력의 감소는 앞으로 20년간의 경제성장률을 연평균 1%포인트 감소시킬 것이다.[11]

한국 경제가 성장의 활력을 잃으면 모든 국민이 어려워진다. 고도 성장기를 보낸 5060세대는 100세 시대를 맞아 은퇴 후에 어떻게 살아갈지가 까마득하다. 한국의 노인 빈곤율은 경제협력개발기구OECD

11 Jong-Suk Han, and Jong-Wha Lee, "Demographic Change, Human Capital, and Economic Growth in Korea," *Japan and the World Economy* 53 (March 2020). 10.1016/j.japwor.2019.100984.

국가 중에 가장 높다.

당장의 일상이 어렵다고 하지만, 지속적인 발전을 위해서는 개인도 국가도 미래를 위해 투자해야 한다. 최우선 순위는 사람에 대한 투자이다. 경제학에서는 사람에 대한 투자의 중요성을 '인적 자본 human capital'으로 설명한다. 인적 자본은 개인이 보유한 능력, 지식, 기술 숙련도, 건강을 포괄하는 개념이다. 인적 자본에 투자해 생산성을 높이면 임금이 높아진다. 소득이 늘고 건강하면 삶의 만족이 커진다. 스스로 능력, 건강, 지식 향상을 위해 투자해야 높은 임금과 삶의 만족을 성취할 수 있다.

국가적 차원에서 인적 자본이 커지면 경제성장률이 높아진다. 노동의 질이 향상되면 노동의 양이 감소하는 문제를 상쇄할 수 있다. 생산성이 두 배인 노동자는 같은 시간에 두 사람 몫을 할 수 있다. 또한, 인적 자본이 향상되면 기술이 발전하고 경제성장이 촉진된다. 과학자가 모여서 신기술을 개발하고 기업가가 신산업을 개척한다. 따라서 국가는 민간의 인적 자본 축적을 돕는 효과적인 정책으로 노동 생산성을 높이고 기술혁신에 기여해야 한다. 특히 저소득·취약 계층의 인적 자본 형성을 돕는 정책은 성장뿐 아니라 불평등 개선에 도움이 된다. 더 나은 일자리를 구하도록 도와주는 직업훈련과 보육 및 학교 교육의 지원은 불평등의 세대 간 대물림을 줄일 수 있다. 모두에게 현금을 나누어주는 보편적 복지 정책보다 대상을 선별하여 인적 자본에 투자하는 정책이 더 적은 국가 예산으로 장기적인 불평등을 해소하는 데 효과가 크다.

변화가 빠른 시대에 발맞추어 미래에 필요한 인적 자본을 쌓는 것이 중요하다. 현재 인공지능, 사물인터넷Internet of Things, IoT, 5G 등 첨단기술의 융합과 빅데이터의 활용으로 디지털 전환이 가속화되고 있다. 미래에는 디지털 활용능력과 더불어 '4C'라고 불리는 능력, 즉 비판적 사고critical thinking, 창의성creativity, 소통communication, 협력collaboration이 중요하다. 정보를 습득하여 올바른 판단을 내리고 다른 사람과 함께 일할 수 있는 능력을 어린 시절부터 키워야 한다. 한국은 어느 국가보다도 교육열이 높지만, 인재를 키우는 교육과 훈련 시스템은 미흡하다. 중고생은 명문대에 가기 위해 온 힘을 다하지만, 대학은 획일적인 교육으로 창의적인 인재를 키우지 못하고 있다. 입시 제도와 대학의 교육 커리큘럼을 개선하고 융복합교육, 산학협동을 강화해야 한다. 졸업 후에도 신기술 발전에 대처할 수 있도록 직무훈련을 강화해야 한다. 많은 연구에 의하면 제대로 된 직무훈련은 노동자의 생산성을 높이고 실업자가 될 확률을 낮춘다.

교육부가 발표한 2019년 9월과 2020년 2월의 대학과 대학원 졸업자의 취업률은 65.1%로 2011년 이후 가장 낮았다. 첫 일자리를 오랜 시간 동안 찾지 못하면 쌓은 지식과 기술이 퇴화되고 일자리는 점점 구하기 힘들어진다. 임시 일자리는 늘어도 청년 세대를 위한 질 좋은 민간 일자리는 늘지 않았다. 2017년 8월부터 2021년 8월까지의 4년간 비정규직 임금근로자가 149만 명이 늘고, 비정규직 비율이 32.9%에서 38.4%로 높아졌다.

한국 노동시장은 기업 간, 직종 간 임금 격차가 심하고 수직적 조직문화가 지배하는 탓에 청년들이 가고 싶은 직장이 부족하다. 고부가가치 서비스업과 융복합산업의 규제를 철폐하여 좋은 일자리를 더 만들고, 중소기업의 직무환경을 개선하고, 혁신 청년 창업가가 클 수 있는 창업 생태계를 만들어야 한다. 노동시장의 유연성을 높여 신규 진입자가 적성과 능력에 맞는 일자리를 구하기 쉽게 하고, 취업한 근로자들이 꾸준히 능력을 개발해 더 나은 직장과 새로운 산업으로 이직하기 쉽게 해야 한다.

과거 반세기가 그랬듯, 한국 경제의 번영은 인재를 키우고 적재적소에 활용하는 데 달려 있다. 개인도 국가도 인적 자본 투자가 미래 번영의 근간이다. 잘못된 정책과 제도는 과감하게 개혁하고 인적 자본 육성정책을 새롭게 세워야 한다.

로봇 세상에 맞는 인재 키우고 일자리 늘려야

로봇들의 '일자리'는 많은데 인간들의 일자리는 부족하다. 한국은 산업용 로봇이 제조업에서 가장 많이 사용되는 국가다. 노동자 1만 명당 로봇 631개로 '로봇집약도'에서 세계 1위다.[12] 자본-노동 비율과 임금이 높은 산업을 중심으로 자동화가 확산돼 로봇 사용 비율이 높다. 로봇과 인공지능AI은 이제 모든 산업과 사회 전체로 빠르게 확산되고 있다.

전 세계적인 '고용 없는 성장'의 한 원인으로 컴퓨터와 정보통

12 "The World Robotics Report 2017," International Federation of Robotics, 2017. https://ifr.org/ifr-press-releases/.

신기술ICT의 발전과 자동화가 지목됐다. 기술 발전은 기존의 일자리를 파괴하지만, 더 많은 일자리를 만들기도 한다. 인류 역사를 보면 거대한 신기술로 인해 잃은 일자리보다 만들어진 일자리가 훨씬 많았다. 자동차가 발명되어 마부가 일자리를 잃고 말 산업은 쇠퇴했지만, 자동차 산업은 제조업과 건설업, 관광업으로 많은 일자리를 창출했다.

로봇과 인공지능은 과거 기술과 다른 파급력으로 인간의 일자리를 뺏을 것이라는 우려가 크다. 미국 직업 중 47%, 전 세계의 직업 중 15%가 앞으로 15년 이내에 자동화될 수 있다는 경고가 나왔다.[13] 미국에서 로봇 사용이 고용을 실제로 줄였다는 연구도 나왔다.[14] 그러나 최근에는 로봇이 생산성을 높이고 산업 생산과 소득을 증가시키는 파급효과를 통해 자동화로 없어진 일자리보다 더 많은 일자리를 새로 만든다는 연구가 많이 나오고 있다.[15]

혁신 기술을 통한 혁신 성장이 새로운 산업과 일자리를 창출한다. 경제성장은 소득 증가를 통해 소비와 투자를 창출하고 고용을 증가시킨다. 새로운 업종이 만들어지지 않고 생산성이 높아지지 않는 경제에서는 일자리가 늘지 않는다. 정부 예산으로 필요한 공공 일자리

13 Carl Benedikt Frey, and Michael A. Osborne, "The Future of Employment: How Susceptible are Jobs to Computerisation?," *Technological forecasting and social change* 114 (September 2013): 254-280. https://www.oxfordmartin.ox.ac.uk/downloads/academic/The_Future_of_Employment.pdf.

14 Daron Acemoğlu, and Pascual Restrepo, "Robots and jobs: Evidence from the US", NBER Working Paper no. 23285 (March 2017). 10.3386/w23285.

15 David Autor and Anna Salomons, "Is Automation Labor-Displacing? Productivity Growth, Employment, and the Labor Share," *Brookings Papers on Economic Activity* 24871 (Spring 2018). https://www.nber.org/system/files/working_papers/w24871/w24871.pdf.

를 만들 수 있고 쇠퇴 산업을 지원하고 경영이 어려운 사업자에게 보조금을 주어 고용을 유지할 수 있다. 그러나 모두 단기적인 고용대책이다. 일자리가 지속해서 늘려면 기업이 활발하게 투자하고 신기술·신산업 발전이 빠르게 일어나야 한다. 더불어 노동자의 생산성이 높아져야 기업이 고용을 늘리고 임금도 오른다.

혁신 성장을 통해 더 많은 노동자가 혜택을 보도록 하는 것이 중요하다. 앞으로 인간보다 로봇이 더 잘할 수 있는 업무는 빠르게 대체된다. 반복routine 업무는 육체 노동이든 지식 노동이든 상관없이 이미 대체되고 있다.[16] 로봇이 미래에 필요한 기술을 가진 사람과 그렇지 못한 사람 간에 노동시장의 양극화를 가져오고 소득 불평등을 크게 할 수 있다.[17]

로봇과 인간이 공존하는 4차 산업혁명 시대에 필요한 능력을 키우는 혁신 교육이 필요하다. 더 많은 사람에게 로봇과 함께 일하는 능력, 로봇을 다룰 수 있는 능력을 가르쳐야 한다. 학생들은 로봇으로 대체되기 힘든 문제해결 능력, 비판적 사고 능력과 같은 비반복적 인지 능력non routine cognitive skill과 협동 작업 능력, 대화 능력과 같은 사회적 기술social skill을 익혀야 한다.

---

16 "Special Report on The Impact on Jobs Automation and Anxiety, Will smarter machines cause mass unemployment?," *Economist*, June 25, 2016. https://www.economist.com/special-report/2016/06/23/automation-and-anxiety?gclid=CjwKCAiApvebBhAvEiwAe7mHSMTtjboX2jg3NCBFl9eXOekw1AEojZ5UvoeuflJLDPRFMo776YSGYBoCMaIQAvD_BwE&gclsrc=aw.ds.

17 World Bank, *World Development Report: Digital Dividends* (Washington D.C.: World Bank, 2016).

직장인들도 미래에 필요한 기술을 습득할 수 있는 평생학습체제가 필요하다. 재교육 프로그램을 통해 은퇴 전에 신기술을 배우고 새로운 직장을 찾거나 창업하도록 정부, 기업, 학교가 함께 도와야 한다. 단순히 정년을 연장하는 고용대책은 청년층 일자리를 줄일 수 있다.

사회 모든 분야에서 더 많은 인재를 키워야 한다

대한민국 역사에서 지금처럼 문화, 예술, 스포츠 분야에서 한국의 이미지가 전 세계적으로 높아진 때가 있었을까? 한국 드라마는 전 세계에서 엄청난 인기를 누리며 주인공들을 최고의 한류 스타로 만들었다. 해외에서 BTS, 블랙 핑크 등 K팝 가수들의 인기도 대단하다. 스포츠 스타들도 전 세계에서 활약하고 있다. 한국이 분단국가라는 사실밖에 모르는 외국인들도 한류 스타 한두 명은 안다. 한류는 아시아를 넘어 전 세계에 수출되며 관련 상품 홍보를 더해 엄청난 경제적 효과를 내고 있다.

한류 스타는 뛰어난 자질과 꾸준한 노력으로 만들어진다. 타고난 매력과 전문 지식에 외국어 실력까지 갖추어 전 세계 팬들과 직접 소통하는 스타가 많아졌다. 한 명의 스타가 탄생하기 위해 많은 투자와 훈련이 필요하다. 한국은 한류 스타를 육성하는 시스템이 세계 일류다.

과거에 상상하기 어려웠던 이런 성과에는 대한민국의 경제·정치·사회 발전이 중요한 역할을 했다. 경제 발전으로 지금 우리 청소년들은 신체 발육이 좋고 교육도 많이 받았다. 국내 시장 규모가 커지고 경제적으로 성공할 기회가 많아져 영화, 드라마, 가요, 스포츠 분야의 인재가 늘었다. 거리낌 없이 자기 생각을 표현하고, 자기가 하고 싶은 것으로 성공하면 존중받는 새로운 사회 분위기도 크게 작용했다. 개방화·국제화로 세계 시장에서 실력만으로 성공할 수 있는 기회가 크게 열렸다. 싸이는 유튜브를 통해 〈강남스타일〉로 세계적인 스타가 되었다.

그러나 한류 열풍이 아직 대한민국 전체의 이미지로 이어지지는 않고 있다. 국가 브랜드 평가에 가장 보편적으로 사용되는 '안홀트-입소스 국가 브랜드 지수Anholt-Ipsos Nation Brands Index'에 따르면 2021년 한국은 23위로 독일(1위), 일본(3위)에 미치지 못한다. 기업들의 해외 진출과 문화, 예술 분야에서는 우수하지만, 국민 역량, 정부 정책, 정치 사회 제도 등 다른 분야에서 미흡하기 때문이다.

한국인은 세계 어디에서도 경쟁할 수 있는 우수한 자질과 높은 교육열을 갖고 있다. 그러나 인재를 키우는 교육과 훈련 시스템은 세계 일류에 한참 못 미친다. 지난 30년간 대학순위를 발표한 《유에스 뉴스 앤드 월드리포트》의 최근 세계 대학 평가에서 서울대가 130위에 그쳐서 아시아의 중국(칭화대학, 26위), 싱가포르(싱가포르국립대학, 29위), 일본(도쿄대학, 77위)의 일류 대학들에 밀렸다.[18]

우리 사회는 과학, 공학, 기술 분야에서 창조적인 인재가 더 많이 필요하다. 세계적인 연구 성과를 내는 한국인 과학자가 많아졌지만

18 "2022-2023 Best Global Universities Rankings," *U.S. News*, 2022 https://www.usnews.com/education/best-global-universities/rankings.

아직은 선진국과 비교하면 미흡하다. 미국 매사추세츠공대MIT의 미디어랩을 만든 니컬러스 네그로폰테 교수는 "정보기술IT 분야에서 한국이 짧은 시간에 이룬 성과는 놀랍다"고 말했다. 그러나 "한국은 굉장한 교육열에도 불구하고 어릴 때 받는 일방적인 교육제도가 창의성을 죽이고 있다"고 했다. 서울대 공대 교수들은 함께 저술한《축적의 시간》에서 한국 교육이 근본적으로 새로운 개념을 제시할 수 있는 창의적인 역량을 길러내지 못하고 있다고 지적했다. 창조적 인재를 키울 수 있도록 교육 방법을 바꾸어야 한다.

교육부가 이공계 대학 정원을 많이 늘리고 있지만, 이공계 학생의 수준은 그냥 높아지지 않는다. 부실 대학은 정리하고 세계적인 대학은 더 키워야 한다. 열심히 공부하는 학생들에게 장학금을 지원하고 선진국에서 견문을 넓힐 기회를 늘려야 한다. 어릴 때부터 학생들이 STEM(과학·기술·공학·수학)에 흥미를 느끼도록 해야 한다. 특히 여학생 및 소외 계층에 더 많은 배려가 필요하다.

우리 사회에서 창조성이 부족한 것은 그에 대한 대가가 적기 때문이기도 하다. 혈연·학연·지연으로 얽매여 있고 평등의식이 강해 실력만으로 대우를 받기 어렵다. 심지어 대학에서도 연구·강의 능력보다는 근무 연수에 따라 급여가 정해지고 있다. 중국 대학은 연구 실적에 따라 최대 10배까지 연봉이 차이가 난다. 제대로 된 평가를 통해 우수한 인재들이 보상받는 직무·성과 중심의 급여제도를 도입하는 개혁이 사회 전체에서 이뤄져야 한다.

스타 몇 명만으로 세상이 움직이지 않는다. 그러나 세계화와 신기술의 발전으로 이제 과거와는 다른 세상이 되었다. 스타 한 명이 많은 사람을 먹여 살린다. 한국은 문화·과학·기술·산업계의 더 많은 스타를 필요로 한다. 한국의 국가 브랜드가 중국과 일본에 계속 뒤처져 이대로 아시아의 변방 국가로 추락할 수는 없다. 아시아의 중심으로 우뚝 서려면 창조적 인재와 시스템을 제대로 만들어가야 한다.

제도 개선과 구조 개혁

국가가 시장자본주의 경제 질서 세워야

시장자본주의 경제의 원동력은 '인간의 이기적 욕망'이다. 인간의 욕망은 인간의 기본 본성이어서 절제가 쉽지 않다. 인간의 탐욕이 경제를 혼란스럽게 하지 않도록 국가가 제 역할을 해야 한다. 과도한 욕심과 비이성적 행동이 시장을 지배하도록 방치하면, 경제가 불안정해지고 많은 시장참가자가 피해를 볼 수 있다. 동시에 인간의 잘살고 싶은 욕망을 이해해야 한다. 정부가 경제적 풍요를 중요하게 생각하지 않고, 개인의 욕망과 경제활동을 과도하게 규제하면 경제 발전을 해칠 수 있다.

국가는 적절한 규제와 감독으로 시장의 투명성을 높이고, 부당한 행위를 처벌하고, 투자자를 보호하고, 위기를 예방하고, 경제 안정을 도모해야 한다. 행정부, 입법부, 사법부가 제 역할을 하지 못하고 무사안일하게 대응하거나 자신의 이익을 추구하면 국가는 쇠퇴한다. 많은 공직자가 힘들게 일하고 있지만, 부당한 방법으로 이득을 보거나 불로소득을 추구하는 공무원과 공공기관 직원들이 자주 적발된다. 국가가 공직자의 탐욕부터 제대로 다스려야 한다.

미래는 불안하고 현실에 좌절한 수백만 청년들이 암호화폐 시장에 몰려 대박을 꿈꾸었다. 그때 국가는 주관 행정부처도 정하지 못했다. 시장에서 허위 정보가 넘치고 가격 변동이 매우 심했다. 정부는 투자자의 행동을 비난했지만, 시장의 투명성을 높이고 선의의 투자자를 보호하기 위해 제대로 된 법과 정책을 만들고 실행했어야 했다. 시장자본주의 체제에서 인간의 과욕과 과신을 적절히 통제하고 경제질서를 바르게 세워 시장의 혼란을 막고 위기가 오지 않도록 하는 것이 국가의 역할이다.

국가 역량을 모아 개혁 추진해야

세계경기 둔화와 맞물려 한국 경제가 경기 침체를 벗어나지 못하고 있다. 생산인구(15-64세) 감소까지 겹친 한국 경제가 과거 일본이 겪은 'L자형' 장기 불황에 빠질 수 있다. 불황이 발생하면, 소비와 투자가 위축되고 자산가격이 하락해 경기 침체가 점점 더 심각해질 수 있다. 세수가 줄어들어 정부가 재정적자를 늘여 경기에 대응하기가 쉽지 않다.

국제기구는 한국 경제가 노동, 금융, 교육, 공공 부문의 개혁으로 효율성과 생산성을 높여야 한다고 권고해 왔다. 한국은 무엇보다 노동시장과 정부 부문 개혁이 필요하다. 세계경제포럼WEF의 《2019년 글로벌 경쟁력 보고서》에 의하면 한국의 국가경쟁력은 세계 13위이지만 임금 결정의 유연성(84위), 고용·해고 관행(102위), 노사협력

(130위), 정부정책 안정성(76위), 정부 규제의 기업 부담(87위)에서 매우 뒤처져 있다.

한국 경제는 일본의 '잃어버린 20년'이 시작되던 시기와 많이 닮았다. 구조적인 문제들이 쌓여가지만, 공공·금융·노동·교육의 구조개혁은 느리기만 하다. 경제의 부실을 덜어내고 생산성을 높여서 일본의 전철을 밟지 않은 선진국으로 도약해야 한다.

정치권이 정치 혼란과 사회 분열을 치유하고 국가 역량을 모아 제도 개혁을 추진해야 한다. 잘못된 정책은 과감히 수정하고 제대로 된 경기 대응과 구조개혁으로 국민에게 희망을 줄 수 있기를 기대한다.

불균형 해소하는 균형성장 추진해야

안정적이면서 지속적인 성장을 하려면 경제의 불균형을 해소하는 '균형성장'을 추진해야 한다. 과거 '따라잡기 압축성장' 과정에서 누적된 기업·산업·계층 간 불균형이 생산성 향상을 저해하고 있다. 선진국에 맞는 창의적인 인적 자원, 효율적인 경제시스템을 구축하지 못했다.

경제가 수출 대기업에 너무 의존해 성장하면서 대기업·중소기업, 제조업·서비스업 간의 불균형이 심해졌다. OECD의 자료에 따르면 한국 서비스업의 근로자 1인당 생산량은 제조업의 45%로 OECD 국가의 평균인 90%와는 비교되지 않게 낮다. 한국 중소기업의 생산성은 대기업의 31%에 불과하다.[19] 의료·교육·관광·사업서비스 등 고부가가치산업에 대한 규제를 줄여야 한다. 재벌들의 지배력을 줄이고 경쟁력 있는 중소기업이 많아지도록 해야 한다. 벤처 창업을 통한 성공 기회를 늘리고 실패해도 재기할 수 있도록 지원해야 한다.

산업구조와 기술의 빠른 변화로 교육과 직무능력 간의 불일치가 커졌다. 2013년 '국제성인역량조사PIAAC'에서 한국 대졸자의 27%가 스스로 학력 과잉이라고 답했다. 대학에서 배운 지식과 기술이 직장에서 활용되지 않고 있다. 한국 근로자들은 일본과 비교하면 직무능력이 떨어지고 연공서열제로 인해 직무능력과 성과에 대한 보상은 미흡하다. 교육 제도와 노동시장을 개혁해 제대로 인재를 키우고 활용해야 한다.

'균형성장balanced growth'으로 산업·기업 간 불균형을 해소하고, 교육 제도와 노동시장을 개혁해 생산성을 높이면서 부문 간, 계층 간 이동을 촉진하면 소득분배와 성장 잠재력을 동시에 개선할 수 있다. 우리 경제의 부실과 불균형을 제거하는 구조 개혁을 단행하고 균형성장을 추진해야 한다. 정권을 넘어서 한국 경제의 체질을 바꾸고 선진국으로 이끌고 갈 수 있는 경제 리더십이 중요하다.

대학 교육 개혁해야 한다

한국의 대학은 높은 교육열, 자녀 수의 감소, 졸업 정원제 시행으로 인한 정원 확대 등으로 1980년대, 1990년대 급격히 상승했다. 대학 진학률은 1990년 27%에서 2000년에 62%, 2022년 74%로 높아졌다. 세계

19 OECD, *Korea Economic Survey 2020* (Paris: OECD, 2020).

가 주목하는 한국의 고도성장과 민주화를 이끈 동력은 바로 부모 세대의 교육열이었다. 그러나 한국 대학은 실업자를 양산하면서 학생과 학부모를 포함한 교육 수요자의 기대에 부응하지 못하고 있다.

대학 교육의 과잉 공급과 질적 저하를 해소하는 효과적인 대책이 필요하다. 대학을 나오지 않아도 전문성을 갖춘 고졸자의 기술력이 우대되고 임금 차별이 적은 사회 풍토로 만들어가야 한다. 학벌이 아닌 실력 중심의 채용 분위기를 만들어야 한다. 마이스터고와 특성화고를 육성하고 고졸 일자리 확대 정책을 꾸준히 추진해야 한다.

대졸자의 공급이 넘치는 일차적인 이유는 좋은 일자리가 부족하기 때문이다. 고부가가치 서비스업과 신성장 동력산업의 육성, 중소기업의 경쟁력 강화를 통해 청년층과 고학력자를 위한 양질의 일자리를 더 많이 만들어야 한다.

대학 교육의 실질적인 구조 개선이 필요하다. 2014년 OECD가 실시한 '국제 성인 역량 조사'에서 우리나라 전문대졸은 39%, 4년제 대졸 이상은 24%가 자신의 학력보다 낮은 학력으로도 충분한 직업에서 일하고 있다고 생각하는 '과잉 학력'이라고 답했다. 많은 기업은 대학 졸업생들이 직장에서 필요한 직무능력을 갖추고 있지 못하다고 평가한다.

대학은 역사·철학·과학의 기본 지식을 가르치고 인격 교육을 해야 한다. 기술과 시스템의 변화 속도가 매우 빠른 지금은 학교 교육만으로 직업에 필요한 기술을 갖출 수가 없다. 직장에서 훈련과 평생교육을 통해 전문성을 익혀야 한다. 그러나 우리나라 고등교육기관 중에는 졸업생들에게 기본 소양도 제대로 길러주지 못하는 부실 대학이 많다. 취업하지 못하면 졸업 후에 전문성을 익힐 기회조차 없다. 대학 교육과 산업 노동 수요의 연계를 더욱 강화하고 부실 대학들을 정리해야 한다. 대학 정원을 전공별로 과감하게 조정하는 구조개혁도 필요하다. 대학 교육의 비전을 제시하고 위기를 타파하는 우리 사회의 리더십이 필요하다.

코로나19와 대학 교육

코로나19로 전 세계 대학이 혼란을 겪었다. 정상적인 학교생활이 어려웠고 많은 대학이 온라인 강의를 실시했다. 학생들은 온라인 강의에 불만을 터뜨리고 등록금의 일부 반환을 요구했다. 비대면 화상강의는 교수와 학생이 강의실에서 소통하는 대면 강의보다 수업의 질이 떨어진다는 비판이 나왔다. 비유하자면, 실시간 강의는 라이브 공연과 같은 현장감이 있어서 녹음된 음반을 듣는 것과는 느낌이 다르다는 것이다. 무엇보다 이공계, 의대는 대면 수업과 실험실습이 필수이다. 당시 《뉴욕타임스》 조사에 따르면 미국 대학생 1만 4,000명 중 75%가 비대면 교육이 대면 교육보다 못 하다고 답했다. 한국 대학생 역시 비대면 화상강의에 불만이 많았다.

학생, 교수 모두 새로운 교육방식에 적응하기 쉽지 않지만, 코로나19를 기점으로 앞으로 교육현장의 변화는 더 빨라질 것이다. 비대면 강의가 통학 시간을 줄이고 녹화된 강의를 다시 볼 수 있으니 더 좋다는 의견도 있다. 다른 대학의 저명 학자의 최고의 강의를 시공간의 제약 없이 들을 수 있는 장점도 있다. 앞으로 온라인 원격 교육을 보완하는 다양한 교육방식이 나와야 한다. 한국에서 미국, 유럽, 일본, 중국의 우수한 대학의 강의를 듣고 졸업장을 받는 길이 열릴 수 있다. 그렇게 되면, 국내의 우수한 대학과 그렇지 못한 대학 간 격차는 더 커지고 많은 대학이 정리될 것이다. 한국은 고교 졸업자가 앞으로 계속 줄고 있고 외국인 유학생을 늘리기도 쉽지 않다. 430개 대학 중에 부실한 곳은 점차 문을 닫게 될 것이다.

코로나19로 학교생활도 바뀌고 취업이 더 어려워지면서 왜 대학교육을 받아야 하는지에 의문이 커졌다. 대학은 젊은 세대의 귀한 시간을 잡아두고 비싼 등록금을 받지만, 사회가 원하는 지식과 기술을 습득한 졸업생을 배출하고 있는지는 의문이다. 영국 경제전문지 《이코노미스트》 산하 연구기관인 EIUEconomic Intelligence Unit의 전 세계 대상 조사에서 기업의 66%와 대학생의 56%가 대학이 직장에서 필요한 지식과 기술을 제대로 가르치지 못한다고 답했다.[20] 정보통신기술과 인공지능의 시대에 필요한 문제해결 능력, 비판적 사고, 창의성, 협동·소통 능력, 디지털 기술을 대학에서 습득하지 못한다는 것이다.

대학은 진리를 탐구하고 학문과 사회 발전에 기여하는 연구를 하는 곳이다. 미래의 지도자가 될 인재를 양성하기도 한다. 이것들 모두 중요하지만, 대학을 졸업하고 일자리를 가질 수 있어야 한다. 청년 실업은 전 세계 공통이지만, 대졸 실업은 한국에서 더 심각하다. 기존

20 The Economist Intelligence Unit, "Driving the Skills Agenda: Preparing Students for the Future," *Economist*, 2015. https://static.googleusercontent.com/media/edu.google.com/ko//pdfs/skills-of-the-future-report.pdf.

노동자를 보호하는 정책이 강화되면서 졸업생의 새로운 취업은 더 힘들어졌다. 한국개발연구원KDI은 정년연장으로 고령층(55-60세)의 고용이 3명 늘 때 청년층(15-29세) 고용은 1명 감소한다고 분석했다.[21] 고령화에 대비한 정년 연장이 필요하지만, 청년고용을 지원하는 정책이 함께 이루어져야 했다.

코로나19 이후 한국 대학이 살아남기 위해서는 교육 환경의 변화에 맞추어 경쟁력과 공정성을 높이고 사회가 요구하는 인재를 키울 수 있는 교육 개혁이 필요하다. 우선, 대학이 스스로 커리큘럼과 교육방법을 개선하고 융복합교육, 산학협동, 평생교육을 강화하여 4차 산업혁명 시대에 필요한 지식과 기술을 가르쳐야 한다. 세계 유수 대학과 협력을 강화해 교육과 연구의 질을 높여야 한다. 해외 교육·연수 기회를 늘리고 우수한 외국인 유학생을 유치하기 위한 프로그램도 강화해야 한다.

대학에 대한 정부와 사회의 과감한 투자도 필요하다. 대학은 첨단 교육시설과 우수한 교수를 계속 확보해야 한다. 13년간 등록금 동결로 재정 압박이 심하다. 등록금을 현실화하면서 장학금을 대폭 확충하는 방안이 필요하다. 국고지원을 늘리고 대학이 예산을 자율적으로 집행할 수 있게 하고, 양질의 교육을 제공하지 못하는 부실 대학은 점차 정리해야 한다. 정부는 대졸자 취업을 위해 공공 일자리뿐 아니라 민간 부문에서 좋은 일자리를 많이 만들어야 한다. 고부가가치 서비

21 한요셉, 〈60세 정년 의무화의 영향—청년 고용에 미치는 영향을 중심으로〉, 정책연구시리즈, no. 2019-03, 2019. https://www.kdi.re.kr/research/reportView?pub_no=16456.

스업과 미래 첨단산업을 육성하고 노동시장의 경직성을 줄여야 한다.

한국의 젊은 세대는 대학입시와 취업 경쟁에 시달리고 불안한 미래를 살고 있다. 이들이 필요한 지식과 기술을 배우고 원하는 생애 첫 일자리를 갖고 출발할 수 있도록 대학과 사회가 도와야 한다. 한국의 미래가 인재 양성에 달려 있다.

블라인드 채용과 노동 개혁

1952년 보스턴 심포니 오케스트라는 연주자를 뽑는 오디션을 할 때 커튼으로 가렸다. 편견 없이 연주 실력만으로 선발하자는 것이었다. 이후 많은 오케스트라가 이 방법을 채택했다. 경제학자들의 연구에 따르면 블라인드blind 오디션을 할 때 여성 연주자가 뽑힐 확률이 25% 이상 증가한다고 한다.[22] TV 프로그램 '복면가왕'은 출연자들이 가면으로 얼굴을 가리고 노래 실력만으로 평가를 받아 인기를 얻었다.

지난 정부는 공공 분야의 블라인드 채용을 의무화하고 2017년 7월부터 공공기관·지방공기업에서 블라인드 채용을 전면 시행했다. 블라인드 채용은 지원자의 신체 조건, 가족관계, 출신 지역, 학력 등 편견이 개입될 수 있는 정보를 요구하지 않는다. 대신 직무 수행에 필요한 지식과 기술을 평가하는 데 초점을 맞춘 채용 방식이다. 민간도 블라인드 채용을 시행한 곳이 많아졌다. 몇몇 대기업은 출신 학교 및 학점, 영어 점수를 입사지원서에 기재하지 않도록 하고 해당 직무와 관

22 Claudia Goldin and Cecilia Rouse, "Orchestrating Impartiality: The Impact of "Blind" Auditions on Female Musicians," *The American Economic Review* 90, no.4 (2000): 715-741. 10.1257/aer.90.4.715.

련된 기획서만 제출하게 했다. 카카오는 '코딩 실력'만으로 개발자를 뽑는 신입 공채를 했다.

한국 사회는 혈연, 지연, 학연의 연고주의가 심하다. 성별, 나이, 외모에 대한 편견도 많다. 지방대 출신, 여성이라는 이유만으로 서류 심사에서 탈락하는 일이 자주 일어난다. 블라인드 채용은 잘못된 관행을 깨기 위한 충격 요법이다. 부정청탁과 특혜로 얼룩진 공기업 채용 비리도 줄일 수 있다.

그러나 직무능력 평가가 쉬운 IT기업의 예를 다른 공공기관과 민간 기업에 그대로 적용하긴 어렵다. 학력이나 학점을 전혀 보지 않는다면 성실하고 우수한 인재들이 자신의 능력을 보여주기가 쉽지 않다. 정보가 부족하면 면접에서 언변, 성별, 외모와 같이 눈에 띄는 겉모습이 과도하게 영향을 미칠 수 있다. 블라인드 데이트처럼 선입관 없는 만남의 기회를 제공하지만, 성공 확률은 낮을 수 있다.

블라인드 채용이 과시용이 아니라 실질적인 성과를 거두려면 앞으로 보완이 필요하다. 무엇보다 공정한 평가로 인재를 채용할 수 있는 시스템을 만들어야 한다. 신기술이 빠르게 발전하는 글로벌 세상에서 기업들 각각이 필요로 하는 지식과 기술이 무엇인지 명확하지 않다. 기업과 전문가들이 지원자들의 직무능력을 서류와 면접으로 공정하게 평가할 수 있는 방식을 개발해야 한다. 입사 후에도 연공서열이나 줄 잘 서기가 아니라 업무능력에 따라 보수와 승진이 이뤄져야 한다. 처음 직장에서 남보다 더 노력해 능력을 개발한 근로자가 원하면 더 나은 직장으로 쉽게 옮길 수 있도록 유연한 노동시장을 만들어가야 한다. 블라인드 채용을 해도 좋은 직장에 먼저 입사 기회를 잡은 사람이 평생 유리하다면 여전히 노동시장이 불공정할 수 있다.

교육 개혁도 중요하다. 부모의 경제적·사회적 위치에 따라 자녀의 교육과 직업이 결정되는 '부의 대물림' 현상이 커졌다. 블라인드 채용은 사교육 열풍, 학벌주의를 타파하려는 목적도 있다. 그러나 교육이 계층이동의 사다리 역할을 하려면 질 좋은 고등교육을 확대하고 저소득층·취약계층 자녀의 교육은 대폭 지원해야 한다. 대학교육을 개혁해 기업들이 원하는 직무능력을 갖춘 졸업생과 미래의 지도자를 키워야 한다.

공정한 채용은 우리 사회가 가야 할 방향이다. 그러나 블라인드 채용만으론 모두에게 일자리가 공정하게 배분되지 않는다. 훌륭한 인재를 키우고, 능력을 발휘할 수 있도록 좋은 일자리를 많이 만드는 노력을 함께 해야 한다.

좋은 일자리 제대로 늘리기

한 여성이 빨랫줄에 널어놓은 속옷이 없어져 신고하니 다섯 명의 경찰이 달려와 수사를 시작한다. 슈퍼마켓에서 맥주를 훔친 도둑을 잡기 위해 경찰들이 1주일간 잠복근무를 한다. '문제 학생'을 감시한다는 핑계로 경찰들이 대학 캠퍼스를 배회한다. 경제주간지 《이코노미스트》는 2017년 5월 기사에서 "일본 경찰이 사소한 범죄를 찾고 있다"고 전했다.[23]

23 "Petty Officers-As Crime Dries Up, Japan's Police Hunt for Things to Do," *Economist*,

일본은 원래 범죄율이 낮다. 게다가 인구가 고령화돼 치안 유지를 위한 경찰 인력이 많이 필요하지 않다. 그러나 경찰의 수를 계속 늘려서 경찰 한 명당 처리해야 할 일이 부족해졌다. 2017년 당시 유엔 통계에 의하면 일본 인구 10만 명당 살인 피해자는 0.3명, 강도 피해자는 2.4명였다. 이는 미국의 4명, 102명보다 훨씬 적은 수치다. 그러나 인구 10만 명당 경찰관 수는 일본이 203명으로 미국 197명보다 많았다. 한국도 세계적으로 총기 규제가 엄격하고 강력범죄율이 낮은 안전한 국가다. 인구 10만 명당 살인 피해자는 0.7명, 강도 피해자는 3.2명였다. 그러나 인구 10만 명당 경찰관은 222명으로 일본보다 더 많다. 그런데도 박근혜 정부는 공공 일자리를 늘리고 '4대 악'을 근절하겠다며 경찰 채용 인원을 대폭 늘렸다. 하지만 민생범죄는 여전하고 인권 침해가 많아졌다는 비판을 들었다. 문재인 정부는 취임하면서 임기 내에 공무원 일자리 17만 4,000개를 늘리고, 공공기관의 직접고용 전환과 근로시간 단축으로 총 81만 개의 공공부문 일자리를 창출하겠다고 공약했다. 그러나 좋은 민간 일자리는 만들지 못하고 예산으로 손쉬운 공공 일자리를 만드는 데 그쳤다는 비판을 받았다.

청년실업이 많은 요즘 일자리 대책은 언제보다도 중요하다. 일자리를 구하지 못한 청년들은 연애, 결혼, 출산, 인간관계를 포기한 '4포 세대'가 되어 시대를 비관한다. 정성으로 키우고 힘들게 교육시켜서 청년 백수가 된 자식을 보는 부모들의 마음은 찢어진다.

May 18, 2017. https://www.economist.com/asia/2017/05/18/as-crime-dries-up-japans-police-hunt-for-things-to-do.

필요한 공공 일자리는 늘려야 하지만 청년 실업은 공무원 수를 늘린다고 쉽게 해결할 수 있는 문제가 아니다. 통계청의 '청년층 부가조사 결과'에 따르면 2022년 5월 현재 15-29세 비경제활동인구 가운데 취업 시험을 준비하고 있는 이는 70만 4,000명으로 집계됐다. 이 중에 일반직 공무원 시험 준비를 하는 취준생이 21만 명, 고시 및 전문직 준비자가 8만 2,000명에 달한다. 공무원 정원을 늘려도 더 많은 청년이 시험 준비를 하면 경쟁률은 높고 합격은 여전히 어려울 수 있다. 공시생은 실업자 공식 통계에 포함되지 않아 숫자가 늘면 실업률이 낮아지는 착시현상이 일어난다. 가장 패기가 넘치고 도전 정신이 강한 청년들이 생산활동을 하지 않으면 경제는 후퇴하고, 지금도 좋은 인재를 뽑기 힘든 중소기업은 채용에 더욱 어려움을 겪을 것이다.

공공 일자리를 늘리면 인건비와 연금을 포함한 장기적인 재정 부담이 늘어나기 때문에 신중해야 한다. 공무원을 추가로 채용할 예산 확보도 불확실하다. 부실한 공공기관들이 정규직 인원을 많이 늘리면 미래 재정 부담이 늘어날 것이다.

청년들이 공무원이 되겠다고 몰리는 것은 좋은 일자리가 부족하기 때문이다. 공공부문 못지않게 직업의 안정성, 복지 혜택, 근로 여건이 좋은 일자리를 많이 만들어야 한다. 서비스업과 신기술 분야에서 좋은 일자리를 만드는 규제 개혁, 중소기업의 생산성과 임금을 높이는 정책, 근로 여건 개선을 유도하고, 능력과 직무에 따라 대우를 하는 노동개혁, 청년들의 기업가 정신을 함양하고 창업을 지원하는 정책, 혁신 중소기업들이 고용을 늘리도록 지원하는 정책들 또한 필요하다. 청년들이 첫 직장으로 중소기업을 선택할 때 인생의 패배자로 취급받는 '낙인효과'를 피할 수 있도록 정부가 인력을 선발해서 혁신 중소기업에 파견해 기술 개발, 해외 시장 개척, 법률·회계 업무 등을 지원하면서 일정 기간 실무 경험을 쌓도록 지원하는 방안을 고려해 볼 수 있다. 청년들이 실패를 두려워하지 않고 창업하고, 중소기업에 가서 경력을 쌓고 싶어 하는 사회를 만들어야 한다.

오랜 시간 노력해 대학을 졸업한 청년들이 높은 취업 문턱에 고통을 겪는 현실이 안타깝다. 그러나 아무리 신성한 목적이라도 경제정책은 비용과 효과를 잘 따져보고 실행해야 한다. 손쉬운 정책은 장기적으로 문제가 많은 조삼모사의 정책이 될 수 있다. 마침 우리 경제가 회복되는 좋은 조짐들이 보인다. 정부가 당장 숫자로 나타나는 성과에 조급해하기보다 우리 경제의 체질과 구조를 바꾸어 좋은 일자리를 만드는 정책을 시행하길 기대한다.

지난 5년은 인구 구조의 커다란 변화 때문에 청년들에게 매우 힘든 시기였다. 한국의 베이비붐 세대는 1955년부터 1963년 동안 매년 100만 명이 넘게 태어났다. 당시에 여성 1명은 평균적으로 6.1명의 자녀를 낳았다. 베이비붐 세대가 결혼할 당시 다른 때보다 더 많은 아이가 태어났다. 1991년부터 1995년 사이에 매년 평균 72만 명이 출생해 1980년대 후반보다 신생아 수는 연평균 8만 명 이상 많았다. 그 이후에는 1998년 63만, 2001년 55만 명으로 출생아 수가 급격히 줄어든다.

1990년대 초반에 태어난 아이들이 이제 30대가 되고 2000년대에 태어난 아이들은 20대가 되기 시작했다. 일자리를 찾는 청년 수가 과거보다 줄어들 것이다. 통계청 자료에 따르면 2016년 20-24세 청년 인구는 356만 명으로 2010년에 비해 42만 명이 더 많았다. 따라서 청년일자리 구하는 데 경쟁이 전보다 심했다. 그러나 2022년 20-24세 청년 인구는 2016년에 비해 46만 명이 더 적은 310만 명이다. 앞으로 2030년이 되면 현재보다 67만 명이 더 줄어들 것으로 예측된다. 점차 청년들이 일자리를 구하기가 쉬워질 것이고 베이비붐 세대가 대부분 은퇴하면서 노동력이 오히려 많이 부족할 것이다.

공무원 수를 대폭 늘리거나 모든 청년 실업자에게 생활비를 보조하는 정책들은 잘못 운용되면 재정 부담이 영구적으로 많아지거나 실업을 장기화하는 부작용이 있다. 정부가 청년들의 창업을 지원하고 미래 기술을 익힐 기회를 확대하며 자금과 맞춤 컨설팅을 지원해야 한다. 혁신 민간 기업에 고용을 지원하고 필요한 부문의 공무원 채용을 제한적으로 늘리는 정책이 바람직하다.

55세 이상의 은퇴를 앞둔 베이비붐 세대가 근로시간을 단축하고 임금을 줄여 청년세대와 일자리를 나누는 '세대 간 상생 고용'은 인구 구조의 변화를 고려한 효과적인 청년 실업 대책이다. 더불어 정부가 세제 지원으로 출산, 육아에 힘든 부부들에게 육아휴직과 유연근무제를 제공하고 젊은 청년들을 추가로 고용하는 기업들을 지원하면 청년 일자리를 만들면서 출산율을 높이는 이중 효과를 가져올 수 있다. 민간 경제의 활력을 살리는 동시에 좋은 일자리를 더 많이 만들어 청년들에게 희망을 주는 사회를 만들어야 한다.

공정한 분배로 희망을 주는 사회

인류는 자유롭고 평등한 사회를 만들기 위해 끊임없이 노력해 왔다. 그러나 모두가 평등한 사회를 만들기는 쉽지 않다. 조지 오웰의 풍자 소설 〈동물농장〉에서 돼지는 권력을 잡고 나서 "모든 동물은 평등하다. 그러나 어떤 동물은 더 평등하다"고 주장한다.[24]

경제적인 측면에서 모두가 만족할 수 있는 공정한 분배를 하기는 쉽지 않다. 경제적으로 '공정하다'는 개념은 명확하지 않다. 독일의 사회심리학자 에리히 프롬은 "모든 사람은 평등하게 태어나지만, 모두가 날 때부터 다르다"고 했다. 각자 타고난 능력이 다르고, 교육 수준과 직업도 다르다. 평등한 출발 기회를 제공하고, 공정한 경쟁을 할 수 있도록 제도와 법을 만들어야 한다는 점은 많은 사람이 동의한다. 그러나 경제 성과의 배분에서 과연 무엇이 공정한 것인지는 사람마다 생각이 다르다.

분명한 점은 부의 대물림과 소득 불평등이 점점 심해지면서 박탈감을 느끼는 국민이 다수라는 것이다. 한국 상위 10% 국민이 전체 소득에서 차지하는 비중은 46%로, 미국과 비슷한 수준이다. 소득 상위 10%의 소득 점유율은 1995년 35%에서 2007년 46%로 급증했고 이후에는 크게 변동하지 않고 있다.[25] 부의 불평등도 심각하다. 김낙년

24 George Orwell, *Animal Farm* (London: Secker & Warburg 1984).

25 "World Inequality Database," World Inequality Lab. https://wid.world/data/.

동국대 경제학과 교수가 상속세 자료를 분석한 연구에 의하면 성인 인구의 상위 10%가 전체 자산의 66%를 보유하고 있다.[26]

분배의 불평등이 심해지면 경제·사회적으로 많은 문제가 발생한다. 가계 소비가 늘지 않아 불황에서 쉽게 벗어나지 못한다. 자녀 출산과 교육 투자가 줄어 경제성장에도 악영향을 준다. 포퓰리즘 정책이 많아져 비생산적인 정부 지출이 증가한다. 계층 간 갈등이 커지면서 범죄도 많아지고 정치도 불안정해진다.

프랑스 경제학자 토마 피케티는 《21세기 자본》에서 소득과 부의 불평등이 많은 국가에서 공통으로 커지고 있음을 보여줬다. 모든 국가가 분배를 개선하기 위해 고심하고 있다. 피케티는 부의 세습을 막기 위한 최고 소득세율 인상과 글로벌 자본세 도입을 주장했지만, 세금 인상이 최선의 정책인지에 대해 논쟁이 격렬했다. 소득 격차는 부의 세습에 의한 부분도 있지만, 교육 수준의 차이, 기술 발전, 산업 간 격차, 인구 고령화와 같은 구조적인 문제에서 오는 부분도 크기 때문이다. 많은 국가가 소득 불평등과 저성장이라는 이중고二重苦를 겪고 있다. 소득분배를 개선하면서도 성장을 저해하지 않는 복합적인 대책이 필요하다.

한국 경제는 무엇보다 소득분배와 경제성장을 동시에 저해하고 있는 구조적인 요인부터 고쳐야 한다. 중소기업 육성, 서비스업의 좋

26 Nak Nyeon Kim, "Wealth Inequality in Korea, 2000–2013," *Journal of the Korean Welfare State and Social Policy* 2, no.1 (June 2018): 26-57. https://wid.world/document/wealth-inequality-in-korea-2000-2013-journal-of-the-korean-welfare-state-and-social-policy-2018/.

은 일자리 창출, 노동 개혁, 고령화 대책을 꾸준히 추진해야 한다. 재벌들의 지배력을 줄이고 경쟁력 있는 중소·벤처기업들을 더 많이 키워야 한다. IMF 보고서는 비정규직과 정규직으로 양분된 고용시장이 한국의 소득분배를 악화시켰다고 지적했다.[27] 고용노동부의 〈고용 형태별 근로실태 조사〉에 따르면 2021년 비정규직의 월임금액은 정규직의 44%였다. 비정규직은 사회보험 가입률도 낮다. 정규직의 과보호를 줄이고 비정규직을 정규직으로 전환하는 노동 개혁이 필요하다. 직무·성과 중심의 급여체계를 확대하고, 정년을 연장하고, 여성의 노동시장 참여율을 높여야 한다.

교육과 창업을 통한 성공 기회를 확대해 계층 간 상향 이동을 활발하게 해야 한다. '금수저, 흙수저'라는 자조적인 표현이 나올 만큼 소득 불평등의 대물림으로 인한 청년세대의 좌절감이 크다. 루이스 캐럴의 소설 〈거울 나라의 앨리스〉[28]의 아무리 빨리 뛰어도 제자리를 벗어나지 못하는 세상이 현실이 되고 있다. 부모 자산이 아닌 개인의 노력으로 원하는 삶을 살고 성공할 수 있는 사회를 만들어가야 한다. 유·초등, 중·고등학교에 걸친 공교육 시스템이 과연 우리 자녀들을 적성과 능력에 맞는 인재로 키우는 역할을 제대로 하는지 돌아봐야 한다. 비싼 등록금을 받고 실업자를 양산하는 대학 교육을 개혁해 학생들이

27 Johanna Schauer, "Labor Market Duality in Korea," IMF Working Papers No. 2018/126 (June 2018). https://www.imf.org/en/Publications/WP/Issues/2018/06/01/Labor-Market-Duality-in-Korea-45902.

28 Lewis Carroll, *Through the Looking-Glass, and What Alice Found There* (London: Macmillan, 1871).

직장을 쉽게 구할 수 있도록 기본 지식과 전문 기술을 키워줘야 한다. 졸업 이후에도 계속해 잠재력을 개발하고 발휘할 수 있는 열린 노동 시장을 만들어야 한다.

재정이 적극적인 역할을 해야 한다. 우리는 다른 선진국보다 조세 및 이전 제도를 통한 소득 재분배 기능이 미흡하다. 취약계층을 위한 사회안전망을 확대하고 복지 지출을 늘려가야 한다. 사회복지 재원을 확보하고 소득 재분배를 강화하기 위한 조세제도 개혁을 본격 논의해야 한다.

중산층을 복원하고 모두가 희망을 갖는 사회를 건설하는 것은 시대적 과제다. 사회 합의를 통해 '공정한 분배와 지속 가능한 성장'을 위한 새로운 한국 경제의 발전모델을 만들어가야 한다.

포용적 성장 제대로 해 보자

2006년 인도 정부는 '포용적 성장inclusive growth'을 경제개발의 목표로 공식 발표했다. 당시 경제성장률은 8%가 넘었으나 성장의 과실을 모든 계층이 함께 누리지 못했기 때문이다. 2004년 중국은 '화해和諧 사회harmonious society'를 발전 목표로 제시했다. 덩샤오핑의 개혁 이후 고도성장을 했지만, 지역 간, 도시·농촌 간, 계층 간 격차가 커졌고 국민 통합이 필요했다.

경제성장과 평등한 분배는 어느 국가에서나 중요한 정책 목표다. 세계은행, 경제협력개발기구OECD와 같은 국제기구들은 포용적 성장의 중요성을 오래전부터 강조해 왔다. 필자가 근무했던 아시아

개발은행ADB은 2008년에 아시아의 발전을 위한 목표와 전략을 담은 《전략Strategy 2020》 보고서를 만들었다. 포용적 성장을 지속 가능한 환경, 역내 경제통합과 함께 3대 중점과제로 정했다. 수십 번의 회의를 거쳐 구체적인 실행 전략과 예산을 정하고 성과의 평가 기준을 마련했다. 국제기구들은 사회간접자본 투자, 교육·훈련, 보육 지원, 금융, 공공거버넌스 개선, 반부패, 생산적 복지와 같이 성장과 분배에 모두 도움이 되는 정책들을 제시했다. 그러나 국가마다 성장률과 소득 불평등 정도, 재정 여력과 개방도 등 현실 여건에 차이가 있어 정책의 효과는 매우 다를 수 있다.

일부에서는 "신자유주의는 '배타적 성장'이고 포용적 성장은 이와 대비되는 개념"이라는 극단의 견해가 나온다. 포용적 성장을 위해 소득 재분배 정책을 강화해야 한다는 이야기도 나온다. 포용적 성장으로 포장하여 선심성 복지를 확대하는 일이 벌어질까 걱정이다. 소득 재분배와 복지 확대가 필요하지만, 그것이 과하면 자본 축적과 기술 발전을 저해하고 근로의욕을 감소시켜 경제성장에 해롭다. 성장을 하지 못하면 포용적 성장도 할 수 없다. 음식 맛이 없고 메뉴도 그저 그런 음식점이 간판만 바꾸고 공짜 서비스를 늘린다고 매상이 계속 오를 수가 없다. 제대로 맛있는 요리를 해 손님이 늘어야 주인과 종업원 모두 소득이 증가할 수 있다.

한국 경제는 앞으로 성장 잠재력을 높이고 좋은 일자리를 많이 만들어야 한다. 동시에 경제 불평등의 근본 원인을 해소하면서 포용적이고 지속 가능한 발전을 추구해야 한다. 모든 국민이 자신의 잠재력을 최대한 발휘할 수 있도록 정부가 필요한 역할을 해야 한다.

조세제도 개혁과 복지 지출의 점진적 확대로 결과의 공평한 분배를 이루도록 노력해야 하지만 새로운 성장동력을 찾는 경제성장과 혁신 정책들이 뒷받침돼야 한다. 경제 주체들의 자유로운 경제활동을 보호하고 생산성과 기술 수준을 높여나가야 한다. 수출산업의 구조조정, 혁신 중소기업 지원, 과학기술 인력 양성, 교육제도와 노동시장 개혁이 모두 중요하다. 서비스업의 규제 개혁으로 좋은 일자리와 창업 기회를 늘려야 한다.

만일 분배의 공정성만 중요시하고 경제성장과 기술혁신을 소홀히 한다면 한국 경제가 성장동력을 잃고 저성장이 가속화될 수도 있다. 한번 저성장의 늪에 빠진 경제는 재도약하기가 쉽지 않다.

지금 한국이 당면한 현실은 인도, 중국이나 다른 선진국들과는 매우 다르다. 저출산·고령화, 주력 수출산업의 쇠퇴, 영세 중소기업·서비스업의 낮은 생산성, 청년 실업 등의 구조적 어려움이 겹쳤고 보호무역주의, 미·중 간 갈등 심화, 국제 금융시장 불안정으로 대외 불확실성도 높다. 성장과 분배를 함께 개선하기가 쉽지 않다. 우리 실정에 맞는 구체적인 전략을 수립해 성과를 내야 한다.

정부의 경제정책이 무조건 우측 또는 좌측의 한 방향으로 치우쳐서 과속으로 달리는 자동차와 같으면 많은 국민을 불편하게 하고 불안감을 준다. 도로를 잘 보고 좌우의 균형을 잡아 안정적인 속도로 달리면서 목표를 향해 가야 한다.

민주주의와 평등한 소득분배

민주주의는 소득분배를 더 평등하게 하는가? 독재 정부는 권력을 독점한 지배계층에게 유리한 정책을 시행하고 서민들의 소득 증가에는 관심이 적다. 반면에 민주주의에선 정치 권력이 골고루 나누어져 있어 정부가 국민 다수를 위해 소득분배를 개선하려고 노력한다. 그러나 민주적인 정부가 분배를 개선하지 못하고 오히려 악화시키는 경우도 많다. 여론에 너무 민감해 제대로 된 소득분배 정책을 추진하지 못하거나 섣부른 판단이 '의도하지 않은 부작용'을 유발하기 때문이다.

민주주의에서 정부가 계속 집권하기 위해서는 대중의 지지가 중요하고, 특히 중간 계층의 지지를 받는 정책을 할 필요가 있다. 세계 각국의 자료를 보면 민주주의가 발전한 국가일수록 세금을 올리고 저소득층 소득 보전, 연금, 실업수당, 주택 보조 등 복지지출을 늘려 분배를 개선하려 한다.

이와 같은 소득 재분배 정책은 소득 불평등을 교정하는 중요한 역할을 하지만 근본적인 대책이 되기는 어렵다. 1980년대부터 많은 국가에서 공통으로 소득분배가 악화된 것의 주요인은 국제무역, 기술 발전, 교육 불평등이었다. 중국이 세계 시장에 들어오면서 경쟁 국가들의 미숙련 노동자의 임금이 정체되었다. 자본과 숙련 노동자를 더 집약적으로 사용하는 기술이 빠르게 발전하면서 전체 노동소득의 몫이 줄었고, 고학력과 저학력 노동자 간의 임금 격차가 커졌다. 기업과 산업 간 격차도 커졌다. 노동자들은 이제 인간이 하던 일들을 대체하는 기계와 경쟁하고 전 세계 국가들과 경쟁해야만 일자리를 지킬 수 있게 되었다.

모든 정부가 사회적 약자와 취약 계층의 기초생활을 보장하는 사회안전망을 만들고 불평등을 개선하면서 경제가 지속 성장할 수 있는 시스템을 추구하고 있다. 그러나 모든 국민이 만족하는 공정한 분배를 하면서 동시에 지속 성장하는 것은 쉽지 않다. 경제 불평등을 근본적으로 해소하지 못하고 복지지출을 늘리는 손쉬운 정책으로 '큰 정부'만 만들면 여러 문제가 발생한다.

미국의 2007년 금융위기는 분배를 개선하려고 한 선한 의도의 정책이 가져온 '의도하지 않은 부작용'을 보여준다. 당시 미국은 소득 불평등이 심했고 특히 부동산 가격이 오르면서 내 집이 없는 도시 빈민들의 불만이 높았다. 많은 시의회가 저소득층 서민들이 은행 대출을 쉽게 받아 집을 살 수 있게 하는 법을 통과시켰다. 저금리 정책과 맞물려 부동산 거품이 커졌고 결국 거품이 붕괴하면서 '비우량 주택 대출'의 부실로 이어졌다. 금융위기로 대량 실업이 발생하고 소득분배가 더욱 악화됐다.

소득분배를 평등하게 하는 재분배 정책은 성장을 둔화시킬 가능성이 매우 크다. 세금 인상과 비생산적 정부 지출은 자본축적과 기술발전을 저해하고 근로의욕을 감소시켜 경제성장률을 낮춘다. 일부 학자들은 소득분배의 개선이 경제성장을 불러올 수 있다고 주장한다. 평등한 분배가 가계소비를 단기적으로 늘리고 능력 있는 개인에게 교육 기회를 제공하며 사회를 안정시켜 투자를 촉진하는 등의 간접적인 경로로 성장에 기여할 수 있다. 그러나 직접적인 효과가 작아 지속적인 경제성장의 요인이 되기는 어렵다.

경제성장의 과실을 모두에게 퍼주는 인기 영합적인 정책이 많아지면 시간이 지나 재정적자가 계속 늘어날 것이다. 지금 투표권이 없는 미래 세대에 파탄 난 재정과 고갈된 연금을 떠맡기는 최악의 상황을 맞을 수 있다. 앞에서 살펴본 중남미 국가들처럼 복지지출을 급격히 늘리고 경제의 구조 개혁을 소홀히 하다가 결국 재정적자가 쌓여 경제 파탄을 맞을 수 있다. 민주적인 정부가 국민의 넘치는 요구를 모두 충족시키려다 보면 제대로 된 정책을 취사 선택하기 어렵다. 정부 지출의 경제적 효과를 잘 따져보고 미래 세대의 부담을 고려해 좋은 정책들을 골라 추진해야 한다.

계층 간 이동성을 높이기 위해 공교육을 개혁하고 모두가 잠재력을 발휘할 수 있는 열린 노동시장을 만들며 기술진보에 맞추어 노동자의 숙련도를 높이는 정책이 필요하다. 혁신 중소기업을 지원하고 새로운 내수 시장과 서비스산업을 발전시켜 좋은 일자리를 만드는 정책들은 분배를 개선할 뿐만 아니라 경제성장에도 도움이 된다. 당장 성과를 내기가 어려운 정책들이지만 앞으로 5년뿐만이 아니라 먼 미래를 보는 민주 정부의 경제정책이 가야 할 길이다.

거시경제 안정 정책

미국 연준의 금리 인상과 '인플레이션 파이터'

폴 볼커Paul Volcker 전 미국 연준 의장은 1970년대 미국을 괴롭혔던 고

물가를 잡은 것으로 높이 평가받는다. 볼커는 연준 의장으로 취임한 1979년에 기준금리를 15.5%로 단번에 4%포인트 올렸고 1981년에는 20%까지 높였다. 과감한 금리 인상으로 물가 상승률은 1980년 3월에 14.8%(전년 동월 대비)를 정점으로 한 후 3%대로 점차 안정됐다. 볼커는 중앙은행이 통화 긴축을 해야 할 때는 과감하게 실행해야 한다는 본보기를 보였다. 볼커 이후 많은 국가의 중앙은행이 '인플레이션 파이터inflation fighter'가 되기 위해 노력해 왔다. 연준과 한국은행은 소비자 물가 상승률이 2%에서 안정되도록 통화정책을 운용한다.

사실 대부분 정치인과 국민은 경제가 호황이길 원하므로 통화 긴축(고금리)보다는 확장(저금리)를 선호한다. 경기가 과열되고 인플레이션이 발생할 우려가 커도 정치적인 이유로 정부는 긴축 정책을 과감하게 하지 못한다. 따라서 많은 국가에서 중앙은행은 물가 안정의 마지막 보루이다. 볼커는 중앙은행의 정치적 독립과 국민으로부터 신뢰를 강조했다. 중앙은행이 정치적 고려 없이 통화정책을 독립적으로 운용하고 물가를 안정시킨다는 신뢰를 국민에게 주어야 한다고 주장했다. 대중적 인기에 연연하지 말고 신속하고도 효과적으로 통화정책을 운용해야 한다는 것이다. 물가상승률이 당장은 낮더라도 앞으로 목표치 이상으로 오를 것으로 예상되면 선제적으로 조치를 해야 한다. "파티가 한창 무르익을 때 술병을 치우는" 인기 없는 역할을 중앙은행이 담당해야 한다.

제롬 파월 의장이 이끄는 미 연준은 2021년에 잘못된 상황 판단으로 인플레이션 경고에 너무 늦게 대응했다는 비판을 받고 있다. 미국은 코로나 백신 보급 확산으로 일상이 회복되면서 억눌렸던 소비수요가 분출하기 시작했고 공급이 수요를 따라가지 못하자 물가가 오르기 시작했다. 여기에 바이든 정부가 대규모 재정 지출로 경기 부양을 한 것이 기름을 부은 격이 됐다. 래리 서머스 전 미국 재무장관은 이미 2021년 2월에 《워싱턴 포스트》의 기고문에서 "우리가 한 세대 동안 경험하지 못한 인플레이션 압력"을 경고했다. 그러나 제롬 파월 연준 의장은 인플레이션이 특별히 높거나 지속되지 않을 것이라고 예상하면서 적극적으로 대응하지 않았다. 2021년 5월에 미국 소비자물가상승률은 이미 5%를 넘기 시작했다. 연준이 물가상승률을 목표치에서 통제할 것이라는 신뢰가 무너지면서 민간의 기대인플레이션율이 계속 오르기 시작했다. 여기에 2022년 3월 우크라이나 전쟁으로 에너지 가격이 상승하면서 인플레이션이 가속화됐다. 연준이 금리를 가파르게 올릴 수밖에 없는 상황이 되었다. 미국 연준은 2022년 6월 정례회의에서 기준금리를 1.50-1.75%로 대폭 올렸다. 0.75%포인트를 인상하는 '자이언트 스텝'은 28년 만에 처음이었다. 연준은 계속하여 7월, 9월, 11월에 연속해서 '자이언트 스텝'을 내디뎠다. 2023년에도 금리를 계속 올릴 것으로 예상된다. 금리 인상으로 물가 안정을 이룬다고 해도 그 대가로 경기침체를 겪게 될 가능성이 커졌다.

중앙은행이 효과적으로 통화정책을 시행하려면 경제 상황을 정확하게 판단하고 예측해야 한다. 경기가 어떤 시점에 있는지, 물가가 왜 오르는지, 앞으로 얼마나 지속될지를 알아야 한다. 금리 인상이 물가 안정에 미치는 효과와 실물경기와 자산시장에 미치는 영향을 정확하게 판단해야 한다. 잘못된 판단으로 금리를 너무 빨리 올리면 물가 안정에는 별로 효과가 없고 실물경기를 크게 위축시키게 돼 낭패가 아닐 수 없다. 반면에 물가상승을 오래 방치하면 많은 사람이 고물가로 고통을 겪을 뿐 아니라 부동산과 금융시장에 버블이 발생할 수 있다. 중앙은행은 민간의 기대인플레이션율 변화를 주목해야 한다. 일반 물가가 계속 오를 것으로 생각하는 심리가 커지면 기업은 생산물의 가격을 미리 올리고 노동자는 예상되는 물가상승률에 맞춘 임금 인상을 요구한다. 인플레이션 기대 심리가 실제 물가를 올리고, 기대인플레이션율이 따라서 높아지는 악순환이 발생할 수 있다.

한국도 에너지와 곡물 가격 상승으로 5월 소비자물가상승률은 6.3%로 외환위기 이후 24년 만에 최고치를 기록했다. 생필품 가격이 많이 오르면서 서민들의 고통이 크다. 당분간 물가가 더 오를 것으로 예상돼 기대인플레이션율이 점점 상승하고 있다. 물가를 안정시키고 일자리와 소득을 늘리며 경제가 지속해서 성장하도록 해야 한다. '인플레이션 파이터'로서 한국은행의 역할이 막중하다. 정확한 판단과 신속하고도 효과적인 통화정책 운용으로 국민에게 물가 안정의 신뢰를 주어야 한다.

거품 경제를 예방하는 통화금융정책

주식, 부동산 같은 자산의 가격이 갑자기 많이 오르면 '거품'(버블)이 아닌지 조심해야 한다. 가격이 계속 오를 것으로 기대하고 투자했다가 갑자기 폭락하면 크게 낭패를 볼 수 있다.

버블 현상을 연구한 킨들버그 교수는 "친구가 부자가 되는 것만큼 한 사람의 행복감과 분별력을 어지럽히는 일은 없다"고 했다. 주변에서 쉽게 돈을 벌면 나도 빌려서라도 투자하고 싶은 것이 인지상정이다. 그러나 자산 가격이 실제 가치보다 너무 오르면 언젠가는 거품이 꺼지고 가격이 하락한다.

18세기 초 프랑스는 해상무역을 위해 신대륙에 '미시시피 회사'를 세웠다. 이 회사의 주식이 지폐처럼 유통되면서 투기의 대상이 됐다. 주식 가격이 1년 만에 3000% 넘게 올랐다. 백만장자를 뜻하는 '밀리어네어millionnaire'는 이때 생긴 큰 부자들을 일컫는 프랑스어에서 유래했다. 하지만 투기 과열이 식으면서 주가가 폭락했고 '미시시피 버블'은 근대 유럽의 3대 버블로 역사에 남았다. 현대에 와서도 1987년 '검은 월요일', 2000년 '닷컴 버블', 2008년 글로벌 금융위기처럼 거품이 붕괴하는 세계적인 사건들이 발생했다.

거품과 실제 가치를 구별하고, 언제 거품이 붕괴할지 예측하기는 쉽지 않다. 미국 연준 의장을 18년간 지낸 그린스펀도 "거품이 언제 터질지는 거품이 꺼진 뒤에나 알 수 있다"고 했다. 그러나 거품을 방치하다가 너무 커진 거품이 붕괴하면 금융 시스템이 마비되고 경제위기가 발생할 수 있어 최선을 다해 예방해야 한다.

주가가 오르는 것은 경기 회복 속도가 빠르고 기업의 미래 수익에 대한 전망이 밝기 때문이다. 그러나 가격을 떠받치는 또 다른 중요한 요인은 낮은 이자율이다. 이자율이 낮으면 싸게 돈을 빌려 투자할 수 있고 미래의 수익을 현재 시점에서 계산한 가치가 높아진다. 투기

그림 4 한국은행 기준금리(%)

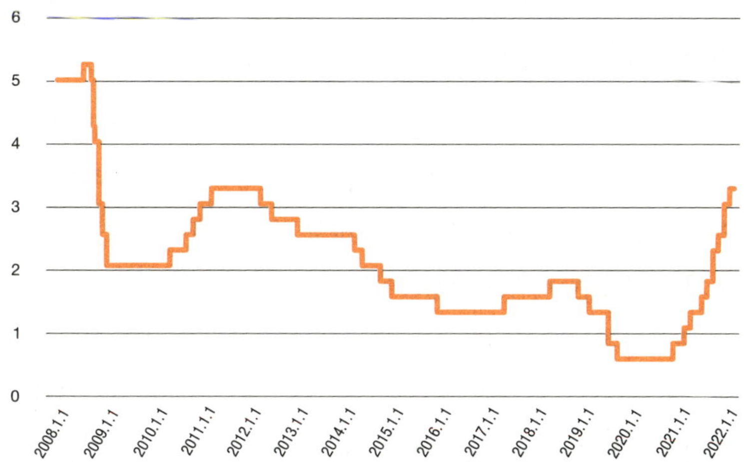

심리를 부추겨 위험자산에도 투자가 늘어난다. 글로벌 금융위기 이후와 팬데믹 이후 중앙은행들은 앞다퉈 단기 정책금리를 낮추고, 국공채를 대량으로 사들이는 양적 완화 정책으로 장기 이자율을 낮췄다. 한국은행도 기준금리를 글로벌 금융위기 이후 연 5.25%에서 급속히 낮추었고 이후 등락했다가 2016년 6월에 1.25%로 낮아졌다. 이후 상승했던 정책 금리는 팬데믹에 대응하여 0.5%라는 역대 최저 이자율로 낮아졌다.

올해 미국을 시작으로 중앙은행들이 금리 인상과 양적 완화 축소를 시작했다. 높은 물가상승률에 대응하는 것이다. 그러나 금리 인상이 너무 늦어 거품이 커지고, 물가가 올라 자금 배분이 왜곡돼 금융 시스템과 거시경제에 해가 됐다는 비판이 나온다.

기준금리를 올리는 것은 자동차의 브레이크를 천천히 밟거나 가속페달을 약하게 밟아 정상 속도로 가도록 하는 것이다. 도로 사정이 바뀌었는데도 계속 가속페달을 밟고 있으면 위험하다.

상황이 좋을 때라도 누군가는 불을 보면 '불이야'를 외치고 소화기를 잡아야 한다. 한국은행은 저금리로 금융시장과 부동산 시장의 거품이 커질 때는 먼저 거품을 경고하고 통화정책을 정상 궤도로 돌려야 하는 막중한 책무를 수행해야 한다.

중앙은행은 금융시장과 부동산 시장의 안정을 위해 통화정책뿐 아니라 거시건전성정책macro-prudential policy을 사용한다. 거시건전성정책은 금융시스템이 불안정하게 될 가능성을 사전적으로 포착하고 줄이기 위한 정책이다. 예를 들어 부동산 경기가 좋을 때 금융기관은 과도하게 대출을 하고 반대로 부동산 가격이 하락할 때 과도하게 대출을 줄인다. 금융기관의 이러한 행위는 부동산 가격의 거품을 키우고 붕괴시키는 요인으로 작용해 금융시스템을 불안정하게 하고 금융위기를 초래할 수 있다. 중앙은행과 금융 감독 기관은 적절한 규제와 감독, 긴급유동성 공급 조치 등을 통해 금융시스템이 안정적으로 운용될 수 있도록 해야 한다.

'헬리콥터 화폐'의 유혹

어느 날 하늘에서 돈이 마구 떨어지면 어떨까? '돈은 모든 악의 근원'이라는 성현의 가르침이 있지만 '돈이 없는 것이 세상 악행의 근원'이라는 금언金言도 있다.

하늘의 돈벼락이라니 뜬금없는 소리 같지만 1976년 노벨 경제학상을 받은 밀턴 프리드먼 교수는 '헬리콥터 화폐helicopter money'라는 말을 처음 썼다.[29] 중앙은행이 헬리콥터로 돈을 뿌리듯이 갑자기 화폐 공급을 늘리면 소비와 투자가 늘어나 경기를 살릴 수 있다고 했다.

헬리콥터 화폐는 정부가 국민의 세금을 줄이고 중앙은행에서 돈을 찍어 재정 적자를 충당하는 것과 같다. 세금을 돌려받은 국민의 소득은 하늘에서 돈이 떨어진 것처럼 갑자기 늘어난다. 정부가 중앙은행을 통해 조달한 자금을 갚지 않으면 정부 부채는 실질적으로 발생하지 않는다.

글로벌 금융위기 당시 유럽중앙은행과 일본은행이 최후 수단으로 헬리콥터 화폐를 고려해야 한다는 목소리가 나왔다. 중앙은행들은 국채와 정부 보증채권을 대량으로 구입해 시중에 자금을 공급하는 양적 완화를 하고 금융기관이 중앙은행에 맡긴 예금에 수수료(마이너스 금리)를 부과해 대출을 촉진하려 했다. 그러나 실물경기 회복이 기대에 미치지 못하니 돈을 직접 뿌려 민간소비와 투자에 영향을 주겠다는 것이다. 늘어난 정부 부채 때문에 지출을 쉽게 늘리지 못하는 정부로서는 분명 매력적인 정책이다.

그러나 헬리콥터 화폐는 부작용이 클 수 있다. 재정 지출을 위해 화폐량을 늘리면 일시적으로는 좋지만 계속하면 효과가 작아진다. 또 정치적인 목적으로 잘못 사용될 수 있다. 돈을 마구 찍어 지역 공약 사업을 하거나 부실한 대기업들을 지원하고, 특정 계층에만 혜택을 주는

29 Milton Friedman, *The Optimum Quantity of Money* (London: Routledge, 1969).

세금 감면을 할 수 있다.

많아진 화폐가 생산을 늘리기보다 물가를 올리면 일정한 소득을 받는 근로자와 연금 생활자들의 실질 소득은 줄어든다. 집값이 오르면 덩달아 전월세도 오른다. 자산가격의 거품이 발생할 수도 있다. 중앙은행의 물가 안정 의지가 약한 국가에서 정부가 재정 지출을 위해 통화량을 계속 늘렸을 때 극심한 인플레이션이 발생한 경우가 많았다. 1990년대에 많은 남미 국가는 높은 인플레이션으로 서민 생활이 황폐해지고 정상적인 경제 운영이 어려웠다. 아무도 사용하지 않는 자국 화폐를 없애고 미국 달러를 대신 도입하기도 했다. 한번 중앙은행의 독립성과 통화정책의 신뢰가 무너지면 어떤 부작용이 나올지 알 수 없다.

한국은 헬리콥터 화폐를 고려할 이유가 없다. 경제 상황에 따라 정책 금리를 낮출 여력이 있기 때문이다. 국공채를 대량으로 사들이는 양적 완화도 가능하고 필요하면 기업 구조조정을 위해 선별적인 금융 지원을 할 수도 있다. 실제로 2008년 9월 세계 경제 위기 때 한국은행은 기준금리를 여섯 번에 걸쳐 낮추고 국고채를 매입했다. 채권시장 안정과 은행 자본금 확충을 위해 자금을 공급하고 중소기업 대출 한도를 늘렸다. 그러나 위급 상황이 아닐 때 중앙은행의 발권력을 동원하는 것은 신중해야 한다. 부실기업, 가계 부채, 청년 실업, 고령화, 생산성 하락과 같은 한국 경제의 구조적 문제들은 통화정책만으로 해결하기 어렵다. 문제의 근본 원인을 해결하려는 종합적인 대책 없이 손쉬운 돈벼락에 의존하는 것은 결국 국민의 부담을 늘리고 문제 해결을 더 어렵게 할 수도 있다. 일본 아베노믹스의 예를 보더라도 화폐량을 늘리는 정책으로 고용과 성장을 촉진하는 데에는 한계가 있다.

한국은행은 법으로 통화정책의 최우선 목표를 물가 안정에 두고 있다. 정부와 정치에 휘둘리지 않고 물가 안정에 전념할 수 있도록 1997년부터 통화정책을 결정하는 금융통화위원회의 의장을 기획재정부 장관에서 한국은행 총재로 바꿨다. 그러나 한국은행에 대한 국민과 기업의 신뢰가 높지만은 않았다. 최근 들어 경제 예측이 자주 틀리고 소비자물가상승률은 목표치를 자주 벗어났다. 일부에서는 한국은행이 경제 상황에 대해 너무 안이하게 생각하고 소극적으로 대응한다고 비판한다. 자주 정치적 압력에 흔들린다는 비판도 있다.

불, 바퀴, 중앙은행은 인류의 3대 발명품이라고 한다. 중앙은행은 국민 경제를 지키는 최후의 보루다. 앞으로 한국은행의 통화정책이 국민에게 더욱 신뢰를 줄 수 있기를 기대한다.

환율 변동과 외환시장의 안정

주요 수출 경쟁국 간에 '환율 전쟁'이 자주 발생한다. 환율 전쟁은 많은 국가가 자국 통화 가치를 될 수 있는 대로 약세로 만들어 수출가격을 떨어뜨려 수출을 늘리려는 경쟁을 일컫는다. 일본은행이 계속 금리를 낮게 유지하면 엔화의 가치가 다른 통화보다 낮아지고 일본의 수출은 늘어나며 수입은 줄어든다.

환율은 시장의 '자기실현적 기대'에 많은 영향을 받는다. 외환시장에서 다른 투자자들이 원화를 팔 것으로 예상될 때 빨리 원화를 팔아 달러로 바꾸면 이익을 볼 수 있다. 모두가 이런 심리를 갖고 원화를 팔면 원화 가치가 실제로 하락한다. 국제 투기자본의 큰손들에 의해 원화 가치가 더욱 약세가 될 수 있다. 수익을 내기 위해 미래에 원화 금융 자산을 팔겠다고 약정하고 나중에 싸게 사서 갚는 선물 계약을 많이 하면 시장에서 원화는 약세 압력을 받는다.

환율 안정을 위해 달러 등 외화 자산을 외환시장에서 팔 수 있다. 그러나 외환보유고가 감소하면서 외환위기를 겪을 수 있다. 자금의 해외 유출을 통제하고 환투기를 막는 조치를 강화할 수 있다. 그러나 자본이 해외로 계속 빠져나가면 더는 환율을 방어하기 어렵다.

원화 가치의 점진적인 하락은 수출에 도움을 줄 수 있다. 그러나 환율이 급격히 변동되면 우리 기업과 투자자들의 환위험이 커진다. 자본 유출로 증권과 부동산 가격이 하락하면 국내 소비와 투자에도 나쁜 영향을 준다. 종합적이고 신중한 정책 대응이 필요하다.

과도한 외환시장 개입을 피하고 원화 가치가 투기 요인으로 급변할 때에만 적절하게 개입하는 것이 원칙이다. 원화 가치를 일정하게 유지하려고 한국은행이 보유한 달러를 계속 판다면 외환보유액이 급격히 감소해 위기를 맞을 수 있다. 억울하지만 외환시장에 과도하게 개입하면 환율조작국으로 제재를 받을 수도 있다. 그러나 금융·외환시장을 면밀히 감시해 필요할 때는 과감히 시장에 개입하고 투기자금의 유·출입을 규제해야 한다.

원화 대외 가치를 대미 환율로 평가하기 때문에 미국 달러 가치의 변동는 원화 환율을 변동시키는 주요인이다. 2022년에 달러가 계속 강세를 보이면서 원화 환율이 빠르게 상승했다. 달러 강세는 유럽이나 중국과 비교해 미국 금리가 더 빠르게 오르고 미국의 경기가 좋기 때문이다. 또한 미국 경제는 에너지와 식량 위기로부터 피해를 입지 않으며 달러는 가장 안전한 기축통화이다. 연준이 긴축 정책을 강화하면서 국제 자금이 수익률과 안전성이 높은 달러 자산으로 몰리고 강달러가 지속됐다.

강달러로 미국을 제외한 많은 국가가 고통을 겪었다. 미국은 수입품 가격이 내려가는 효과를 보지만, 다른 국가는 환율 상승으로 수입 상품의 국내 가격이 올라 인플레이션이 심해졌다. 달러로 빌린 대외 부채를 갚는 부담도 커졌다. 자국 통화의 가치가 하락하면 자국 상품 수출 가격이 낮아져서 수출이 늘어나는 긍정적인 효과가 있다. 하지만, 강달러로 모든 국가의 통화가치가 동반 하락하면 수입 물가가 올라 많은 국가가 수입을 줄이고 세계 무역량이 감소하기 때문에 수출 증가 효과가 발생하기 어렵다.

원화 가치는 미국뿐 아니라 주변 중국과 일본 경제의 영향을 받는다. 특히 우리 경제는 최대 교역국인 중국의 영향을 크게 받기 때문에 위안화와 원화는 동조 현상을 보인다. 글로벌 투자자는 중국과 한국 경제의 연관성이 높아 두 국가에서 투자 자금의 유출입을 함께 결정한다. 또한 대중국 거래에서 발생하는 환율변동위험을 분산하기 위해 원화 파생상품을 사고팔기도 한다. 수출시장에서 한국과 경쟁 관계에 있는 일본은 계속 저금리를 유지해 엔화 가치가 낮아졌고 이것 또한 원화 약세를 부추기는 요인으로 작용한다.

원화 환율은 한국 경제의 여러 지표에 영향을 받는다. 경제성장 둔화, 물가 상승, 정부부채 증가, 경상수지 악화, 자본 국외 유출 증가 등은 환율을 상승시키는 요인으로 작용한다. 무엇보다 경상수지 적자가 걱정거리이다. 2022년 8월에 경상수지는 130억 달러가 넘는 적자를 기록했다. 경상수지는 상품과 서비스의 국외 거래와 해외투자소득을 합쳐서 계산한다. 경상수지가 적자이면 그만큼 벌어들인 외화가 부족하다는 뜻이다. 따라서 원화 환율 상승 압력이 커지고 환투기가 발생할 수 있다.

원화 환율의 변동은 달러 가치의 변화라는 글로벌 요인이 크지만, 국내의 요인에도 주의해야 한다. 수출이 부진하고, 내수가 침체되고, 가계부채와 기업 부실이 늘어나고, 경제정책이 신뢰를 주지 못할 때 자본 유출은 계속되고 금융, 외환시장이 불안정할 수밖에 없다. 정부는 우리 경제의 취약한 부문을 빈틈없이 점검하고 성장·물가·재정·경상수지 개선에 힘써야 한다. 환율의 급변동에 대응해 기업과 금융기관은 스스로 위험 관리를 해야 한다. 다른 한편으로 지역통화기금과 국제통화를 가진 국가들과 통화 스와프 협정을 강화해 유사시에 외환보유액을 더 확보하는 안전판을 마련해야 한다.

중앙은행 디지털화폐의 세상

각국 중앙은행이 디지털화폐 발행에 적극적으로 나섰다. 중국은 이미 디지털위안화e-CNY를 발행해서 시범사업을 하고 있다. 유럽중앙은행ECB과 미국 연준을 비롯한 전 세계 중앙은행의 대다수가 디지털화폐에 관해 연구하거나 발행을 검토하고 있다. 한국은행도 디지털화폐 발행을 검토하면서 시범사업을 준비하고 있다.

중앙은행은 디지털기술이 발전하고 민간 디지털화폐가 많아지는 현실에 대응해 자체 디지털화폐 발행을 고려할 수밖에 없는 처지이다. 디지털화폐는 실물화폐(동전, 지폐)와 달리 비대면·비접촉 결제에 사용할 수 있다. 민간이 발행하는 암호화폐나 스테이블코인(현실 자산과 액면 가치가 연동되는 암호화폐)은 신뢰성이 낮고 가치가 불안정하다.

얼핏 생각하면 동전과 지폐 대신에 중앙은행 디지털화폐Central Bank Digital Currency, CBDC를 사용한다고 생활이 특별하게 달라질 것 같지 않다. 현금은 이제 많이 쓰이지도 않는다. 그러나 민간에서 CBDC를 자유롭게 사용하는 '소매retail' 방식이 전면적으로 도입되면, 경제생활, 금융 시스템, 경제정책 운용에 상당한 변화가 올 것이다. 우선, 개인과 기업은 거래가 모두 기록되기 때문에 익명성과 프라이버시가 침해된다. 막대한 힘을 가진 정부가 개인의 모든 경제활동에 대한 정보를 갖고 악용할 수 있다. 금융 시스템에서는 일반 은행의 예금이 줄고 기존의 금융중계 역할이 대폭 축소되는 등 큰 변화가 올 수 있다. 중앙은행은 통화정책을 시행할 때 CBDC 예금 이자율을 변동시키는 등 민간 소비와 투자에 직접 영향을 미칠 수 있다.

정부도 재정정책에 CBDC를 활용할 수 있다. 예를 들어, 온·오프라인 신청으로 신용카드, 선불카드, 상품권을 나누어주는 복잡한 재난지원금 지급 방식 대신에 일괄적으로 중앙은행 계좌에 입금해 주거나 전자지갑을 나누어줄 수 있다. 당장 경기 활성화를 위해 몇 개월 내로 지원금을 쓰지 않으면 잔액이 자동으로 사라지도록 만들 수도 있다. 예금통장이나 신용카드가 없는 금융소외 계층은 금융 생활이 가능해지고, 이들에게 정부가 복지 지원을 하기도 쉬워진다.

세계 주요 중앙은행과 한국은행이 디지털화폐를 도입하는 시기가 곧 올 것이다. 도입의 충격을 완화하면서 최대한 국가 경제에 도움이 되도록 설계방식과 운용방법을 신중히 결정해야 한다.

재정의 효과적 운용과 중장기 건전성

이념보다는 증거에 입각한 정책 해야

문재인 정부의 소득주도성장, 최저임금 대폭 인상, 공공 일자리 확대, 탈원전, 친노동정책은 원하는 결과를 내지 못했다. 좋은 일자리 만들기, 서민 생활 안정, '포용적 성장'이라는 목표에서 점점 멀어져 갔다.

국내외 경제 전문가들은 논란이 많은 정책을 수정하거나 폐기하고, 이념에 치우친 정책보다는 경험적 증거에 기초한 정책을 실행할 것을 권고했다. 과도한 규제는 줄여 민간 경제의 활력을 높이고 노동·교육·공공 부문을 개혁해서 생산성을 높여야 한다고 했다. 미래의 먹거리를 만들 산업구조 개편과 기술혁신의 중요성을 강조했다. 잘못된 정책을 고집하다가 외부에서 큰 충격이 오면 한국 경제가 위기를 겪을 수 있다고 했다. 과도한 선심성 복지지출로 재정 건전성에 문제가 생기면, 중남미 포퓰리즘 국가가 겪은 경제 위기를 겪을 수 있다는 경고도 나왔다.

그러나 정책의 효과에 대한 비판의 목소리가 높아져도 정책이 수정되지 않았다. 최선의 경제정책을 찾고 원하는 효과를 가져오려면 전문 경제 지식과 경험이 없이는 쉽지 않다. 직관적으로 옳다고 생각하는 경제정책이 의도하지 않은 부작용을 가져오는 경우가 허다하다. 예를 들어 정치지도자와 다수 국민이 임금은 너무 낮고, 집값과 임대료는 너무 높고, 현재 금리 수준은 적절하지 않다고 생각할 수 있다. 그러나 시장의 가격 결정에 정부가 직접 개입하는 정책은 부작용이 클 수 있다. 최저임금 인상처럼 가장 쉬워 보이는 불평등 해소 정책이 영세 사업자의 고용을 줄이고 오히려 불평등을 크게 할 수 있다. 통화량은 넘치고 다른 투자처가 없으면 공급이 부족하며 가격 상승이 기대되는 부동산 시장에 자금이 모인다. 필요한 주택 공급을 지속해서 늘리지 않고 규제와 세금 일변도의 정책으로 문제를 해결하려 하면 부작용이 발생한다.

정부가 막대한 재정지출을 했지만, 일자리 창출 효과는 기대에 미치지 못했다. 공공 일자리가 민간 일자리를 상쇄하거나 구조 조정을 지연하지 않도록 주의하고 지속 가능한 좋은 일자리를 만드는 정책에 예산을 써야 했다. 코로나19로 인한 국민의 피해를 보상하고 일자리를 늘리는 정부지출이 필요했다. 그러나 경기 회복에 중점을 두고 경제 안정을 같이 도모하면서 미래의 부담은 최소화했어야 했다. 효과가 의심스러운 대규모 사업과 안정적인 통화 가치를 크게 훼손할 수 있는 정책은 피해야 했다.

선심성 정책에 중독되면 감당하기 힘든 포퓰리즘이 발생할 수 있다. 선거를 앞두고 정치권이 밀어붙이는 정책을 경제 각 부처와 통화당국이 엄밀히 검토하고 견제해야 한다. 법률로 신분을 보장받는 공무원은 정치적 압력에 굴종하지 않고 국민을 위해 일할 사명이 있다. 학계, 언론, 시민단체의 민간 경제 전문가도 객관적인 비판의 목소리를 내야 한다. 심각한 결과를 초래할 수 있는 일이 일어날 때 파수꾼들이 경고해야 한다.

재정의 중장기 건전성을 높이는 재정개혁

재정의 중장기 지속가능성을 높이는 개혁이 필요하다. 지금 세대가 빚잔치를 계속하면 미래 세대는 쌓인 부채를 상환하기 위해 더 많은 세금을 부담하거나, 더 적은 연금을 받거나, 물가 상승을 겪어야 한다. 세제 개혁, 연금 개혁, 재정지출의 효율을 높이는 중장기 대책을 만들고 실행해 나가야 한다. 세입을 확충하고 연금급여와 연금보험료율을 조정하며 대규모 재정지출의 경제적 타당성을 엄밀히 검증해야 한다.

코로나19 극복 과정에서 보았듯이 재정의 역할은 위기에서 특히 중요하다. 새 정부는 효율적으로 예산을 세우고 집행해 경제 발전에 기여하면서 중장기 재정 건전성을 유지해야 한다. 지도자의 의지와 정부, 국회, 학계·연구소의 전문가 역량을 모아 빈틈없는 재정 관리에 나서야 한다.

재정 건전성을 높이려면 포퓰리즘적이고 비생산적인 지출은 경계해야 한다. 예산을 세우고 집행하는 과정을 엄밀하게 하여 재정이 효율적으로 운용되도록 해야 한다. 재정이 국가에 도움이 되는 선한 역할을 적극적으로 해야 한다. 그러나 '악마는 디테일에 있다'. 정부가 인프라 확충, 기후변화 대응과 같은 사회적으로 유용한 사업과 기술 혁신을 지원하되 사업이 효과적으로 수행되도록 해서 재원 낭비와 물가 상승을 주의해야 한다.

적극적으로 재정을 운용하고 정부부채를 늘려야 할 때라면 피할 필요가 없다. 그러나 그 과정에서 효과는 극대화하고 위험은 최소화해야 한다. 쌓이는 국가부채는 모두 미래 세대의 부담으로 남는다. 생산적인 재정지출과 조세개혁으로 민간 경제의 활력과 성장 잠재력을 높이고, 공기업개혁, 연금개혁도 꾸준히 추진해서 중장기 재정 건전성을 유지해야 한다. 효율적인 재정 정책으로 경제를 살리면서 미래 세대의 부담은 늘리지 않으려면 정부뿐 아니라 국회도 예산을 꼼꼼히 심의하는 제 역할을 해야 한다.

선심성 지출보다는 인력 양성, 사회간접자본, 구조개혁과 기술 혁신에 재정을 늘려야 한다. 재정의 비효율성은 줄이고, 여성과 청년 고용 향상, 노동시장 개혁, 구조개혁 지원으로 성장 잠재력을 높이는 데 재정투입을 늘려야 한다. 정부가 할 일을 적극적으로 찾되 민간 경제에 피해를 주는 개입은 줄여야 한다. 또한, 세율을 낮추어 민간 투자와 기술혁신을 촉진하는 조세정책이 필요하다.

정부 부채의 미래 세대 부담 줄이려면

코로나19로 인해 세계 각국이 제2차 세계대전 이후 최악의 경제 상황을 맞아 정부 지출과 부채가 늘었다. 국제통화기금IMF은 2020년 6월

보고서에서 전 세계 정부부채가 총생산GDP 대비 평균 19%포인트 증가해 100%를 넘을 것으로 추정했다. 2022년 10월의 IMF 추계에 따르면 미국은 정부 부채가 GDP의 122%, 유로 지역은 평균 91%, 일본은 264%에 달할 것으로 예상했다.[30]

한국은 그나마 형편이 낫다. 정부 부채의 GDP 비율이 IMF 추계로 54%에 그친다. 당장 정부 부채를 걱정할 필요는 없다. 문제는 중장기 재정 건전성이다. 한국 경제는 저출산·고령화로 성장 잠재력은 하락하고 복지지출은 빠르게 늘어나 정부 부채 비율이 가파르게 상승하는 미래를 앞두고 있다. 국회예산정책처는 2040년에 정부부채가 GDP의 100%를 넘을 것으로 추계했다. 4대 공적 연금(국민·공무원·사학·군인 연금)도 모두 적자가 돼 재정 부담이 커질 것으로 예상했다. 앞으로 북·미 관계가 개선되고 대북 경제제재가 해제되면 남북 경제협력에 필요한 정부 재원도 상당한 규모에 달할 것이다. 독일의 경우 갑작스러운 통일 이후 서독은 매년 국내총생산의 4% 정도를 10년 이상 동독에 쏟아부었다.

축적될 공공부채의 상당 부분은 지금의 10대, 20대와 앞으로 태어날 세대가 짊어진다. 당장은 국채 수익률이 낮아 이자 부담이 적지만, 미래에 정부의 채무 상환능력을 우려한 투자자들이 정부채권을 구매하지 않으면 이자율이 올라서 채무 부담이 커진다. 만일 정부가 신규 채권 발행으로 부채를 상환하기가 힘들어지면 국가 부도 위험도 커

30 "Fiscal Monitor," *International Monetary Fund*, October, 2022. https://www.imf.org/en/Publications/FM/Issues/2022/10/09/fiscal-monitor-october-22.

진다. 과거 세계적으로 이자율이 상승하는 시기에 정부부채가 많았던 중남미 국가들이 여러 번 재정 위기를 겪었다. 한국도 미래에 비슷한 위기를 겪지 않는다는 보장이 없다.

재정 건전성을 평가하는 지표인 GDP 대비 정부 부채 비율이 어느 정도면 위험한가는 의견이 분분하다. 과거 사례를 분석해 90%를 기준으로 제시한 연구가 있지만,[31] 국가와 시기별로 기준은 다를 것이다. 부채비율이 높은 경제도 명목 GDP가 빠른 속도로 증가하면 재정 건전성에 문제가 없다. 제2차 세계대전 직후 미국 연방정부 부채는 GDP의 119%에 달했지만 이후 경제성장률이 높아서 1960년대 초에 40%로 하락했다. 그러나 현재 상황은 과거와 달리 저성장에서 벗어나기 쉽지 않다.

일부 학자와 정치인은 중앙은행이 국채를 계속 사들이면 부채비율이 높아도 문제없이 정부 부채를 관리할 수 있다고 주장한다. 일본은행은 지난 수십 년간 국채를 계속 매입해 정부 재정을 지원했다. 일본과 같은 경기 불황과 디플레이션 상황에서는 중앙은행의 국채 매입의 위험이 크지 않은 것이 사실이다. 통화량 증가로 인플레이션이 발생할 가능성이 낮기 때문이다. 그리고 일본 엔화가 국제통화여서 외환이 부족해 외국인이 보유한 국채를 상환하지 못해 국가부도 위기를 겪을 가능성이 매우 낮다. 그러나 한국은 중앙은행의 지속적인 채권

31 Carmen M. Reinhart and Kenneth S. Rogoff, *This Time Is Different* (Princeton: Princeton University Press, 2009); Carmen M. Reinhart and Kenneth S. Rogoff, "Growth In a Time of Debt," *American Economic Review* 100, no.2 (2010): 573-578. https://scholar.harvard.edu/files/rogoff/files/growth_in_time_debt_aer.pdf.

보유 증가는 영구적인 통화 증발로 이어져 높은 인플레이션이나 자산 거품을 유발할 위험이 존재한다. 환율이 폭락하고 외채 상환에 어려움을 겪으면서 외환위기를 겪을 수도 있다.

미래 세대가 짊어질 빚 부담을 줄이려면 정부지출을 늘리더라도 생산적인 지출로 경제성장률을 높이고 민간 경제의 활력을 되살려야 한다. 재정이 낭비되지 않도록 현명하게 지출해야 한다. 공공투자가 민간투자를 유발하는 미중물 역할을 할 수 있어야 한다. 미래에 많은 부담을 떠맡을 젊은 세대를 위한 교육, 직업훈련, 육아, 주거 지원을 늘려야 한다. 대규모 사업의 경제적 타당성 평가를 엄밀히 해야 한다. 공공 인프라를 계획하고 실행하는 체계의 독립성을 강화해 정치적 압력으로 대규모 인프라 사업이 결정되지 않도록 해야 한다.

정부의 중장기 재정 건전성을 유지하려면 경제정책의 '거버넌스governance', 즉 최고 수준에서 관리하는 방식과 이를 수행하는 체계가 중요하다. 문제는 정치의 개입이다. 정치인은 정치적 이익을 위해서 경제적 효율이 낮은 정책을 종종 추진하려 한다. 선심성 지출로 인기를 얻은 포퓰리즘 정권이 과도한 재정지출과 통화 팽창으로 경제를 파탄으로 몰고 간 경우가 종종 있었다. 이를 막기 위해 많은 국가가 재정준칙fiscal rule으로 과도한 재정적자와 정부부채를 제한하고 중앙은행의 독립성을 법으로 보장한다. 재정준칙은 국가채무, 재정적자 등 국가 재정 건전성 지표가 일정 수준을 넘지 않도록 관리하는 규범을 말한다. 한국은 법률로 규정한 재정준칙이 없다.[32] 한국은행은 정부채권 매입을 더 늘리고 재정을 직접 지원하라는 압력을 종종 받는다.

한 세기 만에 찾아온 팬데믹 위기에 당장의 경제 회복뿐 아니라 미래 세대의 빚 부담에 대한 우려의 목소리가 커졌다. 경제정책의 거버넌스를 강화해 정책의 효율성과 중장기 재정 건전성을 높이려는 노력이 필요하다.

거위의 털을 아프게 뽑는 정부

거위의 깃털은 가볍고 부드럽고 따뜻하다. 가슴 솜털(구스 다운)은 패딩과 이불 솜으로 특히 인기가 높다. 그러나 산 채로 털이 뽑히는 거위는 고통스럽다. 선진국은 윤리 문제로 살아 있는 거위의 털을 뽑는 행위를 금지했다. 그러나 아직도 거위를 산채로 털을 뽑는 곳이 많다.

'세금을 걷는 기술은 거위에게 고통을 덜 주면서 깃털을 최대한 뽑는 것'이라는 말이 있다. 루이 14세의 재무상 콜베르가 한 말로, 박근혜 정부 때 경제수석이 인용했다가 논란이 됐다. 세제 개편을 설명하면서 중산층 근로소득자의 세 부담이 연간 16만 원 늘어나는데 이는 감내할 수 있는 수준이라는 의미로 말했다가 비판을 많이 받았다. 깃털이 뽑히는 거위 처지에서는 어쨌든 고통인데 고위 관료가 서민의 어려움을 모른다는 것이었다.

지난 문재인 정부에서 정부와 여당은 법인세, 소득세, 재산세, 부동산 보유세, 양도세, 취득세, 금융투자 소득세 등을 줄줄이 올렸다. 부유층과 자산가에게서 세금을 많이 거두어 부족한 세수를 채우고 정치

32 2023년부터 국내총생산(GDP) 대비 관리재정수지 적자비율을 3.0% 이내로 관리하고, GDP 대비 국가채무비율이 60%를 초과하지 않도록 하는 재정준칙을 입법화하는 논의가 진행 중이다.

적 부담은 최소한으로 하려는 심산이다. 마치 살찐 거위를 골라서 털을 많이 뽑으려는 듯이 보인다. 그러나 마구잡이 증세로 경제 왜곡이 심화하고 모든 국민의 고통이 커질까 우려된다.

부유층에게서 세금을 더 거두는 것은 공정성 측면에서는 타당하다. 납세자의 고통이 다른 계층에 비해 덜하고 소득분배 개선에도 도움이 된다. 그러나 누진세율 제도로 고소득층의 세금 부담은 이미 상당하다. 한국의 법인세와 소득세의 최고세율은 경제협력개발기구 OECD 회원국 평균보다 높고 상속세율은 일본 다음으로 두 번째로 높다. 공정한 소득분배는 우리가 추구해야 할 목표임이 틀림없지만, 경제에 크게 기여하는 계층과 기업에 대한 세율을 과도하게 높이면 이들의 근로의욕과 투자·기술혁신 유인을 낮추어 경제성장을 저해해 모두가 피해를 볼 수 있다.

최악의 불경기에 세금이 한꺼번에 오르면 납세자가 더욱 힘들고 경제 왜곡도 커진다. '세금 평탄화tax smoothing' 원칙에 따르면 세율을 여러 기에 걸쳐 평탄하게 해야 후생 손실이 적다. 부유층의 세금을 올리더라도, 경제 상황에 맞추어 몇 년에 걸쳐 예측할 수 있게 증세하는 방안을 찾았어야 했다. 최저임금 인상 때도 비슷한 잘못을 했다. 문재인 정부 처음 2년간 최저임금을 연속으로 16.4%, 10.9% 올려 중소기업과 자영업자를 힘들게 하고 일자리를 줄이더니 급브레이크를 밟아 인상률을 2.9%, 1.5%로 낮췄다. 애초부터 그 이전 정부들과 같이 매년 5-8% 수준으로 예측할 수 있게 올렸으면 부작용이 덜했을 것이다.

조세를 경제 정책이 아니라 정치 수단으로 사용하면 경제 왜곡이 심해진다. 정부가 세금은 늘리면서도, 다수 유권자의 세 부담은 줄이려고 하다 보니 각종 세액 공제와 비과세 감면이 등장했다. 우리나라 근로자 중에 소득세를 내지 않는 비율이 40%에 달한다. 세금을 실제로 내는 납세자의 부담은 점점 커졌다. 집값이 계속 올라 많은 무주택자가 어려움을 겪어도 정부는 잘못을 인정하지 않고 주택소유자, 임대인을 죄인 취급하고 중과세한다. 정부가 주택시장을 강력히 통제할수록 민간 공급은 더욱 줄고 집을 개량, 보수하려 하지 않아 품질이 낮아진다.

정부와 여당이 지금은 살찐 거위를 주로 골라 털을 뽑지만, 다른 거위들도 털이 언제 뽑힐지 알 수 없다. 문재인 정부에서 재정 적자가 많아져 국가채무와 미래 조세 부담이 빠르게 늘고 있다. 관리재정수지의 적자는 계속 늘어났다. 증세 이전에 정부 지출이 낭비 없이 효과적으로 사용되고 있는지 꼼꼼히 살펴야 한다.

사육장에 갇혀 털이 뽑히면서 '언젠가 저 하늘을 높이 날 수 있다'라고 노래하는 '거위의 꿈'이 슬프다. 많은 평범한 국민이 가진 것 없이 태어나 남보다 더 열심히 일하고 저축해 재산을 모아 중산층이 되었다. 기업을 키우고 일자리를 만들며 세금도 열심히 내면서 남들이 부러워하는 한국의 경제 발전을 이루어냈다. 경제적 자유와 풍요를 누리려는 우리 모두의 꿈을 정부가 도와주어야 한다. 정치 논리가 아닌 경제 논리에 맞는 입증된 경제정책을 실행해야 한다.

포퓰리즘 막아야 한다

한국이 중남미 국가처럼 되지 않으려면

여러 중남미 국가가 지난 반세기 동안 정치가 불안정하고 경제 발전이 지지부진했다. 국민은 선거로 뽑은 정치인들이 국가를 제대로 운영하길 원했다. 그러나 당선 후 권력을 잡자 그들은 또 다른 특권층이 돼 이권을 누리기에 급급했다. 공공기관의 좋은 자리는 양심적이고 능력 있는 전문가보다는 정치 브로커들의 차지가 됐다. 분노한 시민들은 부도덕하고 부패한 자들로부터 권력을 빼앗기 위해 다시 선거에 참여했다. 특권층의 부정부패를 비난하면서 오직 국민만을 대변한다고 하는 새로운 인물과 정당에 표를 던졌다. 그러나 국민들이 또 속았다는 사실을 깨닫기까지 오랜 시간이 걸리지 않았다. 새로 당선된 대통령과 정당도 절대 권력을 갖고 다시 부패하기 시작했다. 대통령은 자신의 입맛에 맞지 않는 대법원 판사를 탄핵해 자기 사람으로 바꿨다. 비판 언론과 야당을 탄압하는 일이 비일비재하게 일어났다.

중남미뿐 아니라 많은 국가에서 국민들이 정치인의 거짓 약속과 특권층의 부패에 속고 실망하는 일이 반복됐다. 많은 국민들이 정치에 혐오를 느끼고 투표에 무관심해졌다. 불만에 찬 자, 분노한 자, 사회에서 고립된 자, 이권에 관심이 많은 자들이 주로 선거에 참여해 자신을 대변할 수 있는 정치인에게 표를 던졌다. 정당은 국민 통합과 장기 경제 발전이 뒷전이었다. 국민을 편 가르기 하고 골수 지지층을 확보하기 위한 공약을 주로 내세웠다. 중산층과 기업가의 소득과 재산에 더 많은 세금을 부과하고 다수의 저소득층에게 나누어주는 선심성 정책으로 우파, 좌파 정당 모두가 경쟁하기 시작했다. 과도한 선심성 정책이나 재분배 정책으로 경제는 점차 쇠퇴했다.

한국은 중남미 국가와는 달랐다. 사유재산권의 보장, 법적 지배, 대외 개방으로 경제 발전의 기적을 이루었다. 1980년대에 한국보다 소득이 높았던 멕시코, 브라질, 아르헨티나의 일인당 국민소득은 이제 한국의 절반에도 미치지 못한다. 한국은 남미 국가가 실행한 것과 같은 과도한 포퓰리즘 경제정책은 없었다. 민주화 이후에는 정치권력에 대한 감시와 견제 기능도 강화됐다.

그러나 한국도 특권층이 부패하고 곳곳에 적폐가 널렸다. 전직 대통령을 비롯하여 권력자와 기업인들이 부패 혐의로 재판을 받았다. 많은 고위공직자, 국회의원, 재벌 총수들이 부정부패에서 자유롭지 못하다.

중남미에서 일어났던 일들이 한국에서 반복되지 말아야 한다. 특권층의 부패가 만연하고, 정치가 오직 선거에서 이기기 위한 국민 편 가르기와 선심성 경제정책의 장이 되면 안 된다. 포퓰리즘 정책의 장기적 피해는 결국 후속 세대가 겪을 것이다.

권력의 부패를 막으려면 건전한 언론, 시민단체, 전문가 집단의 권력 감시와 비판 기능이 중요하다. 검찰, 경찰, 국세청, 공정거래위원회, 감사원 등 권력기관이 공정하게 법을 집행하도록 하는 개혁이 필요하다.

또한, 정치 개혁으로 대통령과 청와대에 집중된 권력을 분산해야 한다. 권력을 효과적으로 감시, 견제하기 위한 사법부, 감사원, 검찰 등 민주주의 기구의 독립성을 강화해야 한다. 권력을 가진 엘리트의 각성이 필요하다. 권력을 독점하면서 독선적이고 부패한 특권층에 대한 분노가 포퓰리즘을 부른다. 정치 개혁으로 공정한 사회를 만들어야 한다.

한국의 미래가 정치 혼란과 포퓰리즘으로 가지 않도록 하는 경제 개혁이 필요하다. 무엇보다 불평등과 양극화를 개선하는 경제 개혁이 필요하다. 이를 통해 포퓰리즘에 대한 사회적 요구를 줄일 수 있다. 사회안전망을 강화하고 주택과 교육 문제를 해결해야 한다. 과도한 부의 세습을 막고 공정한 사회를 만드는 개혁을 계속해야 한다. 경제 불평등이 커지고 사회 계층 간 이동성이 낮아지면 국민의 불만이 커진다. 포퓰리즘 정부가 득세하여 과격한 재분배 정책이 나온다. 사회적 약자를 보호하고 실패한 사람이 재기하도록 도와주면서 좋은 일자리를 많이 만드는 경제정책이 필요하다.

무엇보다 법의 지배가 무너지지 않도록 해야 한다. 정치권력을 견제하는 사법부의 독립성이 무너지면 중남미의 포퓰리즘 정부들처럼 사유재산권을 침해하는 약탈적 정책들이 봇물 터지듯 쏟아진다. 중산층의 생산 의욕과 기업가의 투자 의지를 저해하고 경제 발전이 크게 후퇴할 수 있다. 건강한 시장 자본주의 체제를 유지, 발전시키면서 부정부패를 막는 공정한 사회를 만들어가야 한다.

재정의 포퓰리즘 막는 '악마의 대변자'

오바마 대통령은 취임하면서 국가경제위원회 의장으로 로런스 서머스를 임명했다. 서머스는 28세에 하버드대 경제학과 최연소 종신교수가 돼 천재로 이름을 날렸다. 그는 클린턴 정부에서 재무부 장관을 역임해 이론과 실무를 겸비한 경제학자이다. 서머스의 역할 중 하나는 백악관 회의에서 토의할 때 반대 관점에서 질문하는 '악마의 대변자devil's advocate'였다. 어떤 정책이 긍정적인 효과만 과도하게 포장되지는 않았는지, 국민의 이름을 팔아 특정한 집단이 이득을 취하는 것은 아닌지, 같은 예산으로 더 효과가 큰 정책을 할 수 있는지 검증했다. 대통령은 뛰어난 전문가를 옆에 두고 신뢰했다. 오바마 대통령은 재임 기간에 경제 위기를 극복했고 국민의 높은 지지를 받았다.

한국은 그동안 국민의 기대를 안고 보수, 진보의 새로운 정권이 출범했다. 그러나 이념과 상관없이 좌우에서 대중의 인기를 얻기 위해 선심성 정책들을 쏟아냈다. 장기적인 경제 효과에 대한 엄밀한 검증 없이 정부 예산을 퍼주는 선심성 지출이 너무 많아지면 국가의 곳간에 문제가 생긴다. 계속 낭비적 지출을 하면 정부 재정과 외환보유액의 제약 때문에 재정위기, 외환위기를 겪을 수밖에 없다.

한국은 경제 규모가 크고 첨단 수출산업이 발전한 경제 강국이다. 그러나 성장 잠재력이 계속 하락하고 복지 지출을 비롯한 정부 지출은 계속 늘고 있다. 정치권이 포퓰리즘 정책으로 선심성 지출을 너무 늘려 재정 건전성에 문제가 생기고, 구조개혁을 등한시해 잠재성장률이 계속 하락하면 미래 세대가 어떤 고통을 겪을지 알 수 없다. 멀리

보아야 한다. 당장의 인기보다 미래에도 지속해 좋은 성과를 낼 수 있는 경제정책을 해야 한다. 잠재성장률을 높이고 부채를 줄이며 국가의 곳간을 튼튼히 하고 체질을 개선해 세계경제의 갑작스러운 변화에 잘 대응하도록 준비해야 미래에 위기를 피할 수 있다.

정부가 성공하려면 통합의 정치를 하고 한국 경제의 체질을 개혁하는 좋은 정책들을 만들어야 한다. 외부의 건설적인 비판에 좀더 귀를 기울이고 정권 내부에도 오바마 정부의 서머스처럼 포퓰리스트들을 견제하는 '악마의 대변자'가 필요하다.

신중하고 효과적인 대외 경제전략

미·중의 패권 전쟁 속에서 살아남기

미국과 중국 간의 대립은 계속되고 있다. 무역과 기술 갈등 외에도 북핵, 대만, 남중국해 영유권 등 여러 분야에서 치열한 기싸움을 벌이고 있다. 미국과 중국 둘 중 하나가 동북아의 전략적 균형이 무너질 수 있는 심각한 도발을 하고 상대방이 이에 대해 보복 조처를 한다면 큰 충돌이 일어날 수 있다.

두 국가가 강 대 강으로 부딪히면 '투키디데스의 함정Thucydides trap'에 빠질 수 있다. 고대 그리스에서 스파르타와 아테네의 패권 다툼으로 펠로폰네소스 전쟁이 발생한 것처럼 기존 국가와 부상하는 신흥국 간의 패권 다툼은 자칫하면 무력 충돌로 이어질 수 있다. 그레이엄 앨리슨 하버드대 교수는 저서 《예정된 전쟁》에서 지난 500년간 충

16번에 걸쳐 패권국과 신흥강국이 패권을 놓고 다투었으며 이 중 12번의 큰 전쟁으로 이어졌다고 했다.[33] 최근 중국의 경제력이 커졌지만, 미국이 여전히 패권국이다. 시진핑이 '위대한 중화민국의 부흥'이라는 '중국의 꿈'을 조급히 이루려 한다면 미국과 정치·외교·경제의 정면충돌을 피할 수 없다.

문제는 이 소용돌이 한가운데 한국이 있다는 사실이다. 강대국 간의 무역 전쟁은 수출에 의존하는 통상국 모두에 피해를 준다. 중국과 미국은 한국의 전체 수출의 25.3%와 14.9%(2021년 기준)를 차지하는 1, 2위 수출시장이고 한·중·미의 무역은 서로 밀접하게 연결돼 있다. 한국이 수출한 부품과 중간재를 중국이 조립해 미국에 수출하기 때문에 미·중의 통상 마찰은 우리 경제에 상당한 피해를 줄 수 있다. 이미 미국과 중국은 한국에 직접적으로 무역 압력과 경제 보복을 한 적이 있다. 미국 트럼프 정부는 환율조작국 지정과 한·미 자유무역협정Free Trade Agreement, FTA 재협상을 무기로 대미 무역흑자를 줄이라고 압박했다. 바이든 정부는 핵심 산업의 경쟁력을 강화하기 위해 반도체 지원법과 인플레이션 감축법을 제정하고 한국 기업의 미국 내 투자를 압박하고 있다. 중국은 사드 배치에 대한 보복으로 단체여행 규제와 롯데마트 영업 정지 등 한국 기업들에 대한 보복 조치를 했다. 앞으로 한국 정부의 대미·대중 관계에 따라 미국과 중국의 압력과 보복이 더 심해질 수 있다.

33 Graham Allison, *Destined for War: Can America and China Escape Thucydides's Trap?* (Boston: Houghton Mifflin Harcourt, 2017).

그림 5 한국 수출의 주요국의 비중 추이(%)

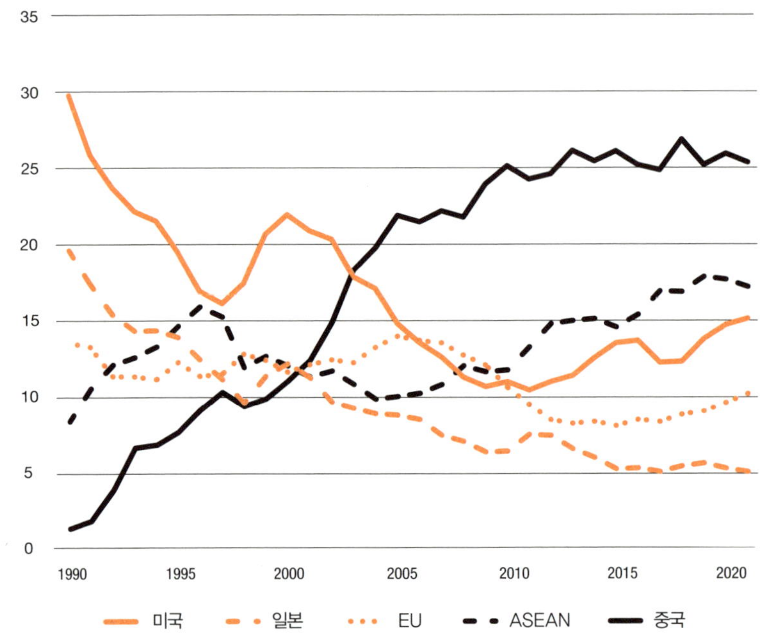

출처: 무역협회.

강대국이 충돌하는 한반도의 상황은 지난 20세기 초의 데자뷔다. 그때 한국은 세계정세에 어두웠고 외교 역량은 부족했으며 국내 정치는 분열되고 국력은 약했다. 결국, 36년의 일제강점기를 겪고, 남북으로 분단되고, 전쟁으로 수백만 군인과 민간인이 사망하는 비극의 역사를 겪었다. 한국전쟁에서 미군도 3만 3,000명, 중공군도 14만 명 이상이 전사했다. 올해 북한은 탄도미사일을 발사하고 추가 핵실험을 준비하고 있다. 전 세계는 한반도를 남북한과 미·중의 군사 충돌 위험이 매우 큰 세계의 화약고로 보고 있다. 예일대 역사가 도널드 케이건은 펠로폰네소스 전쟁은 아테네의 힘이 위협적으로 증가한 것보다는 아테네와 스파르타가 전략적 판단을 잘못했기 때문에 일어났다고 했다.[34] 미·중·북의 순간적인 실수가 한반도에 다시 비극을 초래할 수 있다.

동아시아와 세계의 패권을 차지하려는 미·중의 대립에 우리 운명을 맡겨둘 수 없다. 정부는 최고의 국내외 전문가들을 모아서 변화무쌍한 대외 상황에 대처해야 한다. 미·중 사이에서 신중한 경제안보 전략을 추구해야 한다. 미국·중국과 협력해 북한이 핵을 포기하고 개혁, 개방하도록 압력을 가하면서도 남북 교류의 길을 열어 한반도 평화통일의 꿈을 이루도록 끊임없이 노력해야 한다.

'지경학적 분열geo-economic fragmentation'이 심해지면서 강대국이 지정학적·군사적 목표를 달성하기 위해 경제적 수단을 사용하는 것이 일반화된 세상이다. 기존의 규칙 기반 세계 경제질서가 분열되는 위기를 맞고 있다. 미·중 갈등은 지속되고 앞으로도 세계가 여러 진영으로 분열해 대립할 것이다. 우리는 국가와 기업이 모두 나서서 수입선을 다양화하고 부품과 원자재의 안정적인 공급망을 확보해야 한다. 중국 의존도가 너무 높아지지 않도록 수출 시장 다변화를 계속 추진해야 한다. 오늘의 선택이 한국 경제의 운명을 바꿀 수 있는 어려운 시기이다. 신중한 경제안보 전략으로 위험을 헤쳐나가야 한다.

---

34 Donald Kagan, *The Outbreak of the Peloponnesian War* (Ithaca: Cornell University Press, 2013).

통화 패권 경쟁

미국은 세계 기축통화인 달러화로 '과도한 특권exorbitant privilege'을 누리고 있다.[35] 국제결제통화가 없는 국가는 달러화나 미국 재무부 증권을 준비자산으로 쌓아두고 갑작스러운 외화 부족에 대비할 수밖에 없다. 미국 정부는 달러 국제결제시스템을 이용해 특정 외국인이나 외국 정부를 효과적으로 제재한다. 미국은 러시아의 우크라이나 침공에 대응해 러시아를 달러 중심 국제결제시스템에서 배제하는 금융제재를 가했다.

앞으로 미·중 간의 통화 패권 경쟁이 치열할 것이다. 그동안 중국 경제의 위상이 높아졌지만, 국제결제통화와 중앙은행 준비자산에서 위안화 비중은 각각 2.5% 내외에 그쳤다. 달러와 유로에 상대가 되지 않는 것이다. 이처럼 위안화가 국제결제통화로서 매력이 떨어지는 것은 중국의 국경 간 자본거래에 대한 규제가 많고 중국 인민은행의 통화정책과 위안화 가치에 대한 국제적 신뢰가 낮기 때문이다. 또한, 많은 사람이 가지려 하는 상품(통화)을 갖고 있어야 해당 상품의 가치가 높아지는 '네트워크 외부성network externality'으로 인해 사용자들은 중앙은행 보유 자산에서 달러를 위안화로 쉽게 대체하지 않는다. 그러

35 과도한 특권(exorbitant privilege)은 달러화가 지닌 국제준비자산의 특수한 지위로 미국이 누리는 특별한 이득을 의미하며 1960년대 프랑스 재무장관이었던 발레리 지스카르 데스탱이 처음 사용한 말이다. 미 국채는 안전자산으로 각국 정부와 관계기관들이 미 국채를 대량으로 사들이기 때문에 미국은 매우 낮은 이자를 지급하면서 저렴하게 자본을 조달할 수 있어서 재정적자를 충당할 수 있다. 따라서 국제수지의 적자나 외환위기를 걱정하지 않고 국내 경제정책을 수행할 수 있다. 미국은 달러를 계속 발행해 전 세계 달러 보유자에게서 주조차익(seigniorage)을 거둘 수 있다.

그림 6 중앙은행 외화준비자산의 통화별 비중(2021년)

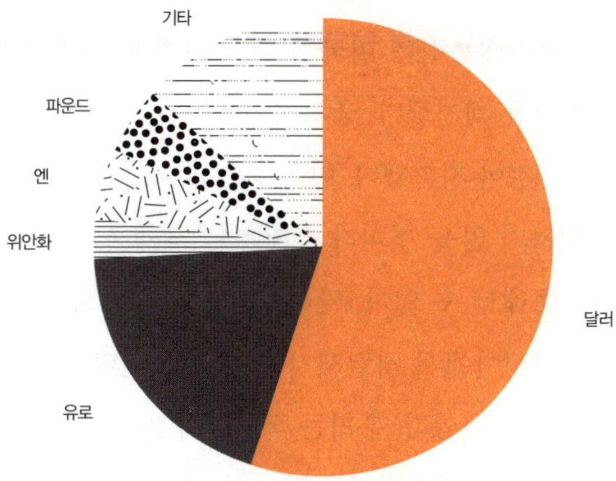

출처: IMF, The currency composition of official foreign exchange reserves(COFER).

나 중국과 무역·금융 거래가 많은 국가는 위안화 보유를 늘리려는 동기가 강하다. 앞으로 중국이 계속해서 위안화 국제화를 추진하면 중국과의 경제 교류가 많은 국가는 국제 결제와 중앙은행 준비자산으로 위안화 사용을 더 늘릴 것이다.

중국이 중앙은행 디지털화폐CBDC인 디지털위안화e-CNY를 발행하고 국경 간 거래에 사용을 확대하면 미·중 간 통화패권 경쟁이 치열해질 것으로 예측된다. 당장은 중앙은행 디지털화폐는 시범 단계와 연구 단계에 머물러 있다. 그러나 주요국이 디지털화폐를 만들어 외국인의 사용을 허가하고 적절한 국제 기준을 마련한다면 국제 거래가 쉽고 편리해진다. 국경 간 자금 이동도 빨라질 것이다. 중국은 앞으로 디지털위안화를 국경 간 지급결제에 사용하겠다고 했다. 국제결제통화로서 위안화의 위상을 높이려고 노력하고 있다.

1971년 닉슨 대통령은 미국 달러의 가치를 금에 연동(금 1온스당 35달러)하던 것을 폐지했다. 충격적인 조치 이후, 전 세계 통화시스템과 환율의 불안정이 지속됐다. 미국 중심의 국제질서가 흔들리면 달러 패권도 영원하지 않을 것이다. CBDC는 세계 통화·금융시스템에 상당한 변화를 초래할 수 있다. 달러 CBDC와 위안화 CBDC 간에 통화패권 경쟁이 아시아에서 격렬해지면 한국은 선택을 강요당하는 어려운 상황에 부닥칠 수 있다. 우리는 국제통화질서의 변화를 주시하고 외환 시장의 불안정에 대비해야 한다.

한·일 갈등의 치킨게임과 출구전략

제임스 딘이 주연한 영화 〈이유 없는 반항〉에는 치킨게임, 즉 누가 겁쟁이인지를 가리는 게임이 나온다. 절벽을 향해 질주하는 자동차에서 늦게 탈출하는 사람이 이기는 게임이다. 다른 치킨게임에서는 마주 보고 달리는 자동차에서 먼저 핸들을 돌리는 쪽이 진다. 겁쟁이가 되지 않으려고 계속 질주하면 정면충돌하여 둘 다 크게 다칠 수 있다.

한·일 갈등이 두 자동차 운전자가 서로 마주 보고 가속페달을 계속 밟는 치킨게임처럼 진행됐다. 2018년 10월 30일 한국 대법원이 강제징용 피해자에게 위자료 청구권이 있다고 판결하고, 일본은 청구권협정에 따라 제삼자 중재위로 갈 것을 요구했다. 그러자 일본은 보복 조치로 반도체, 디스플레이 핵심 소재의 수출절차를 강화했다. 2019년 8월 28일에는 한국을 '수출심사 우대국'(화이트 국가)에서 배제하는 조처를 했다. 한국은 일본의 부당한 수출 규제 조치를 세계무역기구WTO에 제소했고 일본을 화이트 국가에서 배제하는 조치로 대응했다. 한·일 군사정보보호협정(지소미아)도 종료하겠다고 발표했다.

한국과 일본은 지리적으로도 가깝고 산업구조의 연관성이 높다. 양국 간 무역, 투자로 상호 이익을 보는 관계다. 한국은 일본의 제4위 수출시장이고 일본은 한국의 제5위 수출시장이다. 중요한 무역 파트너가 상대방에게 손해를 더 많이 입히겠다고 서로 싸우는 형국이다. 원료, 중간재, 부품을 여러 국가가 나누어 생산, 수출하고 수입국이 다시 가공, 조립해 최종 상품을 만드는 국제분업 구조에서 한국과 일본은 매우 중요한 역할을 한다. 수출 규모에서 중국, 미국, 독일에 이어 일본은 세계 4위, 한국은 5위이다. 중국과 미국이 무역전쟁을 하는 마당에 한·일 무역분쟁이 시작되면서 전 세계가 파급효과를 걱정한다. 한국과 일본은 세계 무대에서 자유무역의 선도 역할을 해왔다. 그런데 양국이 서로 무역보복을 하면서 세계무역질서를 파괴하고 세계경제에 피해를 준다는 비난을 받고 있다. 역사적, 정치적 현안을 가지고 부당하게 무역보복을 시작한 일본의 책임이 더욱 크지만, 한국도 분쟁에 계속 불을 지핀 책임을 면할 수 없게 됐다.

한국과 일본은 아직 경제력에서 많은 격차가 있다. 한국의 총생산GDP은 일본의 삼분의 일 수준이다. 과학기술, 국제정치 측면에서도 일본이 한국보다 우월하다. 일본의 부당한 요구에 굴복할 만큼 한국의 힘이 약한 것은 아니지만 서로 보복 조치를 계속하면 한국의 경제적 피해가 더 클 수 있다. 세계경제의 불황 조짐으로 우리 경제의 위험이 커진 상황이다. 한·일 갈등으로 동북아시아의 지정학적 불안이 커지면 안보에도 나쁜 영향을 미칠 수 있다.

무역보복은 "승자 없는 게임"이다. 보복 조치를 계속하기보다는 협상으로 해결방안을 찾아야 한다. 문제의 발단인 징용 문제부터 해법을 찾고, 그 이후에 벌어진 무역, 외교 보복 조치는 두 국가가 모두 원상회복하는 게 최선일 것이다. 일본이 징용 피해자를 배상하도록 설득해야겠지만, 우리가 '도덕적 우위'의 입장에서 일본의 금전적 배상에 연연하지 않고 가해자의 책임을 묻는 방안도 모색할 수 있을 것이다. 양국의 지도자가 직접 마주 앉아 신뢰를 회복하고 해법을 찾을 수 있으면 최선이다. 정·관계, 경제단체, 양국 전문가들이 나서서 꾸준히 노력하고 정상회담을 통해 해결책을 모색할 수 있다.

치킨게임에서는 마지막 순간까지 우물쭈물하다가 실수로 파국을 맞을 수 있다. 〈이유 없는 반항〉에서는 주인공이 차 문에 옷자락이 걸려 탈출하지 못하고 자동차와 함께 절벽으로 추락한다. 급변하는 동북아 안보정세를 고려하면 한국과 일본이 적절한 출구전략을 준비하는 현명함이 필요하다.

21세기 아시아의 시대와 한국

"21세기는 아시아의 시대"라는 말이 있다. 산업혁명 이후 몇백 년에 걸쳐 세계를 지배했던 서구의 시대는 가고 이제 아시아가 주도하는 시대가 도래했다는 것이다.

아시아는 지구에서 가장 큰 대륙이며, 세계 인구의 60%가 거주한다. 세계 총생산에서 차지하는 비중은 1980년에는 20% 미만이었지만 지금은 40%에 달한다. 앞으로 아시아가 세계 경제에서 차지하는 비중은 점점 커질 것이다.

아시아의 대표 지식인인 싱가포르국립대의 키쇼어 마부바니 교수는 "서구 자본주의는 시장에 너무 의존하면서 금융위기, 경제 불평등, 환경문제 등을 해결하지 못하고 한계에 도달했지만 '아시아 자본주의'는 시장과 정부가 협력하는 새로운 경제 발전 모델로 지난 반세기 동안 고도성장과 중산층 육성에 성공했다"고 했다. 이제 "서양이 아시아로부터 배워야 한다"고 했다.[36]

중국은 아시아국 중 가장 빠르게 성장하면서 국제사회에서 영향력이 커졌다. 중국이 주도하는 새로운 세계경제기구인 아시아인프라투자은행AIIB을 만들고 '일대일로'로 중국과 서구를 연결하려 한다. 위안화는 2016년부터 국제통화기금IMF의 특별인출권 통화바스켓에 포함돼 미국 달러, 유로화, 영국 파운드, 일본 엔화와 더불어 국제통화의 반열에 올랐다. 중국 학자들은 '중국식 자본주의'의 장점을 홍보하고 새로운 경제 발전 모델로 선전한다.

'아시아'는 메소포타미아 아시리아 제국의 언어로 '해가 뜨는 동쪽 땅'을 의미한다. 21세기에는 서구를 비추던 해가 지면서 새로운 해가 아시아에서 떠올랐다.

36 Kishore Mahbubani, *Has the West Lost It?: A Provocation* (London: Penguin UK, 2018).

그러나 아직 21세기를 아시아의 시대로 부르기는 시기상조다. 미국과 유럽의 경제·정치·군사적 영향력은 여전하고 아시아의 경제 성장 속도는 과거와 같지 않다. 아시아 자본주의 모델 또한 소득 불평등, 금융 불안, 환경 악화 등의 문제들을 해결하지 못하고 있다.

아시아 경제가 부상하기 위해서는 개별 국가의 경제 발전과 더불어 아시아 전체의 경제협력이 중요하다. 아시아 국가 간엔 상호 의존도는 높지만, 제도적으로 협력 체계를 갖추지 못하고 있다. 서로 간의 동질감이 약하고 경제력, 군사력의 차이가 커 지역 협력을 제도적으로 강화하기가 쉽지 않다. 국가 사이에 영토와 역사 분쟁으로 대립이 심하다. 국가 주권과 역내 공동 이익이 부딪히는 경우 정치적으로 이를 해결할 제도가 아직 미흡하다.

아시아의 인접 국가들 간에는 교역 비용이 낮아서 경제통합의 이득이 크다. 통합 아시아는 국제무대에서 공동으로 역내 이익을 추구하는 데 유리하다. 따라서 아시아 국가들이 꾸준히 경제협력과 통합을 추진하면 세계 무대에서 아시아의 위상을 높일 수 있다. 경제통합에는 상당한 시간이 걸린다. 유럽은 1951년 유럽석탄철강공동체를 시작으로 1993년 유럽연합을 이루고 유로화를 도입하기까지 꾸준히 협력과 통합을 추진했다. 구체적인 성과를 가져올 수 있는 협력부터 차근차근 노력해야 한다.

무엇보다 상품과 서비스 교역의 장벽을 없애고 직접 투자를 활성화해 공동시장을 확대하는 노력이 필요하다. 금융·외환 협력도 강화해 금융위기를 예방하고 금융 안정을 도모해야 한다. 지진·화산 등 자연재해, 전염병, 환경문제도 서로 정보를 교환하고 협력을 강화해야 한다. 아시아의 정치인, 기업가, 지식인들 간에 대화체를 많이 만들어야 한다.

아시아의 패권을 놓고 다투는 중국, 일본, 인도가 아시아의 경제협력과 통합을 적극적으로 주도하기에는 한계가 있다. 한국이 이를 위한 중재자로서 역할을 할 수 있는 여지가 많다.

국가의 위상을 높이는 전략이 필요하다. 한국은 단시간에 후진국에서 선진국이 됐다. 2010년에는 원조를 받던 수혜국에서 원조를 주는 공여국으로 바뀌면서 많은 개도국에서 '닮고 싶은 국가'로 인식되고 있다. 모두 경제성장과 사회 발전이 뒷받침되었기 때문이다. 그러나 급격한 인구 고령화, 첨단 고유 기술 개발, 교육 개혁, 소득분배 개선, 사회 갈등 해소 등 난제들이 쌓여 있다. 경제 개혁, 사회 통합, 지도자의 리더십, 폭넓은 인재의 활용으로 난제를 헤쳐가야 한다.

우리의 외교 역량을 강화해야 한다. 한·미, 한·중, 한·일 간의 양자 협력과 더불어 한·중·일 간의 협력체제와 동남아국가연합(아세안) 국가들과의 연대를 강화하고, G20과 같은 다자간 국제무대에서 선진국과 신흥국들을 이어주는 가교 역할을 할 수 있도록 노력해야 할 것이다. 당장의 외교 전략과 인력에 대한 재점검도 필요하고 장기적으로 전문 지식, 우리 문화와 역사뿐 아니라 세계시민으로서의 소양을 함께 갖춘 인재들을 체계적으로 키워나가야 한다. 해외 유수 기업은 물론 국제기구, 국제 비정부기구NGO 등에 우리 인재들의 진출을 적극적으로 추진하고 우리 대학에 우수한 외국 학생들도 많이 유치해 한국에 우호적인 국제적 인재 네트워크를 형성해 가야 한다. 문화·영화·드라마·음악·게임·스포츠에서 한류 열풍은 대한민국의 이미지를 좋게 하는 데 크게 도움이 됐다. 정부와 기업이 필요한 지원을 늘려야 한다.

미국 5대 대통령 제임스 먼로는 '국가의 명예는 최고의 가치를 갖는 국가의 재산'이라고 했다. 내실 있는 정책과 외교력으로 21세기 아시아 시대를 주변국들과 함께 여는 선진국으로 발전해야 한다. 앞으로 닥쳐올 한반도 통일이라는 국가의 운명을 결정할 건곤일척乾坤一擲의 승부에 대비하기 위해서라도 국제사회에서 위상을 높여가야 한다.

동북아 경제 협력

1905년 일본이 을사늑약으로 한반도 지배를 시작한 지 118년이 지났다. 일본이 결국 패망하고 한민족이 그토록 갈망하던 해방의 감격을 맞이한 지 78년, 지구상에 유일한 분단국가로 남은 지도 78년이 됐다.

제국주의와 전체주의의 물결이 지나가고 전후 냉전 질서도 무너졌지만, 동북아는 아직도 협력과 공존의 체제를 만들지 못했다. 유럽이 제2차 세계대전의 상흔을 딛고 일어나 1951년 유럽석탄철강공동체, 1958년 유럽경제공동체, 1967년 유럽공동체, 1993년 유럽연합EU, 1999년 유로화 도입으로 꾸준히 협력과 통합을 다져온 것과 대비된다.

동북아는 한국·중국·일본 사이에 정치·경제 의존과 경쟁 구도가 공존하고 역외 강대국인 미국·러시아와 통제가 어려운 북한까지 합쳐져 문제가 복잡하다. 최근에는 중국의 경제, 군사적 부상, 미·중 대립으로 동북아 국가 간 대립이 커졌다. 역사 문제, 영토 분쟁은 여전히 한·중·일의 최대 갈등 요인이다.

'과거에 집착하는 것은 한 눈을 잃는 것이다. 그러나 역사를 잊으면 두 눈을 모두 잃는다'는 서양 속담이 있다. 과거 어두운 역사의 기억에 빠져서만 살 수 없지만, 역사를 잊으면 안 된다. 역사에서 배우지 못한다면 미래에 같은 실수를 반복한다.

그래도 과거의 유령이 미래로 가는 우리의 발목을 계속 잡게 할 수 없다. 이제 대립과 갈등의 역사를 넘어 미래로 가기 위해서는 무엇보다 한·중·일이 서로 협력해야 한다. 대화하고 신뢰를 구축하면 많은 문제를 풀 수 있다. 동북아의 평화와 상호 협력은 우리에게 우호적인 대외환경을 제공할 수 있어서 너무나 중요하다. 한·중·일은 2008년 제1차 공식 정상회담을 하고 2011년 '한·일·중 삼국협력사무국'을 서울에 설치했지만 2019년 이후 세 지도자 간에는 아직 3국 정상회담이 이루어지지 않고 있다. 한·중·일 정상회담을 열어 동북아의 갈등을 해소하고 역내에서 한국의 위상을 확고히 하는 계기로 만들어야 한다. 양자 간의 정상회담도 물론 중요하지만, 과거의 경험을 보면 한·중·일이 함께 만났을 때 중재자로서 한국이 더 많은 역할을 할 수 있었다.

3국 정상이 만나면 정치 협력과 더불어 경제·사회·문화에서 협력을 강화할 수 있다. 한·중·일은 아시아 경제의 대부분을 차지하고 상호 간에 무역, 투자의존도가 매우 높지만 제대로 된 협력 체계는 아직 미흡하다. 3국의 협력은 답보 상태인 한·중·일 자유무역협정FTA에 추진력을 줄 수 있다. 커지는 국제 금융·외환시장의 불안에 대비해서 한·중·일 3국과 기존의 아세안(한·중·일)+3의 금융 협력을 강화할 수도 있다. 스포츠와 문화 교류 협력을 통해 관계를 개선할 여지가 많다. 과거 회담에서 논의한 지진·화산 등 자연재해에 대한 공동 대응체계 구축, 환경 협력, 대학 간 교류 프로그램인 '캠퍼스 아시아' 사업도 확대할 수 있다. 가능하다면 동북아 삼국이 공동 기구를 만들어 역사 자료를 수집하고, 왜곡되지 않은 역사서를 함께 만들고 가르친다면 역사와 영토 문제의 해결에 많은 도움이 될 것이다.

여론조사에 의하면 한·일, 중·일 국민 간에 감정이 계속 나빠졌다. 2021년 동아시아연구원EAI 발표에 따르면[37] 한국 국민의 일본에 대한 긍정적 인상은 2016년의 29.1%에서 지속적으로 하락해 2020년에 역대 최저 수준인 12.3%에 달했고 2021년에는 20.5%로 상승했다. 부정적 인상은 2016년 61%에서 2020년 71.6%로 상승했다가 2021년에 63.2%로 감소했다. 반면 한국에 대한 일본의 부정적 인식은 2016년 44.6%에서 조금씩 높아져서 2021년에 48.8%였고, 긍정적 인식은 같은 기간에 29.1%에서 25.4%로 낮아졌다.[38] 한국과 일본의 중국에 대한 부정적인 견해는 계속 높아졌다. 미국 여론조사기관 퓨리서치센

37 〈한일 국민 상호인식(동아시아 인식) 조사〉, 동아시아연구원, 2021. https://www.eai.or.kr/new/ko/project/list.asp?code=17; 손열, 〈미중 갈등의 첨예화, 한일관계 개선을 요구하다—제9회 한일국민 상호인식 조사로 읽는 한일관계〉, 동아시아연구원, 2021.

38 https://www.pewresearch.org/global/2022/06/29/negative-views-of-china-tied-to-critical-views-of-its-policies-on-human-rights/

터의 2022년 '중국에 대한 글로벌 이미지 여론조사'에서 중국에 대한 부정적 견해를 갖는 정도가 한국인의 80%, 일본인의 87%에 달했다. 그럼에도 불구하고 많은 한·중·일 국민들이 관계 개선을 바라고 있다. 한·중·일 정상들이 손을 맞잡고 얽혀 있는 문제를 타결하기 위해 노력하고, 민간 교류를 더 활성화하면 우호적 감정을 높일 수 있을 것이다.

광복 이후 70년 동안 우리는 스스로 운명을 책임질 수 있는 독립 국가를 만들기 위해 힘들게 노력했다. 한반도를 둘러싼 국제 정세는 마치 구한말 때처럼 불안정하다. 정상이 직접 나서는 외교로 한·중·일 간 협력과 동북아의 평화를 이루어야 앞으로 한반도의 미래를 우리가 주도할 수 있을 것이다.

한반도 평화와 남북 경제협력

한반도가 영구적인 평화로 가는 길이 쉽지 않다. 북한의 핵과 미사일 개발로 한반도 내 군사 충돌의 우려는 상시에 존재한다. 국제 사회는 북한이 핵을 포기한다고 해도 북한을 완전히 신뢰하지 않는다. 여론조사를 보면 우리 국민 다수도 북한이 핵을 쉽게 포기하지 않으리라고 믿는다. 한반도 평화의 길에 앞으로도 많은 풍파가 닥칠 것이다.

남북 간 교류와 협력은 비핵화 협상과 대북제재 완화에 영향을 받을 수밖에 없지만, 미리 준비해야 한다. 한반도가 평화로 가는 길에 남북 경제협력과 북한 경제 발전은 매우 중요하다. 경제 교류가 늘면 평화를 추진하는 힘이 작용한다. 국가 간 군사 충돌의 역사를 분석한 연구들에 따르면 경제 의존도가 높고 문화·종교적 동질성이 높은 인접 국가 간에는 전쟁 확률이 낮다. 상호 교역과 투자가 많은 국가 간에는 전쟁으로 잃을 것이 더 많기 때문이다. 경제 교류 활성화로 북한이 실질적으로 변화하도록 해야 새로운 남북관계와 평화로 가는 길이 열린다. 북한 경제를 발전시켜 남북 간 격차를 줄여가면서 민족의 동질성을 점차 회복해 가야 한다. 만일 북한이 원하는 대로만 끌려다니면 경제협력이 '피주기'가 돼 북한의 도덕적 해이가 커지고 실질적인 변화를 만들지 못한다. 오히려 북한의 사회주의 독재체제를 더 공고히 할 수 있다.

남북 경협이 최대한 우리가 원하는 결과를 가져오고 한반도 평화에 도움이 되도록 하려면 원칙을 세워 추진해야 한다. 첫째, 남북 협상에서 북한의 경제 개혁 조치를 요구하고 변화를 끌어내야 한다. 아직 북한은 폐쇄적인 집단경제체제를 유지하면서 중국·베트남이 개혁·개방하던 시기의 법과 제도를 갖추지 못했다. 소유권을 인정하고 사기업을 설립하고 시장을 활성화하며 외국인 투자를 보호하는 조치들이 이뤄져야 한다. 우리 기업의 경제적 자유가 최대한 보장돼야 북한 내부에도 변화가 일어난다. 우리가 북한에 진출해 북한 기업이나 북한 주민처럼 행동할 수밖에 없다면 북한은 바뀌지 않는다. 북한이 개혁 정책을 일관되게 수행하겠다는 신뢰를 보내 북한에 진출한 기업들의 투자 위험이 줄고 수익성이 보장되면 민간 경협은 자발적으로 늘어난다. 정부와 공공기관들이 나서서 대규모 협력사업을 다발적으로 하는 것은 조심해야 한다.

둘째, 남북한 경제의 장점을 결합해 남북 모두에 도움이 되는 방향으로 협력을 추진해야 한다. 한국은 압축 성장으로 세계 경제 발전의 역사를 새로 썼다. 한국의 개발 경험과 자본, 기술이 북한의 천연자원, 저렴한 노동력과 결합하면 북한 경제가 빠르게 성장할 수 있다. 저성장으로 어려움을 겪는 한국 경제에도 도움이 될 수 있다. 북한이 수출제조업을 육성하고 모든 주민의 생활 수준을 높이는 경제 발전을 하도록 돕는 협력사업들을 단계적으로 추진해야 한다. 외부에서 많은 투자만 하면 북한 경제가 다른 국가들이 겪었던 경제 발전 단계를 뛰어넘어 순식간에 도약할 수 있다는 생각은 환상이다. 생산성이 낮고 기반이 취약한 체제전환국가에 갑자기 돈이 몰리면 물가가 심하게 상승하고 오히려 경제 위기를 겪을 수 있다. 불균형 개발로 경제의 왜곡이 더 심해질 수 있다.

셋째, 국제 협력을 함께 추진해야 한다. 남북 경협은 북한이 국제 무역과 투자 관계를 회복하고 동북아의 생산·무역체제에 정상 국가로 편입하도록 도와주는 역할을 해야 한다. 북한 개발의 막대한 재원 조달을 위해서라도 국제금융기구와 선진국들이 함께 협력해야 한다. 북한이 국제통화기금IMF·세계은행·아시아개발은행ADB·세계무역기구WTO와 같은 국제경제기구에 앞으로 차례로 가입하도록 설득하고 가입의 전제조건인 정확한 경제 통계와 자료 수집을 국제사회가 도와야 한다. 북한은 국제기구 가입에 절대적인 영향력을 가진 미국과 외교 관계를 회복해야 한다.

한반도의 평화와 번영으로 가는 길은 멈출 수 없는 길이다. 멀고

험난한 항해에 성공하려면 대담해야 하지만 너무 서두르지 말아야 한다. 북한의 개혁과 경제 발전은 베트남·중국의 경험에서 보듯이 체제 전환을 시작하고 20년 이상 걸릴 일이다. 북한이 스스로 과감하게 개혁하고 국제사회로 들어올 수 있도록 남북 경제협력으로 도와야 한다.

김정은 북한 국무위원장이 2018년 4월 27일 판문점 정상회담에서 문재인 전 대통령에게 북한을 베트남처럼 발전시키고 싶다고 말했다고 한다. 사실이라면 북한이 공산당 일당독재를 유지하면서 자본주의 시장경제를 도입한 베트남식 개혁·개방을 채택할 가능성이 크다.

베트남은 1986년에 '도이머이'(쇄신) 정책을 채택했다. 경제난으로 그해 물가상승률이 450%였다. 다른 사회주의 국가들은 이미 개혁을 시작한 시기였다. 중국은 1978년부터 덩샤오핑이 개혁·개방을, 소련은 1985년 고르바초프가 개혁 정책인 '페레스트로이카perestroika'를 도입했다. 베트남은 '도이머이'로 농업 개혁, 배급제 폐지, 가격자유화, 국유기업 민영화, 시장 개방과 외국인 투자 유치 등 개혁 조치를 했다. 수출가공지구를 설립하고 노동집약적인 경공업 중심의 수출산업을 육성했다. 베트남은 지난 30년간 연평균 6.7% 성장해 이제 일인당 국민소득이 3,757달러인 중진국으로 도약했다. 수출 규모가 3,363억 달러로 세계 17위이며 대만, 인도와 비슷한 수출 강국으로 성장했다.

북한은 지난 10년간 평균 경제성장률이 1%대이고 일인당 국민소득이 약 1,300달러인 세계 최빈국이다. 세계에서 가장 폐쇄적인 사회주의 경제체제를 유지해 생산성이 매우 낮다. 그러나 북한은 천연자원, 산업 입지, 인력 등에서 경제개발에 유리한 조건을 갖춘 것으로 평가받는다. 시장 개혁으로 생산성을 높이고 대규모 해외 자본과 선진 기술을 유치해 사회기반시설을 건설하고 수출 주력산업을 육성하면 억눌렸던 경제가 튀어 오르면서 과거 베트남처럼 빠르게 성장할 잠재력이 있다. 최근 연구들에 의하면 북한은 개혁 초기에 연평균 5%의 경제성장이 가능하다.[39] 남한과의 정상적인 무역과 직접투자만으로도 경제성장률이 연평균 3%포인트 추가 상승할 수 있다.

그러나 북한이 제대로 개혁·개방을 할지 의문이다. 북한의 정치·경제 시스템은 낙후되고 불투명하고 의사 결정은 즉흥적이다. 북한의 경제적 상황을 알려주는 제대로 된 통계자료가 부족하다.

북한이 세계 경제에 정상적으로 편입돼 무역, 직접투자, 금융 거래를 하려면 상당한 시간이 필요하다. 베트남의 경험을 보면 도이머이를 시작하고서 한참 후인 1993년부터 일본과 유럽 국가들이 본격적인 공적개발원조를 시작하고 국제통화기금IMF·세계은행·아시아개발은행ADB이 원조와 차관을 제공했다. 국제금융기구가 자금을 지원하고 장기 투자의 안전이 보장되고 나서야 대규모의 해외 민간 투자가 들어왔다. 북한은 지금 경제 봉쇄 제재를 받고 있다. 앞으로 북한이 '완전한 비핵화'를 이행해 유엔과 미국이 경제 봉쇄를 해제하고 국제 투자 자금이 본격적으로 북한으로 유입되기까지는 상당한 시간이 걸린다. 인권 탄압으로 비난을 받는 세습 독재국가인 북한이 국제사회에 정상적인 국가로 편입하기란 베트남보다 어렵다.

39 강문성·이종화·편주현,《남북한 경제통합의 혜택과 한반도 통일 국가의 역할》(아연출판부, 2014); Jong-Wha Lee et al. "Modelling the Economic Impact of Korean Unification," *Asian Economic Journal* 32, no.3 (September 2018). 10.1111/asej.12160.

북한이 베트남의 길을 가려면 자본주의 시장 개혁과 개방을 하면서 정치·경제 안정을 유지해야 한다. 베트남과 중국은 점진적인 개혁으로 안정적인 체제 전환에 성공했다. 그러나 소련과 동유럽은 급진적인 개혁으로 계획경제에서 시장경제로 이행하는 과정이 매우 불안정했다. 북한이 체제 전환 과정에서 혼란을 겪거나 붕괴할 가능성을 배제할 수 없다.

국제사회가 대북제재를 점진적으로 철폐하면 금강산 관광, 개성공단 재개부터 시작해 남북이 본격적으로 교류협력을 할 수 있다. 남북을 연결하는 철도, 도로와 에너지망을 만들면 민간 기업들이 북한에 진출할 수 있을 것이다. 그러나 대규모 남북 경제협력 사업들을 너무 서둘러 할 일은 아니다. 북한의 개혁 의지와 변화하는 속도에 맞춰 북한 주민들의 빈곤을 퇴치하고 생활 수준을 개선하는 개발사업들부터 차례로 해야 한다.

북한이 베트남처럼 발전하려면 비핵화협상을 하고 체제 개혁과 개방을 진행하고 정상 국가로서 한국 및 세계 경제와 통합해야 한다. 장밋빛 환상에 젖기에는 아직 이르다. 한국은 국제사회와 협력하면서 장기적인 청사진을 갖고 북한의 체제 전환과 경제 발전을 도와야 한다.

2

모두가 행복한 국가를 향하여

한국 경제의 비전은 무엇인가?

미래를 향한 새로운 출발

한국 경제가 당면한 여건이 녹록지 않다. 러시아-우크라이나 전쟁, 미·중 갈등, 국제 에너지 및 곡물 가격 상승, 국제 금리 인상, 세계 경기 하락 등 국제 경제 환경이 불안하다. 2020년 코로나 팬데믹은 회복세를 보이던 한국 경제를 다시 침체의 길로 들어서게 했다. 인구 고령화 및 잠재성장률 하락, 소득계층과 지역 간 격차 확대와 같은 한국 경제의 구조적인 문제가 지속되고 있다. 경제가 복합위기를 벗어나 안정적으로 성장하기가 쉽지 않다.

한국 경제가 새로운 길을 가기 위해 국가 경제의 목표를 잘 정하고 현명한 전략을 세워야겠다. 한국 경제가 위험을 안정적으로 관리하고 앞으로 올바른 길을 찾아 번영하는 선진국을 향한 새로운 등

정을 시작하길 기대한다. 성장, 안정과 분배 개선이라는 세 가지 국가 경제의 목표를 동시에 달성해서 국민이 모두 행복한 국가를 만들어가야 한다.

과거와 단절하고 새롭게 나아가려면 먼저 우리 사회의 리더십이 필요하다. 대통령과 지도층이 나서서 '국민 통합'의 정치를 실현해야 한다. 국민 모두의 힘을 모아 경제 발전과 사회갈등 해소에 힘써야 한다. 정치권과 정부가 제대로 역할을 하고 국민의 신뢰를 회복해야 한다.

정부가 국가 비전을 제시해야 한다. 하루하루 닥친 문제를 해결하는 것도 중요하지만, 정부가 국가 경제를 재도약시키고 지속적인 경제 발전으로 모든 국민이 행복하게 살 수 있도록 하는 희망을 줄 수 있어야 한다. 구체적인 목표와 이를 달성할 수 있는 종합적인 경제발전계획과 경제, 산업, 통상, 노동, 교육, 주택, 사회복지 등 구체적인 분야별 정책을 세우고 실행해야 한다. 정부가 어떠한 방향으로 한국 경제를 끌고 갈 것인가에 대한 확신 없이 임기응변식 처방에 급급해서는 안 된다. 물론 정부가 모든 것을 이끌어가던 시대가 끝나고 이제 개방된 민간 자율 경제에서 정부의 역할은 축소될 수밖에 없다. 그러나 경제 주체들 간의 대립과 갈등을 최선의 방향으로 조정하고 미래의 구조적인 변화에 대응해 장기적인 비전을 제시하는 것은 정부가 해야 할 일이다.

국민은 주권을 갖고 정부의 권력을 감시하고 국가가 바른 방향으로 가도록 목소리를 높여야 한다. 지나고 나서 생각하면 우리는 정치인의 선동과 잘못된 정보에 쉽게 휩쓸렸다. 미국 연준 의장을 지낸 앨런 그린스펀이 말한 '비이성적 과열'이 금융시장뿐 아니라 정치와 사회 곳곳에서 자주 발생했다. 너무 빨리 뛰면 다른 생각을 할 수가 없다. 잠시 멈춰 서서 갈 길을 살펴봐야 한다. 앞으로 대한민국이 걸어가야 할 길이 지나온 길의 데자뷔일 수 없다. 새로운 국가 리더십과 국민의 집단지성을 모아 새로운 미래를 만들어야 한다.

국가 비전 세워야

프랭클린 루스벨트Franklin Roosevelt는 미국 역사상 유일무이한 4선 대통령이다. 1933년 대공황 시기에 대통령으로 취임해 정부가 경제에 적극적으로 개입하는 '뉴딜New Deal' 정책을 시행했다. 대통령 임기를 시작하면서 100일 동안 특별 의회를 소집해 뉴딜을 뒷받침하는 중요 법안을 모두 만들었다. 긴급은행법, 금본위제 폐지, 관리통화법, 농업조정법, 산업부흥법을 입법화했다. 또한, 루스벨트는 대통령 시절 라디오를 통하여 국민과 직접 소통하는 '노변담화'로 엄청난 인기를 누렸다.

루스벨트 이후 대통령의 취임 첫 100일에 특별한 의미를 두는 분위기가 만들어졌다. 모든 미국 대통령이 임기 초에 핵심 정책을 실행하기 위해 노력했다. 로널드 레이건Ronald Reagan은 임기 초에 '레이거노믹스Reaganomics'라고 불리는 정부 지출 삭감, 세율 대폭 인하, 기업 규제 완화, 통화 정책을 통한 물가 안정 등 4개 항의 '경제 회복을 위한 프로그램'을 주장했다. 뉴딜 이후 정부 개입을 강조한 경제정책의 방향을 시장 중심으로 바꾸었다. 레이건은 뛰어난 언변으로 국민과 소통하며 인기도 많았다.

2021년 1월 취임한 조 바이든Joe Biden 미 대통령도 국론이 심각하게 분열되고 코로나 팬데믹의 상황에서 첫 100일간 1조 9,000억 달러의 경기부양 법안을 포함해 11개 법안을 통과시켰다. 법인세 인상, 고소득층 증세, 친환경 인프라 투자 확대를 주요 내용으로 하는 '바이드노믹스Bidennomics'를 추진했다.

사실, 대통령의 임기 첫 100일이라고 해서 남은 긴 임기보다 더 중요하다고 할 수는 없다. 두 번째 100일이나 그다음 해에 더 중요한 일들을 할 수 있다. 그러나 100일이라는 숫자가 임의적이기는 하지만 대통령이 당선 직후에 국민의 지지를 기반으로 의회와 협력해 주요 법안을 통과시킬 수 있는 시기다. 첫 100일은 새 대통령이 행정부를 어떻게 구성하는지, 국정을 운영하는 스타일이 어떤지, 우선순위가 무엇인지, 공약을 어떻게 이행하는지 국민이 관심을 가지고 지켜보기 때문에 중요하다.

모든 정부의 시작이 중요하다. 국민에게 국가의 미래 비전을 제시하고 국민과 소통해 힘을 모아 국정을 효과적으로 운영해야 한다. 작년 출범한 윤석열 정부의 국정 비전은 '다시 도약하는 대한민국, 함께 잘사는 국민의 나라'이다. 국정 과제 110개도 발표했다. 그러나 국정 비전을 이루기 위해 어떤 공약이 어떻게 실행될지가 아직 확실하지 않다.

새 정부의 경제정책의 목표는 '저성장 극복과 성장과 복지의 선순환'이다. 경제팀은 초반부터 많은 경제정책을 쏟아냈다. 새 정부는 '민간 중심의 역동적 경제'를 만들고 '첨단 전략산업을 육성'하고자 한다. 부동산세제 개혁, 법인세율 인하, 규제 혁신, 반도체산업 육성, 탈원전 폐기, 공공개혁 등 여러 정책이 발표되고 있다. 그러나 경제적인 측면에서 국가를 번영시키고 모든 국민이 잘살 수 있도록 하는 국정비전이 달성될지는 아직 불확실하다. 많은 국민은 저성장·고물가·고부채로 힘들며 분배 불평등에 대한 불만이 높다.

정부가 수많은 경제정책을 내놓고 있지만, '뉴딜', '레이거노믹스', '바이드노믹스'처럼 경제의 비전과 핵심 정책에 대한 확실한 그림이 잘 그려지지 않는다. 앞으로 5년 후의 경제와 국가의 모습이 그려져야 한다. 작지만 효율적인 정부를 만들어 민간 경제의 활력을 높이고, 생산성 향상을 추구하면서 경제적 약자를 배려하는 정책을 꾸준히 추진해야 한다. 대한민국이 계속 번영하고 모든 국민이 행복을 누리는 사회가 될 수 있어야 한다.

내리막에서 벗어나야 한다

누구에게나 인생의 오르막이 있고 내리막이 있다. 오르막과 내리막을 여러 번 지나다 보면 어떤 때는 산의 정상에 오르고 어떤 때는 바닥에 닿는다. 무작정 걷다 보면 어디로 가고 있는지 분간하기 어렵다. 인생의 전환점에서는 한 번 멈추어서 온 길을 돌아볼 필요가 있다. 국가도 그렇다.

우리 사회가 2030년을 향해 앞으로 가야 할 8년을 생각하면서 지나온 8년을 생각해 본다. 2014년 1월 이후 우리 사회에 어떤 일이 벌어질지 과연 누가 미리 짐작할 수 있었을까. 예상조차 할 수 없었던 일들이 너무 많이 발생했다. 개인마다 희로애락이 달랐겠지만, 많은 국민이 어려움을 겪었고 스트레스가 쌓였다. 국가 전체로 보면 대체로 내리막길을 걸었다.

지난 9년간 정치 변혁이 극심했다. 2014년 4월 16일 전라남도 진도 부근 해상에서 인천과 제주를 오가는 정기 여객선 세월호가 침몰해 승선객 476명 중 304명이 사망하거나 실종된 사고가 있었다. 수학여행을 가던 안산시 단원고의 어린 학생들이 목숨을 잃었다. 이 비극으로 한국 사회의 안전 불감증과 국가 운영 방식에 문제가 제기됐고 그것은 사회 분열과 정치 대립으로 이어졌다. 2016년 12월에 박근혜 대통령 탄핵소추안이 국회에서 가결됐다. 촛불집회가 열리고 다음해 5월에는 문재인 대통령이 당선됐다. 적폐청산을 내세운 문재인 정부 집권 이후 두 명의 전직 대통령이 감옥에 갔다. 2020년 총선에서 여당이 절대다수를 얻어 입법 독주를 하면서 정치 갈등은 고조됐다. '검찰개혁'이라는 명분으로 진행된 법무부 장관과 검찰총장의 갈등은 많은 국민을 피로하게 했다. 북한과의 관계는 롤러코스터를 탔다. 2018년에는 남북·북미 정상회담으로 개선의 조짐이 보였지만, 이후 관계가 악화돼 북한은 2020년 6월 개성 남북연락사무소를 폭파했다. 북한은 이후 수없이 탄도미사일을 발사했다.

그간 우리 사회가 매우 어수선했다. 계층, 이념, 세대, 성별 갈등이 점점 심해졌다. 2019년 여름에는 조국 전 법무부 장관의 임명을 둘러싸고 국론이 분열되고 촛불집회가 다시 열렸다. 사회지도층의 '내로남불'이 사람들 입에 오르내렸다. 2020년에는 코로나19로 사회 분위기는 침체됐고 시민의 기본권을 제약하는 상태가 지속됐다. 그나마 의료진의 헌신과 국민의 협조로 성공했던 방역에 변이바이러스가 구멍을 뚫었다. 집단감염이 확산하고 사망자 수가 증가했다.

경제는 벼랑길을 걸었다. 경제성장률은 점점 하락하고 소득분배는 악화됐다. 팬데믹이 우리 사회의 취약 계층에 가장 큰 타격을 주면서 서민의 고통은 커졌다. 가계와 기업의 재무건전성은 계속 악화됐다. 정부부채도 급속히 증가했다.

2022년 5월 새로운 정부가 들어섰다. 이전 정부의 검찰총장이 새 정부의 대통령으로 선출됐다. 새 정부가 출범했지만, 우리 사회와 경제가 지난 8년 동안 지나온 내리막길을 벗어날지는 알 수 없다. 어쩌면 앞으로도 내리막길을 계속 걸을 가능성이 매우 크다. 인간은 자신의 잘못을 깨닫지 못하고 같은 실수를 반복한다. 행동 경제학의 대가로 노벨 경제학상을 받은 대니얼 카너먼은 《생각에 관한 생각Thinking: fast and slow》에서 "우리는 명백한 것조차 못 볼 수 있으며, 자신이 못 본다는 사실도 모를 수 있다"라고 했다.

하지만, 살아온 삶의 궤적이 나의 미래를 반드시 예정하지는 않는다. 모두가 함께 합리적 이성으로 판단하고 행동하면 국가의 앞날을 바꿀 수 있다. 지난 경험이 새로운 계기가 될 수 있다. 전쟁, 팬데믹, 자연재해와 같은 거대 충격은 인간의 대응에 따라 인류 역사의 흐름을 크게 바꾸었다. 이제 내리막을 벗어나 새로운 정상을 향해 출발해야 한다. 신들메를 고쳐 매야 한다.

이제부터 새로 시작이다

우리 경제는 당장 한 해의 100미터 경주도 중요하지만, 앞으로 10년, 20년 그리고 다음 세대를 위한 마라톤을 눈앞에 두고 최선의 준비를 해야 할 시점에 와 있다.

다쳐올 어려움이 많지만 극복하지 못할 이유가 없다. 대한민국은 모두가 합심하여 1997년 외환위기를 극복하고 국제통화기금IMF 관리체제를 조기 졸업했다. 2002년에 월드컵에서 세계 4강의 신화를 이루었다. 그동안 우리가 빠른 속도로 이룬 경제 발전과 민주화의 업적을 모든 후발국이 부러워한다.

우리 경제의 재도약을 위해서는 무엇보다도 모든 경제 주체가 신바람 나게 일할 수 있는 환경을 만드는 것이 필요하다. 결국, 모든 것은 사람이 하는 것이다. 투자의 귀재로 불리며 모은 재산의 99%를 자선 단체에 기부하는 워런 버핏은 좋아하는 일을 하면 성공은 저절로 찾아온다고 했다.

위험을 감수하는 기업가 정신이 중요하다. 기업가가 신기술에 과감히 투자하고 창업해서 실패해도 제기할 수 있는 기업환경을 만들어야 한다. 새로운 아이디어를 가진 창업과 신기술 개발, 사회간접자본 투자에 대한 적극적인 지원이 필요하다. 정치의 불안정, 경제정책의 불확실성을 줄여야 기업이 위험을 무릅쓰고 과감히 장기 투자를 할 수 있다. 정부 규제를 완화하고 노사관계를 안정시켜 민간 투자를 활성화하고 외국인 직접 투자를 적극적으로 유치해야 한다.

모든 개인이 잠재력을 발휘할 수 있도록 어릴 때부터 제대로 된 교육과 보육 환경을 제공해야 한다. 젊은이들이 결혼하여 가정을 꾸리며 자녀를 출산하고 싶은 사회를 이루어야 한다. 평생교육을 통해 능력을 꾸준히 개발할 수 있고 삶의 질을 높일 수 있는 사회를 만들어야 한다. 노동시장의 유연성을 높여 일자리가 능력에 따라 효율적으로 배분될 수 있도록 해야 한다.

미래의 지도자가 될 청년 세대를 적극적으로 육성해야 한다. 이대로 가면 고급인력의 경쟁에서 중국, 인도를 비롯한 후발국에 뒤처지게 된다. 중국은 해외에서 공부한 우수한 고급 두뇌를 국내로 유치하고 외국 일류 대학의 교수들을 초빙해 대학과 연구소의 역량을 높여왔다. 인도는 정보통신기술, 영어 능력과 도전정신을 갖춘 우수한 젊은이들을 중심으로 세계적인 서비스산업의 중심지로 탈바꿈해 가고 있다. 아직 한국의 일류 대학들은 전 세계 100위권에도 들지 못하고 있다.

앞으로 우리 경제가 신기술 개발, 고급인력 확충, 제도 개선에 힘쓰면 경제성장률을 더 높일 수 있다. 평균 성장률 1% 차이는 20년 후에 우리 경제 규모의 22% 차이를 가져오고, 2% 차이는 거의 50%의 차이를 가져온다. 성장 동력을 높이면 복지 재원도 늘어나서 '성장과 복지가 함께 가는' 경제 발전이 가능하다. 지속적으로 경제가 발전해야 모든 국민이 행복한 국가를 만들 수 있다. 행복의 우선순위는 내가 만족할 만한 생활을 할 수 있는 소득과 재산이 있느냐, 내가 원하는 직장에서 일하느냐, 여가를 즐길 수 있느냐 등이다. 이 모두는 경제적 여건이 꾸준히 좋아져야 가능하다.

무엇이 국민을 행복하게 하나?

코로나19가 끝나면 우리는 행복할까

"지난 몇 해 동안 코로나로 힘들었지만, 무엇보다 바이러스에 감염되고 전파자가 돼 남들로부터 비난받을까 두려웠다." 코로나19 팬데믹 시대의 행복을 주제로 영국의 시사 주간지《이코노미스트》가 낸 2021년 3월 기사는 한 한국 대학생의 인터뷰로 시작된다.[40] 한국의 젊은이들이 '일상의 자유가 축소되고 친구를 만나거나 수업에 참석하는 것도 정부가 결정하는 상황에 좌절감을 느끼고 졸업 후의 일자리를 걱정한다'고 했다. 대부분 대학에서 수업은 비대면으로 진행되고 선후배, 동아리 모임은 많이 축소됐다.

팬데믹이 장기화되면서 의료기관 종사자, 노약자, 어린 자녀를 돌보는 부모, 실직자, 소상공인과 자영업자가 특히 힘들었지만, 대다수의 일반 국민도 코로나 블루(코로나19 우울증)를 겪었다. 남의 눈을 많이 의식하는 한국 사회에서 항상 마스크를 쓰고 다니면서도 혹시 감

40 "The Pandemic Has Changed the Shape of Global Happiness," *Economist*, March 21, 2021. https://www.economist.com/international/2021/03/20/the-pandemic-has-changed-the-shape-of-global-happiness?gclid=CjwKCAiApvebBhAvEiwAe7mHSJxudgatXLO9peLz056yhbtlJj_pRweWNzhfgQIbavFeMiqTCH_LzBoCFWAQAvD_BwE&gclsrc=aw.ds.

염자가 돼 주위에서 비난을 받을까 걱정스럽고, 방역 수칙을 어겨 처벌을 받을까도 두려워했다.

코로나 팬데믹 속에 우리나라 국민의 행복도는 낮아졌다. 갤럽이 매년 실시하는 행복 평가 조사는 각자가 상상할 수 있는 가장 행복한 상태를 10으로 상정했을 때 현재 느끼는 행복 수준을 묻는다. 한국은 2021년 조사에서 응답자의 평균 점수가 5.93으로 세계 59위였다.[41] 이는 세계 최고인 핀란드(7.82)나 미국(7.0), 일본(6.104)보다 낮았고 필리핀과 비슷한 수치였다.

유엔《행복보고서》는 국가별로 행복을 조사한 또 다른 지표를 보고한다. 응답자에게 "어제 하루 동안 웃을 일, 즐거운 일, 흥미로운 일이 있었습니까?"라고 긍정적인 감정의 여부를 질문하고 '그렇다'고 답하면 행복한 사람으로 평가했다. 한국 응답자 중에 이 질문에 '그렇다'로 답한 비율은 58%였다. 한국은 이 지표에서 다른 국가에 더 크게 뒤처졌다. 세계 순위가 117위였다. 다른 여론조사업체 입소스Ipsos가 지난해 실시한 세계 행복 조사에서 '매우 행복' 또는 '대체로 행복'하다고 답한 한국인 응답자의 비중은 57%로 중국(83%), 미국(76%)보다 훨씬 낮았다.[42]

한국인의 행복도는 지난 10년 동안 계속 하락했다. 유엔이 2013년 보고서에서 발표한 한국의 행복지수는 6.23이었고 행복 순위는 세

41 Jonh F. Helliwell et al., eds., *World Happiness Report 2022* (New York: Sustainable Development Solutions Network, 2022).

42 "Global Happiness 2022," Ipsos, April 2022. https://www.ipsos.com/sites/default/files/ct/news/documents/2022-04/Global%20Happiness%202022%20Report.pdf.

계 41위였으나 이후 계속 낮아졌다. 입소스 조사에서 2011년에 행복하다고 답한 한국인 응답자는 71%였고 2017년에 48%로 최저로 떨어졌다가 천천히 상승했지만, 현재 57%에 머무르고 있다. 이 조사에서 대부분 응답자는 행복의 중요한 요인으로 건강, 가족(배우자, 자녀)과의 관계, 직업, 재산, 그리고 인생이 의미 있고 제대로 된 방향으로 가고 있다는 만족감 등을 꼽았다. 가정, 직장, 경제 상황이 힘들어서 스스로 불행하다고 느끼는 대한민국 국민이 점점 많아졌다.

미래에는 행복해질 수 있을까? 한국의 연평균 경제성장률은 점점 낮아지고 있다. 한국이 새로운 성장동력을 잃어가면서 선진국과의 소득 격차를 줄이기 점점 어려워지고 있다. 세계 최저 수준인 한국의 출산율도 난제다. 2021년 합계출산율은 0.81이다. 이는 성인 100명(남자 50명, 여자 50명)이 결혼해 자녀를 갖는 경우만을 가정하면, 전체 50개 가정에서 평생에 걸쳐 자녀를 평균 41명(50×0.81)을 갖고 이들 자녀가 다시 성인이 되면 자녀를 16명(21×0.81)을 갖는다는 것을 의미한다. 세대를 지나면서 출생인구가 급격히 줄어든다. 기대 수명이 늘어 노인 인구는 많아지겠지만, 인구 감소를 막을 수 없다. 그동안 정부가 저출산 대책을 세우고 많은 재정을 투입했지만, 출산율은 2012년의 1.3에서 계속 하락했다. 행복하지 않고 미래가 불안한데 자녀를 가질까? 결혼해 자녀를 낳아 키우고, 열심히 일해 내 집을 마련하고, 중산층이 되고 싶은 서민들의 소박한 꿈이 무너지고 있다.

정이삭 감독의 영화 〈미나리〉는 2021년 아카데미상에 최우수작품상, 감독상 등 6개 부문 후보로 지명된 화제작이다. 1980년대 미국 남부를 배경으로 한인 이민자 가족의 고단하고 팍팍한 삶을 그렸다. 그들은 가족이 함께 의지하면서 '아메리칸 드림'을 이룰 수 있다는 희망으로 살아간다. 우리도 지난 반세기 동안 많은 어려움 가운데서도 행복한 삶을 꿈꾸며 살아왔다. 미래 세대가 희망을 품고 아이를 낳아 키우고 싶어 하는 그런 행복한 사회를 다시 만들어야 한다.

국민을 행복하게 하려면

당신은 얼마나 행복한가? 국제 조사에 따르면 우리 국민이 체감하는 일상의 행복은 별로 높지 않다. 갤럽의 조사에 따르면 한국 국민의 평균적인 행복 체감도는 지난 10년 동안 전혀 증가하지 않았다.

어떻게 하면 국민이 행복할까? 정부는 국민의 행복을 위해 무엇을 우선순위로 해야 할까? 행복이 어떻게 결정되는지를 알면 방법을 찾을 수 있다. 유엔《세계 행복보고서》에서 분석한 결과에 따르면 소득, 건강, 선택의 자유, 사회의 연대, 관용, 부패의 정도가 국민의 행복 체감도를 결정하는 중요한 요인이다.

행복 점수를 결정하는 요인을 분석한 많은 연구는 1인당 소득을 중요한 요인으로 평가한다. 즉 경제적 풍요가 행복을 결정하는 주요인인 것이다. 혹자는 "돈으로 행복을 살 수 없다", "돈을 사랑하는 것이 모든 악의 근원이다"라고 말하지만, 소득과 행복은 밀접한 관계를 갖는다. 소득이 높은 사람은 행복 체감도가 대체로 높다. 소득은 안정적인 일자리와 관련되며 소비, 여가 생활, 주거지, 결혼, 자녀 교육에 영향을 미친다. 따라서 정부는 국민소득을 지속해 높일 수 있는 성장정책을 우선하면서, 물가와 부동산 등 자산 가격을 안정시키고, 중산층의 부의 축적을 도와주며, 취약 계층의 복지를 확대해 국민을 더욱 행복하게 해야 한다.

행복은 경제적 요소 외에도 다양한 정신적·육체적·사회문화적 요인에 영향을 받는다. 질병과 사고 없이 건강하게 살아가는 기간인 '건강기대수명'이 높은 사람은 행복 체감도가 높다. 소득이 높아도 건강하지 못하거나 불의의 사고를 겪는다면 불행하다. 한국인은 평균 건강기대수명은 높지만, 집단주의 문화와 심한 경쟁으로 스트레스가 심하고 우울증 환자도 많으며 자살률이 높다. 100세 시대를 맞아 고령 인구가 늘면서 만성 질환 환자가 늘고 있다. 정부가 국민의 육체적, 정신적 건강과 안전을 보살펴야 한다.

선택의 자유, 사회의 도움, 관용, 부패의 정도가 국민의 행복 체감도를 결정하는 또 다른 중요한 요인들이다. 이 요인들에서 한국은 다른 선진국에 비해 뒤처진다. 선택의 자유는 "당신이 어떻게 살아갈지를 선택하는 자유에 만족합니까?"라는 질문에 긍정적으로 답한 사람의 비중으로 평가하며 한국은 세계 112위이다. 사회의 도움은 "당신이 곤경에 처했을 때, 도움을 줄 친지나 친구가 있습니까?"라는 질문에 긍정적인 답을 한 비율로 평가하며 세계 85위이다. 관용은 "지난 한 달 동안 자선 단체에 기부한 적이 있습니까?"에 대한 응답으로 평가하며 세계 54위이다. 부패는"정부와 기업의 부패가 심하다고 생각하십니까?"에 대한 응답으로 측정하며 '아니다'라고 답한 응답자의 비율이 세계 43위이다. 행복 1위 국가인 핀란드와 비교해서 한국은 선

표 2 한국의 행복 체감도 전체 및 부문 지표의 세계 순위

항목	순위
행복체감도	59
일인당 소득	26
건강기대수명	3
사회적 연대	85
선택의 자유	112
관용	54
부정 부패	43

출처: 유엔《2022 세계 행복보고서》.

택의 자유, 사회의 도움, 부패 정도에서 많이 부족한 것으로 나타났다. 이 세 요인의 차이가 양국 간 행복 체감도 격차의 절반 이상을 설명하는 것으로 나타났다.

우리 국민의 행복도를 높이기 위해서는 사회문화적 요인의 개선이 필요하다. 억압과 통제, 차별을 없애고 정부가 강제하는 불필요한 규제를 제거해 누구나 삶을 자유롭게 살아갈 수 있도록 해야 한다. 또한, 사회 구성원들이 서로 신뢰, 협력하고, 어려울 때 돕고 베푸는 사회를 만들어야 한다. 그리고 공정한 법질서를 확립하고 공직자와 특권층의 권력 남용과 부패를 막아야 한다.

국가는 국민이 꿈꾸는 행복한 삶을 이룰 수 있도록 도와야 한다. 국민은 안정적인 일자리를 가지며 재산을 모으고 건강하게 오래 살기 원한다. 또한, 내 삶을 자유롭게 선택하기를 원한다. 부정부패가 없고 서로 돕고 베푸는 공동체를 꿈꾼다. 지난 몇 년간 정부와 제도에 대한

국민의 신뢰가 많이 떨어졌다. 앞으로 행정부뿐 아니라 입법부, 사법부 등 모든 권력기관이 국민을 위해 봉사하는 역할을 다해야 한다. 대기업, 노동조합, 시민단체, 종교단체, 언론의 역할도 중요하다. 사회 지도층부터 솔선수범해 공동체의 이익을 위해 봉사해야 한다. 우리 국민의 일상에 웃음, 즐거움, 흥미가 넘치고 행복을 누리는 진정한 선진국이 될 수 있기를 기대한다.

모두가 상생하는 공동체

경제성장으로 소득의 크기를 증가시키면서 모두가 함께 과실을 누리고 잘 살 수 있어야 한다. 무엇보다 분배 개선을 위한 정부의 역할이 중요하다.

우선 취약 계층의 기초생활을 보장하는 사회안전망을 지속적으로 확대하고 누진 세제와 이전 지출을 통한 재분배도 점진적으로 강화해야 한다. 부동산 시장을 안정화해 분배의 평등도 도모해야 한다. 교육 기회의 불평등을 해소하고 계층 간 사회 이동성을 높여야 한다. 기술의 확산과 4차 산업혁명의 빠른 변화에 적응하는 기업, 가계, 노동자와 그렇지 못한 경제 주체 간에 소득과 부의 격차가 앞으로 더 심해질 수 있다. 경제적 이득이 사회 전반에 폭넓게 공유될 수 있도록 중소기업과 대기업이 상생하는 기업 생태계를 만들고 노동자의 기술숙련도를 높이는 정책이 필요하다.

민간 부문에서도 부익부 빈익빈 현상을 해소하려는 자발적인 노력이 필요하다. 정치인이 기업이나 개인의 팔을 비틀기보다는 개인의 자발적 참여와 사회 운동으로 이루어지는 것이 바람직하다. 사실 아마존, 마이크로소프트, 페이스북, 구글 등 해외 IT 대기업의 창업주를 포함한 억만장자들은 상당한 자산을 자선사업에 기부한다. 워런 버핏과 빌 게이츠, 멀린다 게이츠Bill-Melinda Gates는 전 세계 억만장자들을 대상으로 최소 5억 달러 이상을 생전에 기부하는 '기빙 플레지Giving Pledge'라는 운동을 만들고 자신들은 전 재산의 99%를 기부하기로 약속했다. 2010년부터 2022년까지 28개국에서 236개의 약정이 이루어졌다.[43] 한국도 대기업이 많은 사회 공헌 활동을 하고 있고, 자수성가한 기업인들이 거액의 사재를 사회복지, 장학, 의료 사업에 기부했다. 김범수 카카오 이사회 의장이 주식의 현재가치 기준 최소 5조 원이 넘는 재산을 사회문제 해결을 위해 기부하겠다고 발표했다. 기업이 이제 경제적 이윤 추구만이 아니라 사회적 공헌도 함께 해야 한다는 목소리가 높다. '승자 독식 사회'가 아닌 모두가 '상생하는 공동체'를 만드는 데 대기업과 부자들이 더 많은 역할을 할 수 있기를 바란다.

부자들뿐 아니라 평범한 시민들도 자신보다 못한 취약 계층을 돌보기 위해 기꺼이 시간과 돈, 지식과 재능을 나눈다. 기쁨과 어려움을 이웃과 함께 나누는 공동체 정신이 있어야 자본주의가 지속 가능하다. 경제적 격차를 둘러싼 계층 간 사회 갈등을 줄이고 모두가 행복한 더 나은 사회를 만들어가야 한다. 미국 연방대법원의 첫 번째 흑인 대법관 서굿 마셜Thurgood Marshall은 "국가의 위대함의 척도는 위기에 긍휼compassion을 유지하는 능력이다"라고 말했다. 어려울 때일수

43 기빙 플레지(Giving Pledge)의 홈페이지(https://givingpledge.org/)를 참조할 것.

록 나보다 더 가난하고 어려운 이웃을 돕는 긍휼의 마음으로 자발적으로 더 많이 기부하고 봉사하는 사회 운동이 활발해지기를 기대한다.

사회적 자본을 확충하자

전 세계에서 인기를 끌었던 넷플릭스 드라마 〈오징어 게임Squid game〉에서는 참가자들은 서로 속고 속이며 어떤 수단을 써서라도 게임에서 이겨 상금을 독차지하려 한다. 이런 세상에서는 사회적 자본이 존재할 수 없다. 경제학 연구에 따르면 사회적 자본이 적은 국가일수록 경제 발전 속도가 느렸다. 거래하는 상대방을 신뢰하지 못하고 법과 제도가 부실하면 경제활동의 비용이 커지고 장기 투자가 어려워지기 때문이다. 프랜시스 후쿠야마는《트러스트Trust》라는 책에서 사회적 자본이 국가의 경제적 번영을 결정한다고 했다. 우수한 기업과 인재가 많아도 서로 불신하고 협력하지 않으면 국가가 번영하기 어렵다. 축구팀으로 비유하면 아무리 우수한 선수가 모여도 팀워크가 나쁘면 경기에서 이기지 못한다.

넷플릭스 드라마 〈오징어 게임〉 포스터

한국 사회가 〈오징어 게임〉을 닮아간다는 자조적인 이야기가 나온다. 지난 몇 년간 한국 사회는 이념과 계층으로 더욱 분열되고 대립이 심해졌다.

우리 사회는 여전히 부패와 비리, 정경유착이 넘친다. 특권과 반칙으로 성공하면 된다고 믿는 세상이다. 민간사업자, 공직자, 법조인이 얽히고 부당한 이득이 뇌물로 오고 간다. 독립적이어야 할 사법부에 대한 신뢰도 낮아졌다.

사회적 자본이 우리 경제와 국가 발전의 발목을 잡는 가장 약한 고리가 되지 않도록 해야 한다. 그러기 위해 국민 의식 수준을 높이고, 경제적 격차를 줄이고, 올바른 제도를 세우는 것이 중요하다. 적절한 교육을 통해 사회 구성원들이 윤리적 가치를 존중하고 적극적으로 사회와 정치에 참여하는 데 더 많은 관심을 두도록 해야 한다. 국민의 의식 수준이 높아져야 개인적 연고를 넘어서서 서로 신뢰, 협력할 수 있고 선거를 통해 유능하고 헌신적인 지도자를 선출할 수 있다. 취약 계층을 돕고 소득과 부의 격차를 줄이면 사회 구성원 간 동질감이 높아진다.

행정부·입법부·사법부의 국가 권력에 대한 감시 기능을 높여야 한다. 권력이 하는 일을 건전한 언론과 시민단체들이 감시하고 국민에게 투명하게 알려야 한다. 인사의 공정성 또한 높여야 한다. 정부와 민간 부문 모두 지연·학연·사적私的 인연의 연고주의를 타파하고 공정하게 인재를 추천하고 검증하는 시스템을 만들어야 한다. 정직하고 능력 있는 사람들을 선발해 책임 있는 자리에 임명해야 한다.

공정한 제도를 통해 공직자와 특권층의 권력 남용과 부패를 막아 사회적 신뢰를 높여야 한다. 역량 있고 존경받는 지도자가 많이 나와 국민을 통합하고 제도를 개혁하고, 시민사회의 각성과 참여로 사회적 자본을 확충하기를 기대한다.

코로나19로 국가의 역할 커졌다

코로나19 감염병이 전 세계에 유례없는 충격을 주면서 이전과는 확연히 다른 세상이 올 것이라는 예측이 나온다. 기존 국제 질서가 붕괴하고 디지털화가 가속하고 의료보건과 비대면 산업이 발전하며 재택근무, 온라인 교육의 비중이 커질 것으로 전문가들은 예상한다. 개인과 기업의 행동방식이 바뀌고 정치·경제·사회에 많은 변화가 발생할 것으로 예측된다.

중요한 변화 중 하나는 국가의 역할이 커진 것이다. 감염병과 경제 침체의 복합 위기를 겪으면서 불안하고 두려운 시민은 국가로부터 더 많은 보호를 받기를 원한다. 사생활에 국가가 개입해도 평상시와는 다르게 거부감이 적다. 정부 규모와 역할이 커지면서 코로나19가 거대 정부 탄생의 계기가 될 수 있다.

경제적 측면에서 정부 역할은 계속 확대될 것으로 예상된다. 현대 자본주의 체제는 경제 성장, 평등한 분배, 지속가능한 환경을 포함한 다양한 목표를 추구하면서 시장과 정부가 함께 문제를 해결해 왔다. 2008년 세계금융위기 이후 저성장과 불평등이 고착화되고 기후변화에 대한 우려가 커지면서 정부의 좀더 적극적인 대응이 요구됐다. 이번 팬데믹으로 발생한 대량 실업과 불황에서 노동자와 기업을 보호하는 정부 역할이 강조된 것은 당연하다. 정부가 의료, 육아, 교육, 주거 등 사회서비스의 공급을 늘리고 재해와 실업의 위험에 대비한 사회 보험을 강화하는 추세는 지속될 것이다.

코로나바이러스를 이기고 지금 닥친 경제 침체를 벗어나도 위기가 끝난 것은 아니다. 코로나 이전에도 이미 세계적으로 심각했던 경제 불평등과 양극화가 여전하다. 이번 팬데믹과 경기 불황으로 모두 다 같이 힘든 것이 아니라 가계, 기업, 업종 사이에 격차가 더 커질 것이라는 우려가 나온다. 거대 기술기업은 늘어난 디지털 수요로 호황을 누렸다. 막대한 재정 지출과 저금리의 유동성에 힘입어 자산 가격이 급상승하면서 자산 보유자의 소득이 늘었다.

분배 개선은 시장의 힘만으로는 해결이 어렵고 정부의 역할이 중요하다. 피해를 본 취약계층에 대한 직접적인 소득 보전과 더불어, 의료, 육아, 교육, 직업훈련 등 노동생산성을 높이는 공적 지원을 강화해야 한다. 부동산 가격을 안정시켜서 누구나 열심히 노력하면 자기 집을 장만할 수 있다는 희망을 주어야 한다. 조세와 이전지출을 통한 재정의 재분배 기능을 강화하면서도 근로와 투자 의욕을 저해하지 않도록 하여 성장과 분배의 선순환을 도모해야 한다.

또한, 포스트 코로나 시대에 디지털 전환이 빨라지고 산업구조가 재편되는 추세에 대응해야 한다. 기술 활용 능력에 따라 가계와 기업 간 격차가 점점 커질 것이다. 기존의 일자리가 소멸되고 '고용 없는 경기 회복'이 나타날 가능성도 있다. 디지털 격차를 줄이고 노동자의 기술숙련도를 높이는 정책이 필요하다. 노동시장을 과보호하면 성장과 분배 개선에 부작용이 클 수 있다. 열린 노동시장을 만들고, 불필요한 시장규제를 줄여 좋은 민간 일자리를 많이 늘려야 한다.

시장과 정부가 보완 역할 해야

모든 문제를 정부가 해결할 수는 없다. 정부가 과도하게 시장에 개입하면 혼란이 발생한다. 지난 정부에서는 최저임금 인상, 강남 집값 잡기, 암호화폐 규제와 같은 경제 정책들이 부작용을 가져왔다. 서민 생활과 밀접하고 파급효과가 큰 노동, 주택, 금융 시장에서 문제가 발생했다. 최저임금을 두 자릿수로 계속 올리면 중소기업과 소상공인들은 견디기 힘들다. 무인 자동화, 셀프서비스를 도입하고 경비원과 청소 노동자를 줄이는 것은 당연한 반응이다. 다주택자 규제를 강화하고 교육 평준화 정책을 시행하면 주거와 교육 환경이 좋은 강남 4구에 집을 사려는 수요가 많아진다. 좋은 주택의 공급이 부족하니 가격이 오를 수밖에 없다. 투기 광풍이 불어 가격이 급등한 암호화폐에 갑자기 암호화폐 거래소를 폐쇄하겠다고 했다가 여론이 악화되자 다시 철회하여 대혼란이 발생했다.

정부가 시장에 개입할 때는 전문가들이 모여 예상되는 파급효과를 검토해 가장 효과적인 정책을 만들어야 한다. 전문가들의 비판적인 목소리에 귀를 기울여야 한다. 비전문가나 정치인들이 중요한 경제 문제를 직관이나 국민 여론에 따라 해결하면 문제가 발생할 수 있다.

경제 정책 결정에 너무 도덕심이 앞서면 부작용이 발생한다. '낮은 임금을 지급하는 사업주는 나쁘다', '부동산 투자는 비도덕적이다', '암호화폐 투자는 도박이고 사회악이다'. 이런 도덕적 판단으로 정책을 행하려 하면 과도하고 부적절한 정책들이 나오고 의도하지 않은 문제가 발생한다. 분노와 정의감이 지나치게 앞서면 이성적인 판단이 흐려진다.

시장은 선하고 점잖은 사람들이 모인 고결한 장소가 아니다. 때로는 탐욕과 승자 독식의 논리가 지배한다. 시장의 결과는 항상 공정하거나 도덕적이지 않다. 그러나 시장과 사유재산권을 기반으로 한 자본주의는 오랜 역사를 거쳐 계속 수정되고 발전하면서 경제 문제를 효율적으로 해결하고 세계 경제의 번영을 가져왔다. 물론 시장의 결과가 항상 바람직하지는 않기 때문에 정부는 공정한 경쟁 질서를 유지하고 소득과 부의 분배를 개선하는 정책을 시행해야 한다. 이제 많은 정부가 '자본주의 4.0'의 '따뜻한 자본주의'를 지향한다. 일부 지식인들은 시장을 '공공심과 중앙집권 정부의 의사결정'으로 대체해야 한다고 주장하지만, 이는 좋은 대안이 아니다. 시장 자율을 존중하면서 정부가 적절히 개입해야 한다. 반反시장적인 정부의 개입은 시장에서 역풍을 불러온다. 정부가 분배 문제를 정책으로 모두 해결하기 어렵다. 모두가 상생하도록 도와주는 경제 공동체가 시장 참가자들에 의해 만들어져야 한다.

정부는 주요 경제 정책들이 잘못된 길을 가는 것은 아닌지 항상 돌아보고 필요하면 수정해야 한다. 정부는 경제에 활력을 주는 좋은 경제 정책을 만들어 추진해야 한다. 노동시장의 유연성을 높이고 혁신 중소기업과 창업 벤처를 지원해 좋은 일자리를 만드는 정책에 집중해야 한다. 서민들의 주거 환경을 개선하고 좋은 주택의 공급을 늘리는 정책이 중요하다. 신기술에 대한 이해를 바탕으로 금융 시장을 투명하게 하고 투기 거래를 규제해 선의의 투자자들의 피해를 줄여야 한다. 당장의 성과 못지않게 장기 성장 동력을 높이는 정책들에 더 주력해야 한다.

거대 정부의 위험 막는 감시와 견제

코로나19로 커진 정부 규모와 역할이 지속된다면, 거대 정부가 초래할 수 있는 부작용이 우려된다. 정부 부채의 증가, 민간 경제의 효율 저하, 정부의 비능률과 부패를 우려하는 목소리가 나온다. 역사적으로 한 번 커진 정부지출의 규모는 계속 커지는 '이력현상'을 보였다. 경직성 사회지출이 많아지면 정부부채가 급속도로 늘어난다. 위기에 생산성이 낮은 기업과 노동자를 보호하고 시장 개입을 확대하면 민간 경제의 활력이 떨어질 수 있다. 비대한 정부가 비능률적이고 부패할 가능성도 크다. 어떤 조직이든 규모보다 능률이 더 중요하다. 이번 코로나19에 잘 대처한 동아시아 국가와 뉴질랜드는 서유럽이나 중남미 국가와 비교하면 정부 규모가 오히려 작다.

남미의 경험은 거대한 정부가 포퓰리즘(대중영합주의) 정책을 펼칠 때의 위험을 보여준다. 남미 국가의 지도자들은 선심성 복지지출을 마구 늘렸다. 재정 팽창과 통화 남발로 초超인플레이션과 국가부채 위기를 포퓰리스트 정권이 입법부, 사법부, 언론, 시민 단체를 장악하면서 이들의 권력에 대한 견제와 감시기능이 약화돼 부정부패도 심했다. 결국, 국가 경제는 파탄을 맞고 서민의 삶은 피폐해졌다. 한국은 남미 국가와 비교하면 교육 수준과 기술력이 높다. 국내총생산GDP 대비 정부부채 비율이 높지 않고 이자 부담이 낮아 당장 국가부채 위기를 겪을 가능성은 작다. 그러나 성장률은 낮고 재정이 팽창하면 GDP의 정부부채 비율이 빠르게 상승해 재정의 지속가능성에 문제가 발생할 수 있다. 코로나 이전부터 이미 한국 경제는 생산가능인구 감소, 생산성 하락으로 성장률이 하락했고 주력 산업이 어려움을 겪었지만, 정부의 정책 대응은 미흡했다.

세계적 컨설팅 회사 매킨지McKinsey는 보고서에서 각 국가가 이번 위기에 어떤 결정을 하느냐에 따라 위기 전보다 훨씬 나은 '넥스트 노멀next normal'(다음 표준)로 갈 수도, 후퇴할 수도 있다고 했다. 이번 위기를 극복하기 위해서는 정부가 역할을 확대해야 한다. 하지만 위기 이후 우리 경제가 도약하려면 정부 규모 확대에 치중하기보다는 좀더 효과적인 정부의 역할과 정책을 고민해야 한다.

정부 규모가 커질수록 감시와 견제 기능은 더욱 중요하다. 거대한 권력을 가진 국가가 어떤 괴물이 될지 알 수가 없다. 거대 정부가 무능하고 비능률, 비도덕적이지 않도록 해야 한다. 우리 사회는 갈등과 대립이 심해 과도한 권력 집중으로 인기에 영합하는 정책이 많아질 가능성이 크다. 포퓰리즘을 막고 정책의 유효성을 유지하기 위해 입법부, 사법부, 언론, 시민단체의 감시와 견제 기능이 더욱 중요해졌다.

허위와 가식 벗고 통합의 사회공동체 만들어야

2019년에는 봉준호 감독의 영화 〈기생충〉이 화제였다. 우리 사회의 빈부 격차와 계급을 풍자하면서도 예술성과 재미를 함께 갖춘 영화였다. 탄탄한 각본에 배우들 연기도 좋았다. 칸 영화제 황금종려상, 청룡영

화상 최우수 작품상 등 국내외에서 많은 수상을 했고 큰 화제가 됐다.

당시에 중국 쓰촨성의 한 대학을 방문해 경제학 전공 교수, 학생들과 모인 자리에서도 영화 〈기생충〉이 화제였다. 중국 정부가 영화관 개봉을 허가하지 않는데도 모두 영화를 봤다며 정말 인상 깊었다고 했다. 중국에서도 심각한 문제여서인지 한국의 빈부 격차, 사회 계급에 대한 질문이 많았다. 젊은 학생들은 또래인 박소담이 연기한 기정(제시카) 역에 관심이 많았다. 기정은 그렇게 뛰어난 포토샵 기술을 갖고 있는데도 왜 직업이 없느냐, 한국엔 그렇게 청년 일자리가 없느냐는 질문도 있었다. 기정의 불쌍한 운명에 대해서도 갑론을박이 벌어졌다. 기정은 겉은 멀쩡하지만 가장 허위虛僞와 가식假飾의 인물이기 때문이라는 의견이 있었다. 기정은 졸업장을 위조하고, 모함으로 박 사장의 운전기사와 가정부를 쫓아내고, 어린아이에게 엉터리 미술치료를 하면서도 자기 가족을 위한 일이라 아무런 죄책감을 느끼지 않는다. 반면 그녀는 가난한 부모를 만나 재능을 살리지 못한 불쌍한 소녀라는 항변도 있었다.

당시 중국에서 영화 〈기생충〉과 시기적으로 겹치며 한국의 한 장관이 화제가 되었다. 증명서 위조, 증거 인멸, 사모펀드 관련 의혹 등 많은 혐의를 받으면서도 법무부 장관이 됐다. 자녀의 명문대 입학을 위해 부모의 모든 인맥과 편법이 동원되는 한국 사회의 모습에 청년들은 좌절했다. 남이 할 때는 그렇게 비난하던 행위를 자신과 가족이 할 때는 합리화하는 이중 잣대에 많은 사람이 분노했다.

누구나 마음속에 이중 잣대를 갖고 판단하는 위선적인 성향이 있다. 심리학에서는 인간은 귀인 편향歸因 偏向 attribution bias을 갖는다고 설명한다. 다른 사람의 잘못된 행동이나 태도는 그 사람의 기질 때문이라고 판단하고, 자신의 잘못은 사회규범이나 주변 상황 때문으로 생각하는 편향된 성향이 있다는 논리다. 예를 들어 운전 중에 다른 차가 앞에 갑자기 끼어들면 교양 없는 난폭한 운전자라고 생각한다. 반대로 자신이 갑자기 차선을 바꿀 때는 차량 흐름이나 다른 불가피한 이유로 어쩔 수 없는 상황일 뿐, 자신은 원래 규칙을 잘 지키는 사람이라고 변명한다.

귀인 편향은 잘못된 결과에 상처를 입지 않고 자존감을 지키려는 인간의 본능이라고 한다. 그러나 이런 성향이 너무 심해서 자신이나 자신이 속한 그룹의 잘못은 전혀 인정하지 않고 모두 합리화하는 성향을 보이면 문제가 심각하다. 잘못과 실수를 깨닫고, 반성하고, 정직한 삶을 살아야 한다. 돌이킬 수 없는 상황이 되기 전에 멈춰야 한다.

우리 사회에 허위와 가식, 이중 잣대가 넘친다. '내가 하면 로맨스 남이 하면 불륜'을 줄인 '내로남불'이 사자성어처럼 사람들 입에 오르내린다. 무엇보다 정부 고위직 인사의 '내로남불'에 국민의 실망이 크다. 과거 정권에서 야당일 때는 위장전입, 탈세, 음주 운전, 자녀 채용 특혜 의혹이 있는 고위공직 후보자를 청문회에서 그렇게 비난하더니 정권을 잡고 나서는 자신에게는 이중 잣대를 갖다 댄다. 야당 때는 권력 남용을 비난하더니 정권을 잡고는 비슷한 일을 반복한다. 과거 정부의 경제정책은 무조건 비판하면서 정권을 몰아세우지만, 자기 정부의 명백한 정책 실패는 인정하지 않는다.

한국의 정치, 사회 분열은 심각하고 경제 전망은 밝지 않다. 대외 환경은 복잡하고 위험도 크다. 국가의 앞날을 가름하기 어려운 엄중한 시기이다. '임중도원任重道遠'(짐은 무겁고 갈 길은 멀다)의 상황이다. 남 탓, '내로남불'로 시간을 낭비하지 않아야 한다. 지도자와 정부는 무한한 책임을 갖고 무너진 사회공동체를 다시 세워야 한다. 통합의 정치를 통하여 국민 모두의 삶의 질을 높이는 좋은 정책을 만들어야 한다.

비판을 수용하는 열린 사회

정치적인 압력이나 이해관계로 의사 결정이 공정하게 이루어지지 않는 경우가 종종 발생한다. 과거 정부에서 중요한 국가 통계가 정권의 압력으로 왜곡되는 때도 있었다. 권력이 집중된 대통령실이 일방적으로 정책을 결정하고 부처에 강압적으로 지시하는 일도 자주 발생했다.

민간 부문에서도 수직적 조직 문화와 편 가르기가 심하다. 한국 사회는 집단주의 사고가 강하고 조직을 보호하기 위해 개인의 자유와 인권을 쉽게 짓밟는 경향이 있다. 조직에 충성해야 하고 배반하면 가혹하게 처벌하는 것이 영화에 나오는 조폭 세계에만 있는 것은 아니다. 향우회, 동문회뿐 아니라 기업, 노동조합, 정부 부처에서도 '우리가 남이가'를 외치며 조직의 이익이 곧 나의 이익이라는 세뇌를 한다. 때로는 사회 전체의 공익보다 자기가 속한 조직의 이익을 더 중요하게 생각한다. 물론 일반 조직에서는 조폭처럼 문신으로 조직원을 남들과 구별하고 배반자를 불구로 만들며 목숨을 뺏지는 않는다. 그러나 조직에서 튀는 사람을 따돌리거나 불이익을 주는 일은 비일비재하다.

효와 충성을 강조하는 유교식 사고가 강하고 자신이 속한 집단의 의리를 강조하는 한국 사회에서 내부 비리를 고발하기란 쉽지 않다. 개인의 양심에 따른 정직한 행동이라 해도 주위에 피해를 주면 개인의 일탈로 몰아 비난한다. 정말 용기를 내서 부정을 고발해도 결과는 달라지지 않고 고발자만 피해를 보는 경우 역시 많다. 부패방지법과 공익신고자 보호법이 만들어졌지만, 아직도 내부고발자들은 상당수가 수모를 겪고 본인의 무죄를 위해 스스로 싸워야 한다. 지난 정부도 "내부고발자 등 공익신고자에 대한 보호를 더 강화하겠다"고 했지만 크게 달라진 것이 없다.

민간과 정부 조직 모두 코드 인사와 일방적인 지시를 줄이고 내부 의사소통을 늘려 합리적으로 의사 결정을 해야 한다. 일시적으로 조직에 피해가 가더라도 소신 있게 문제를 제기하는 젊은 직원을 감싸야 한다. 지금 젊은 세대는 과거와 달리 부당해도 참고 자리를 유지한다는 생각에 익숙하지 않다. 우리 사회에 남아 있는 수직적이고 억압적인 조직 문화를 개선하고 그 안에서 일하는 개인의 양심과 인권을 존중하는 사회를 만들어가야 한다.

다양성과 통합

어느 사회나 경제나 다양성이 중요하다. 너무 획일적인 경제는 위기를 겪은 역사적인 예가 많다. 1600년경에 아일랜드에 감자가 도입되면서 곡물보다 두세 배의 수확으로 농업생산을 크게 높였다. 감자가 곡물을 대체하고 주식이 됐으며 국가가 크게 부강했다. 그러나 1845년

감자에 역병이 돌면서 대기근이 시작되고 수백만의 인구가 굶어 죽고 말았다. 남미의 칠레 경제는 과거에 구리 한 품목의 수출에 너무 의존하다가 구리의 국제가격이 폭락할 때마다 경제가 위기를 맞은 경험이 있다. 많은 석유 생산국이 석유에만 의존하다가 국제유가가 하락할 때 국가부도 위기를 맞기도 했다. 우리나라도 소수의 수출산업에 집중한 경제 구조 때문에 국제 경제에 큰 충격이 발생할 때 경제가 매우 불안정해진 경우가 많았다. 그렇다고 경제가 다양한 산업으로 나누어져 있다고 경제 발전에 꼭 유리한 것만은 아니다. 경제 전체에 파급효과가 큰 전략 산업과 신기술을 잘 육성한 경제가 빠르게 성장했다.

사회의 다양성도 반드시 경제 발전에 도움이 되는 것은 아니다. 제2차 세계대전 이후에 독립한 많은 사하라 이남 아프리카 국가들의 경우 다양한 종족 간에 대립과 반목이 심해 수시로 전쟁을 겪어 장기투자가 위축됐으며 인적 자본의 축적을 위한 투자도 이루어지지 않아 경제성장이 이루어질 수가 없었다. 또 다양한 인종과 사회계층 간에 소득 불평등이 너무 심한 국가에서 사회 구성원들 간의 대립이 심해지면서 생산 의욕이 저하되고 부의 재분배에 대한 욕구가 커져서 경제 발전을 위한 투자가 위축된 예도 많다.

우리 사회의 편 가르기가 더욱 심해졌다. 지난 몇십 년 동안 출신 지역에 따라 대립하던 것은 많이 줄었지만, 이념, 세대, 소득계층에 따른 갈등은 전보다 커졌다.

공동체는 공동의 목표를 추구하기 위해 함께 하는 사람들이지만, 모두가 같은 생각을 하지는 않는다. 오히려 차이가 있는 사람들이 모여서 다른 사람의 기본 권리를 침해하지 않는 선에서 각자의 개성을 존중하며 더불어 산다. 정치, 경제, 문화에 대한 가치관은 모두가 다를 수 있다. 앞으로 우리 사회가 더욱 세계화되면 다른 인종도 함께 살게 될 것이다. 나와는 정치적 견해가 다를지라도 건전한 생각과 행동을 하면서 성실하게 살아가는 다른 시민의 존재를 인정해야 한다.

공동체가 발전하기 위해서는 생각이 다른 상대방의 의견도 존중하고 귀를 기울이는 열린 마음이 필요하다. 대통령과 국회가 서로의 권위를 존중해야 한다. 여당과 야당도 정치적 견해가 서로 다름을 존중하고 대화와 타협을 통해 최선의 결과를 도출해 가야 한다.

단일 품종이 지배하는 생태계는 외부의 위험에 매우 취약해진다. 반면, 다양한 품종 간의 생존 경쟁이 너무 치열할 때 모두가 함께 멸망하기도 한다. 자연의 법칙은 다양성이 축복이 될 수도 있고 저주가 될 수도 있음을 가르쳐준다. 국가도 다양한 견해를 가진 개인과 집단이 모여 경쟁하면서도 잘 협력해야 발전할 수 있다. 한국 사회는 지금까지 이룩한 놀라운 정치와 경제 발전을 앞으로도 지속할 수 있을지 대내외에서 도전을 받고 있다. 반목과 대립보다는 개인과 사회 집단의 다양성을 포용하면서 더 나은 공동체를 만들어가는 데 모두가 힘을 쏟아야 한다.

참고 문헌

강문성·이종화·편주현.《남북한 경제통합의 혜택과 한반도 통일 국가의 역할》. 아연출판부, 2014.

권지호·김도환·지정구·김건·노경서.〈우리 경제의 잠재성장률 추정〉.《조사통계월보》, 2019년 8월: 16-32.

국회예산정책처.《2020 장기재정전망 보고서》. 2020.

동아시아연구원.〈한일 국민 상호인식(동아시아 인식) 조사〉. 2021.

이종화.〈인적자본과 경제발전〉.《경제논집》 55, no. 2(2016).

______.《동아시아의 고도성장과 금융위기의 재조명》. 고려대학교 아세아문제연구소, 2003.

서울대학교 공과대학출판.《축적의 시간—서울공대 26명의 석학이 던지는 한국산업의 미래를 위한 제언》. 지식노마드, 2015.

손열.《미중 갈등의 첨예화, 한일관계 개선을 요구하다—제9회 한일국민 상호인식 조사로 읽는 한일관계》. 동아시아연구원, 2021.

전영수.〈중년의 '폐쇄은둔족' 양산 구조 바꾸려면…〉.《한국일보》, 2022년 6월 14일, https://www.hankookilbo.com/News/Read/A2022061311420001814?did=NA

최원석.《왜 다시 도요타인가—위기의 한국기업에 해법 내미는 도요타 제2창업 스토리》. 더퀘스트, 2016.

통계청. 국가통계포탈(KOSIS.kr).
______. 《경제활동인구조사》. 2022.
한국경제학회. 〈경제 성장〉. 경제 토론, 2022. http://www.kea.ne.kr/survey/read?page=1&perPageNum=10&id=35&no=Y.
한국은행. 경제통계시스템(https://ecos.bok.or.kr/#/).
______. 《금융안정보고서》. 2022.
한요셉. 60세 정년 의무화의 영향: 청년 고용에 미치는 영향을 중심으로. 《정책연구시리즈》. no. 2019-03(2019). https://www.kdi.re.kr/research/reportView?pub_no=16456.

Acemoglu, Daron and James Robinson. *Why Nations Fail: The Origins of Power, Prosperity and Poverty*. New York: Crown Publishers, 2012.
Acemoglu, Daron and Pascual Restrepo. "Robots and Jobs: Evidence from the US." *NBER Working Paper* no. 23285. March 2017.
Akamatsu, Kaname. "A Historical Pattern of Economic Growth in Developing Countries." *The Developing Economies* 1. no. s1, August 1962. 3–25. 10.1111/j.1746-1049.1962.tb01020.x.
Allison, Graham. *Destined for War: Can America and China Escape Thucydides's Trap?* Boston: Houghton Mifflin Harcourt, 2017.
Arnson, Cynthia, and Carlos de la Torre, eds. *Latin American Populism in the Twenty-First Century*. Baltimore: Johns Hopkins University Press, 2013.
Autor, David and Anna Salomons. "Is Automation Labor-Displacing? Productivity Growth, Employment, and the Labor Share." *Brookings Papers on Economic Activity* 24871. Spring 2018.
Barro, Robert and Jong-Wha Lee. "A New Data Set of Educational Attainment in the World, 1950-2010." *Journal of Development Economics* 104(2013): 184-198.
Barro, Robert J. and Jong-Wha Lee. *Education Matters: Global Schooling Gains from*

the 19th to the 21st Century. Oxford: Oxford University Press, 2015.

Barro, Robert J. and José F. Ursúa, and Joanna Weng. "The Coronavirus and the Great Influenza Pandemic: Lessons from the "Spanish flu" for the Coronavirus's Potential Effects on Mortality and Economic Activity." *National Bureau of Economic Research*, No. w26866. 2020.

Berkhout, Esmé, Nick Galasso, Max Lawson, Pable Andrés Rivero Moralles, Anjela Taneja, and Diego Alejo Vázquez Pimentel. *The Inequality Virus: Bringing Together a World Torn Apart by Coronavirus through a Fair, Just and Sustainable Economy*. Oxford: Oxfam, 2021.

Bernanke, Ben S. "Why Are Interest Rates So Low, Part 2: Secular Stagnation." *Brookings*, March 31, 2015. https://www.brookings.edu/blog/ben-bernanke/2015/03/31/why-are-interest-rates-so-low-part-2-secular-stagnation/.

______. "The Global Saving Glut and the U.S. Current Account Deficit." *Board of Governors of the Federal Reserve System*. Sandridge Lecture, Virginia Association of Economists. Richmond, Virginia, March 10, 2005.

______. "Japanese Monetary Policy: A Case of Self-Induced Paralysis? Japan's Financial Crisis and its Parallels to US Experience." 149-166. https://www.princeton.edu/~pkrugman/bernanke_paralysis.pdf.

Birdsall, Nancy, Jose Edgardo L. Campos, Chang-Shik Kim, W. Max Corden, Lawrence MacDonald, Howard Pack, John Page, Richard Sabor, and Joseph E. Stiglitz. *The East Asian Miracle*. Washington, D.C.: World Bank Group, 1993. http://documents.worldbank.org/curated/en/975081468244550798/Main-report.

Callen, Tim and Jonathan D. Ostry, eds. *Japan's Lost Decade: Policies For Economic Revival*. Washington D.C.: International Monetary Fund, 2003.

Carroll, Lewis. *Through the Looking-Glass, and What Alice Found There*. London: Macmillan, 1871.

CEIC. database(https://www.ceicdata.com/en).

Economist. "Driving the Skills Agenda: Preparing Students for the Future." An Economist Intelligence Unit report, 2015. https://static.googleusercontent.com/media/edu.google.com/ko//pdfs/skills-of-the-future-report.pdf.

______. "Petty Officers- As Crime Dries Up, Japan's Police Hunt for Things to Do." May 18, 2017. https://www.economist.com/asia/2017/05/18/as-crime-dries-up-japans-police-hunt-for-things-to-do.

______. "Secular Stagnation: Fad or Fact?" August 16, 2014. https://www.economist.com/free-exchange/2014/08/16/fad-or-fact.

______. "Six Big Economic ideas." https://www.economist.com/sites/default/files/econbriefs.pdf.

______. "Special Report on The Impact on Jobs Automation and Anxiety, Will Smarter Machines Cause Mass Unemployment?" June 25, 2016. https://www.economist.com/special-report/2016/06/23/automation-and-anxiety?gclid=CjwKCAiApvebBhAvEiwAe7mHSMTtjboX2jg3NCBFl9eXOekw1AEojZ5UvoeuflJLDPRFMo776YSGYBoCMaIQAvD_BwE&gclsrc=aw.ds.

______. "What If America and China Clash at Sea?" July 4, 2019. https://www.economist.com/the-world-if/2019/07/04/what-if-america-and-china-clash-at-sea?gclid=CjwKCAiApvebBhAvEiwAe7mHSMxX-Rm9-7eTMiROJdCTnXRgBwYdg1PY1CowceKvDqR3XEn8jpjwbBoCkWIQAvD_BwE&gclsrc=aw.ds.

______. "The Pandemic Has Changed the Shape of Global Happiness." March 21, 2021. https://www.economist.com/international/2021/03/20/the-pandemic-has-changed-the-shape-of-global-happiness?gclid=CjwKCAiApvebBhAvEiwAe7mHSJxudgatXLO9peLz056yhbtlJj_pRweWNzhfgQIbavFeMiqTCH_LzBoCFWAQAvD_BwE&gclsrc=aw.ds.

Edwards, Sebastian. *Left Behind: Latin America and the False Promise of Populism.* Chicago: Chicago University Press, 2010.

Federal Reserve Bank of St. Louis, FRED(https://fred.stlouisfed.org/)

Feenstra, Robert C. Robert Inklaar and Marcel P. Timmer. "The Next Generation of the Penn World Table." *American Economic Review*, 105 (10). 3150-3182, available for download at www.ggdc.net/pwt.

Frey, Carl Benedikt and Michael A. Osborne. "The Future of Employment: How Susceptible are Jobs to Computerisation?" *Technological Forecasting and Social Change* 114 (September 2013): 254-280.

Friedman, Milton. *The Optimum Quantity of Money*. London: Routledge, 1969.

Friedman, Milton and Rose Friedman. *Free to Choose: A Personal Statement*. Boston: Harcourt, 1980.

Fukao, Kyoji. "Explaining Japan's Unproductive Two Decades." *Asian Economic Policy Review* 8, no. 2(2013): 193-213.

Fukuyama, Francis. *Trust: The Social Virtues and The Creation of Prosperity*. Free Press, 1996.

Galbraith, John K. *The Age of Uncertainty*. Boston: Houghton Mifflin Company, 1977.

Goldin, Claudia and Cecilia Rouse. "Orchestrating Impartiality: The Impact of "Blind" Auditions on Female Musicians." *The American Economic Review* 90, no. 4 (2000): 715-741.

Gladwell, Malcolm. *Outliers: The Story of Success*. Boston: Little Brown & Company, 2011.

Graham, Allison. *Destined For War: Can America and China Escape Thucydides's Trap?* Mariner Books, 2017.

Guterres, António. "Tackling the Inequality Pandemic: A New Social Contract for a New Era." 18th Nelson Mandela Annual Lecture, UN headquarters. New York, MA, July 18, 2020.

Gwartney, James, Robert A. Lawson, Joshua C. Hall, Ryan Murphy, Justin T. Callais,

Rosemarie Fike, Vincent Geloso, Nijidar S. Khalid, Fred McMahon, and Martin van Staden. *Economic Freedom of the World: 2021 Annual Report*. Vancouver: Fraser Institute, 2021.

Han, Jong-Suk and Jong-Wha Lee. "Demographic Change, Human Capital, and Economic Growth in Korea." *Japan and the World Economy* 53 (March, 2020). 10.1016/j.japwor.2019.100984.

Hand, David J. The Improbability Principle: Why Coincidences, Miracles, and Rare Events Happen Every Day. Scientific American, 2014.

Harari, Yuval Noah "The World After Coronavirus." *Financial Times*, March 20, 2020. https://www.ft.com/content/19d90308-6858-11ea-a3c9-1fe6fedcca75.

Helliwell, John, Richard Layard, Jeffrey D. Sachs, Jan-Emmanuel De Neve, Lara B. Aknin, Shun Wang, and Sharon Paculor. *World Happiness Report 2022*. New York: Sustainable Development Solutions Network, 2022.

IMD World Competitiveness Center. *World Competitiveness Ranking*. Switzerland: International Institute for Management Development, 2021.

International Federation of Robotics. "The World Robotics Report 2017." 2017. https://ifr.org/ifr-press-releases/.

International Monetary Fund. *Fiscal Monitor*. Washington, DC: October 2022.

______. *World Economic Outlook: Chapter3 The Dog That Didn't Bark: Has Inflation Been Muzzled Or Was It Just Sleeping?* Washington D.C.: 2013

______. *Regional Economic Outlook Asia and Pacific*. Washington D.C.: International Monetary Fund 2009.

______. *The Currency Composition of Official Foreign Exchange Reserves* (COFER).

______. *World Economic Outlook Database*.

Ipsos. "Global Happiness 2022." April 2022. https://www.ipsos.com/sites/default/files/ct/news/documents/2022-04/Global%20Happiness%202022%20Report.pdf.

Jaumotte, Florence, Subir Lall and Chris Papageorgiou. "Rising Income Inequality: Technology, or Trade and Financial Globalization?" *IMF Economic Review* 61, no. 2 (2013): 271-309.

Kagan, Donald. *The Outbreak of the Peloponnesian War*. Ithaca: Cornell University Press, 2013.

Keynes, J.M. *Essays in Persuasion*. New York: W. W. Norton & Company, 1931

Kim, Nak Nyeon. "Wealth Inequality in Korea, 2000–2013." *Journal of the Korean Welfare State and Social Policy* 2, no. 1 (2018): 26-57.

Krugman, Paul. "It's Baaack: Japan's Slump and the Return of the Liquidity Trap." *Brookings Papers on Economic Activity* 2 (1998): 137-205.

Kuttner, Kenneth N. and Adam S. Posen. "Fiscal Policy Effectiveness in Japan." *Journal of the Japanese and International Economies* 16. no. 4 (2002): 536-558.

Kuznets, Simon. "Economic Growth and Income Inequality." *The American Economic Review* 45, no.1 (1955): 1-28.

Lee, Jong-Wha. "China's Economic Growth and Convergence." *The World Economy* 40, no.11 (September 2017).

Lee, Jong-Wha and Ju Hyun Pyun. "Does Trade Integration Contribute to Peace?" *Review of Development Economics* 20, no.1 (2016): 327-344.

Lee, Jong-Wha and Dainn Wie. "Returns to Education and Skills in the Labor Market: Evidence from Japan and Korea." *Asian Economic Policy Review* 12, no. 1 (2017): 139-160.

Lee, Jong-Wha. "The Perils of Big COVID Government in Asia." *Project Syndicate*. October 1, 2020. https://asialink.unimelb.edu.au/insights/the-perils-of-big-covid-government-in-asia

Lee, Jong-Wha, Warwick J. McKibbin, Weifeng Liu, and Cheol Jong Song. "Modelling the Economic Impact of Korean Unification." *Asian Economic Journal* 32, no.3 (September 2018) 10.1111/asej.12160.

Legatum Institute. "The Legatum prosperity Index 2021." 2021. https://www.prosperity.com/download_file/view_inline/4429.

Luttwak, Edward N. "From Geopolitics to Geo-Economics: Logic of Conflict, Grammar of Commerce." *The National Interest* 20 (Summer 1990): 17-23.

Mahbubani, Kishore. *Has the West Lost It?: A Provocation*. London: Penguin UK, 2018.

Mckinsey. "The New Digital Edge: Rethinking Strategy for the Postpandemic Era." May 26, 2021. https://www.mckinsey.com/capabilities/mckinsey-digital/our-insights/the-new-digital-edge-rethinking-strategy-for-the-postpandemic-era.

Müller, Jan-Werner. *What is Populism?* Philadelphia: University of Pennsylvania Press, 2017.

OECD. *Korea Economic Survey 2020*. Paris: OECD, 2020.

______. *Long-Term Baseline Projections*. Paris: OECD Publications, 2021.

______. "Education at a Glance 2021: OECD indicators." September 16, 2021.

______. *OECD Skills Outlook 2013: First Results From the Survey of Adult Skills*. Paris: OECD Publishing, 2013.

______. database (https://fred.stlouisfed.org/series/IRLTLT01GRM156N)

Orwell, George. *Animal Farm*. London: Secker & Warburg. 1984.

Piketty, Thomas. *Capital in the Twenty-First Century*. Massachusetts: Harvard University Press, 2014.

Rajan, Raghuram G. *Fault lines: How Hidden Fractures Still Threaten the World Economy*. Princeton: Princeton University Press, 2011.

Reinhart, Carmen M. and Kenneth S. Rogoff. *This Time Is Different*. Princeton: Princeton University Press, 2009.

______. "Growth In a Time of Debt." *American Economic Review* 100, no.2 (2010): 573-578.

Rodrik, Dani. *Has Globalization Gone Too Far?* Washington D.C: Peterson Institute for Economics, 1997.

Schauer, Johanna. "Labor Market Duality in Korea." *IMF Working Papers*, no. 126, June 2018.

Schwab, Klaus, ed. *Global Competitiveness Report*. Switzerland: World Economic Forum, 2019.

Statistics Bureau of Japan. *Japan Statistical Yearbook 2016*. 2016.

Stiglitz, Joseph E. *Globalization and Its Discontents Revisited: Anti-Globalization In the Era of Trump*. New York: W. W. Norton & Company, 2017.

Summers, Lawrence H. "The Biden Stimulus Is Admirably Ambitious. But It Brings Some Big Risks, Too." *Washington Post*, February 4, 2021. https://www.washingtonpost.com/opinions/2021/02/04/larry-summers-biden-covid-stimulus/.

Summers, Lawrence. *Reflections On the New Secular Stagnation Hypothesis*. Paris: VoxEU, 2014.

U.S. News. "2022-2023 Best Global Universities Rankings." 2022 https://www.usnews.com/education/best-global-universities/rankings.

United Nations. "The 2022 Revision of World Population Prospects Online Database." 2022. https://population.un.org/dataportal/home.

World Bank. "World Development Indicator(WDI) Online Database."

______. *World Development Report: Digital Dividends*. Washington D.C.: World Bank, 2016.

World Health Organization. WHO Coronavirus (COVID-19) Dashboard(https://covid19.who.int/).

World Inequality Lab. "World Inequality Database." https://wid.world/data/.

World Intellectual Property Organization. *Global Innovation Index 2021*. Switzerland: World Intellectual Property Organization. 2021.

World Economic Forum. "The Global Competitiveness Report." 2019.

한국 경제의 성장, 위기, 미래

초판 발행 2023년 2월 24일
초판 2쇄 2023년 12월 15일

지은이 이종화
펴낸곳 고려대학교출판문화원
www.kupress.com
kupress@korea.ac.kr
(02841) 서울특별시 성북구 안암로 145
Tel 02-3290-4230, 4232
Fax 02-923-6311
찍은곳 네오프린텍(주)

ISBN 979-11-6956-010-8 03320

값 21,000원